U0623383

教育部高等学校工商管理教学指导委员会旅游会展专业组 规划教材

会展项目策划与组织

主　编　许传宏

（第2版）

重庆大学出版社

内容提要

在整个会展项目的运作中,"策划"可以说是"头脑",它是会展活动的灵魂。会展活动成败与否,策划与组织起着关键的作用。本书通过对会展项目策划与组织原理的系统阐述,将会展策划的知识体系以及会展组织运作的基本操作技能融为一体,并且通过对会展项目策划的经典案例的分析,使读者能够掌握规律、明确理论、指导实践。读者在详细了解会展项目策划的知识体系之后,可以系统掌握会展组织运作的基本操作技能,熟悉现代会展的策划与组织技巧。

本书在编写过程中吸收了国内外会展理论研究的新成果,突出"高职高专系列教材"应用性、实践性、操作性等特点,因而,本书既可以作为高职高专会展策划与管理专业相关课程教学的教材,也可以作为从事会展工作人员的参考用书和岗位培训教材。

图书在版编目(CIP)数据

会展项目策划与组织/许传宏主编.—2版.—重庆:
重庆大学出版社,2013.7(2017.7重印)
全国高职高专会展策划与管理专业系列教材
ISBN 978-7-5624-4067-3

Ⅰ.①会… Ⅱ.①许… Ⅲ.①展览会—项目管理—高
等职业教育—教材 Ⅳ.G245

中国版本图书馆 CIP 数据核字(2013)第 145068 号

全国高职高专会展策划与管理专业系列教材
会展项目策划与组织(第2版)
主 编 许传宏
责任编辑:顾丽萍 版式设计:顾丽萍
责任校对:邹 忌 责任印制:张 策
*
重庆大学出版社出版发行
出版人:易树平
社址:重庆市沙坪坝区大学城西路 21 号
邮编:401331
电话:(023)88617190 88617185(中小学)
传真:(023)88617186 88617166
网址:http://www.cqup.com.cn
邮箱:fxk@ cqup.com.cn(营销中心)
全国新华书店经销
重庆市国丰印务有限公司印刷
*
开本:720mm×960mm 1/16 印张:17.25 字数:301 千
2013 年 7 月第 2 版 2017 年 7 月第 8 次印刷
印数:14 001—15 500
ISBN 978-7-5624-4067-3 定价:33.00 元

编委会

主　任：马　勇

副主任：田　里　高　峻　罗兹柏
　　　　谢　苏　邓晓益

委　员：(以姓氏笔画为序)
　　　　马克斌　王　芬　王　斌
　　　　王　瑜　韦晓军　刘红霞
　　　　许传宏　苏　英　吴亚生
　　　　吴　虹　陈　颖　陈　薇
　　　　杨　林　杨朝晖　杨　煌
　　　　张　佶　张金祥　张树坤
　　　　张显春　张跃西　林大飞
　　　　郑建瑜　夏桂年　梁圣蓉
　　　　谭红翔

总　序

　　进入 21 世纪以来，随着中国社会经济的飞速发展，综合国力的不断增强，国际贸易发展的风驰电掣，会展经济随之迅速成为中国经济的新亮点，在中国经济舞台上扮演着越来越重要的角色，正逐渐步入产业升级的关键时期。这一时期，会展业持续快速发展的关键是需要大量的优秀专业人才作为支撑，而目前市场还存在很大的会展专业人才供给缺口。为了适应国内对会展人才需求日益增长的需要，我国各类高校纷纷开设了会展专业或专业方向。据不完全统计，截止到 2011 年 7 月，在全国范围内(不含港澳台)开设会展专业的高校达 96 所，涵括专业方向的高校(包括本科、高职高专院校)则已超过百所，这在一定程度上缓解了我国会展人才紧缺的现状。但是由于我国会展教育起步较晚，在课程体系设计、教材建设和师资队伍建设等方面还有待完善，培养出来的学生在知识结构、职业素养和综合能力等方面往往与市场需求不对称。尤其是目前国内会展教材零散、低层次重复并且缺乏系统性的状况比较突出，很大程度上制约了我国会展教育和会展业的发展。因此，推出一套权威科学、系统完整、切合实用性的面向职高专会展策划与管理专业教材势在必行。

　　中国的会展教育发展刚刚超过 10 年而育经过孵化发展，已经形成了学科体系的基本专业已经形成中学职业教育、高职高专、普通本科这样完整的教育层次体系，这展示了会展教育发展的成果，同时也提出了学科建设中的一些迫切需要解决和面对的问题。其中最重要的一点，就是如何在不同教育层次和不同的教育类型上对会展教育目标和教育模式进行准确定位。为此,重庆大学出版社策划组织了国内众多知名高等院校的著名会展专家、教授、学科带头人和一线骨干教师参与编写了这套全国高职高专会展策划与管理专业系列教材,以适应中国会展业人才培养的需要。本套教材的修订出版旨在进一步完善全国会展专业的高等教育体系,总结中国会展产业发展的理论成果和实践经验,推进中国会展专业的理论发展和学科建设,并希望有助于提高中国现代会展从业人员的专业素养和理论功底。

本套教材定位于会展产业发展人才需求数量最多和分布面最广的高职高专教育层次,是在对会展职业教育的人才规格、培养目标、教育特色等方面的把握和对会展职业教育与普通本科教育的区别理解以及对发达国家会展职业教育的借鉴基础上编写而成的。另外,重庆大学出版社推出的这套全国高职高专会展策划与管理专业系列教材,其意义将不仅仅局限在高职高专教学过程本身,而且还会产生巨大的牵动和示范效应,将对高职高专会展策划与管理专业的健康发展产生积极的推动作用。

在重新修订出版这套教材的过程中,我们力求系统、完整、准确地介绍会展策划与管理专业的最新理论成果,围绕培养目标,通过理论与实际相结合,构建会展应用型高职高专系列教材特色。本套教材的内容,有知识新、结构完整、重应用等特点。教材内容的要求可以概括为:"精、新、广、用"。"精"是指在融会贯通教学内容的基础上,挑选出最基本的内容、方法及典型应用;"新"指尽可能地将当前国内外会展产业发展的前沿理论和热点、焦点问题收纳进来以适应会展业的发展需要;"广"是指在保持基本内容的基础上,处理好与相邻及交叉学科和专业的关系;"用"是指注重理论与实际融会贯通,突出职业教育实用型人才的培养定位。

本套教材的编写出版是在教育部高等学校工商管理类学科专业教学指导委员会旅游与会展专业组的大力支持和具体指导下,由中国会展教育的开创者和著名学者、国内会展旅游教育界为数仅有的国家级教学成果奖获得者和国家级精品课程负责人,教育部高等学校工商管理类专业教学指导委员会旅游与会展专业组成员、中国会展经济研究会创会副会长马勇教授担任总主编。参与这套教材编写的作者主要来自于上海旅游高等专科学校、上海工程技术大学、上海新侨职业技术学院、湖北大学、武汉职业技术学院、湖北经济学院、湖北职业技术学院、浙江旅游职业学院、桂林旅游高等专科学校、广西国际商务职业技术学院、金华职业技术学院、昆明冶金高等专科学校、昆明学院、沈阳职业技术学院、广东交通职业技术学院、顺德职业技术学院、深圳职业技术学院等全国

40 多所知名高校。在教材的编写过程中,重庆大学出版社还邀请了全国会展教育界、政府管理界、企业界的知名教授、专家学者和企业高管进行了严格的审定,借此机会再次对支持和参与本套教材编审工作的专家、学者和业界朋友表示衷心的感谢。

本套教材的第一批选题已于 2007 年 7 月后陆续出版发行了 21 本,被全国众多高职院校以及会展企业选作学生教材和培训用书,得到广大师生和业界专家的广泛认可和积极使用。这套教材中一部分已被列选为国务院国资委职业技能鉴定和推广中心全国"会展管理师"培训与认证的唯一指定教材,以及全国会展策划与管理专业师资培训用书,等等。本套教材的作者队伍大多是国内会展学科领域的带头人和知名专家,涉及的专业领域十分广泛,包括了经济学、管理学、工程学等多方面;参与编写的会展业界人士,不仅长期工作在会展管理领域的第一线,而且许多还是会展业界精英。另外,作为国内高校第一套全国高职高专会展策划与管理专业系列教材,在选材内容和教材体系方面都是动态开放的。随着中国会展业的持续健康发展,为确保系列教材的前沿性和科学性,我们也会不断对该套教材进行再版修订,以及增补新的选题,欢迎各高校会展学科的学术带头人和骨干教师积极申报选题并参与编撰!

本套教材由于选题涉及面广、加之编写修订时间紧,因而不足和错漏之处在所难免,恳请广大读者和专家批评指正,以便我们不断完善。最后,我们期待这套新修订出版的全国高职高专会展策划与管理专业系列教材能够继续得到全国会展专业广大师生的欢迎和使用,能够在会展教育方面,特别是在高职高专教育层次的人才培养上起到积极的促进作用,共同为我国会展业的发展作出贡献。

全国高职高专会展策划与管理专业系列教材

编 委 会

2013 年 2 月

第2版前言

会展有经济的"风向标"和"晴雨表"之称。2005年7月，联合国国际经济和社会分类专家小组在法国巴黎正式将会议与展览业确定为一个"独立的产业"，会展产业在全球经济中的地位越来越重要。

近年来，中国会展经济迅速发展，行业规模急剧扩大，从业人员大幅度上升。有数据显示，到2006年底，中国展馆的数量已跃居全球首位，中国作为全球会展大国的地位已基本确立。

中国会展超常规、跨越式的发展也带来了许多新的问题，如展会定位不准确、主题不鲜明、策划不完善、会展企业整体实力不强、会展专业人才匮乏等。这在一定程度上影响了中国会展经济的国际竞争水平。

在会展专业人才的素质构成中，会展项目的策划与组织能力是必不可少的最基本的能力。本书的最大特点是将会展项目策划与组织的理论体系与技能应用训练相融合，理论阐述简明精要，案例选择新颖典型，每一专题的实训题目针对性强。通过扎实学习、训练可以显著提高会展项目策划与组织的能力。

本书作为高职高专会展策划与管理专业教材使用，也适合于会展相关专业、会展各类人才培训以及会展从业人员做参考用书。

全书由上海工程技术大学许传宏教授统稿、修改定稿。其中，第1~9章由许传宏编写，第10章由盛蕾编写。

　　在本书的编写过程中得到了中国会展经济研究会副会长、湖北大学旅游发展研究院院长马勇教授、上海工程技术大学马新宇院长、上海工程技术大学会展系吴亚生主任以及重庆大学出版社经管分社马宁社长等同仁的热情关心与支持，在此，由衷地表示感谢！

中国会展经济研究会会展教育委员会副主任　许传宏

2013 年 3 月于上海

目 录 CONTENTS

第 1 章
会展项目策划概述

【本章导读】

　　本章作为会展项目策划与组织课程的入门,主要介绍现代会展的概念,会展项目策划的特点、作用及原则。通过学习,能对现代会展项目策划的内容和基本流程有一个较全面的认识与了解。会展活动尤其是大型的博览活动是个复杂而系统的工程,成功而卓有成效的策划与组织起着至关重要的作用。本章将从会展策划的基本概念出发,对会展项目策划的相关问题有一个整体的把握。

【关键词汇】

　　现代会展　会展项目策划　会展项目策划的特点、作用、原则、基本流程

1.1 会展项目策划的概念与特点

1.1.1 现代会展的概念

什么是会展？会展经济是一种怎样的经济？该如何理解现代会展的概念？来看下面的一些阐释：

《辞海》关于"展览会"的词条是这样说的："用固定或巡回的方式,公开展出工农业产品、手工业制品、艺术作品、图书、图片,以及各种重要实物、标本、模型等,供群众参观、欣赏的一种临时性组织。"《简明不列颠百科全书》对"展览会"的解释是："为鼓舞公众兴趣、促进生产、发展贸易,或者为了说明一种或多种生产活动的进展和成就,将艺术品、科学成果或工业制品进行有组织的展览。"

从《辞海》和《简明不列颠百科全书》的定义可以分析得出:所谓"会"和人们通常所说的开会、会议有所不同,它主要是指为了实现某种目的而集中在一起,进行交流——既是参展商的交流,也是观众的交流,更是观众与展商的交流;所谓"展"就是陈列、展示(物品)。从"展览"或"展览会"的角度来说,就是会展的参与者通过物品或图片的展示,集中向观众传达各种信息,实行双向交流,扩大影响、树立形象,实现交易、投资或传授知识、教育观众的目的。

由于展览的一个显著特点是它常常与会议、各种"节事活动"相结合,因此,现代意义上的"展会"或"会展"并不是孤立的"展"、"会"或"展览",而是有将展览与会议、各类贸易、旅游、艺术节等节事活动相结合的趋势。这一方面是展览与会议、节事活动的内在联系使然,另一方面则反映了主办者对展会的重视,希望更隆重、更有效地举行。它大大地丰富了展会的内容,提高了展会的档次,增加了展会的吸引力。

综上所述,会展也就是会议、展览、节事等集体性活动的简称,是指在一定地域空间,由多个人集聚在一起形成的,定期或不定期的集体性的物质、文化交流活动。简言之,会展是指特定空间的集体性的物质文化交流交易活动。

现代会展的外延很广,它包括各种类型的会议、展览展销活动、体育竞技活动、集中性商品交易活动、各种节事活动等。在现实中,如 APEC 会议(大型会议)、广交会(交易会)、上海世界博览会(博览会)、奥运会(体育运动会)、中国青岛海洋节、大连国际服装节、哈尔滨国际冰雪节、南宁国际民歌艺术节、上海环球嘉年华、上海旅游节(节事)等都属于会展的范围。

与会展紧密相连的会展经济即以会议和展览、节事活动作为发展经济的手段,通过举办大规模、多层次、多种类的会议、展览和节事活动,能带动源源不断的物流、人流、商流、资金流和信息流,创造商机,吸引投资、推动商贸旅游业的发展,进而拉动其他产业发展的一种经济现象和经济行为。会展在城市经济的发展中起着重要作用。

1.1.2 会展项目策划的概念

1)会展项目的概念

项目的含义极其广泛,大到世博会的举办,小到出一期黑板报都可以说是项目。项目具有相对性、临时性、目标性、周期性、约束性、风险性、系统性和整体性等特点。项目按照其规模、结果、行业以及复杂程度等可以有不同的分类。

会展项目是以各种会展活动为对象的新型项目形式。根据会展活动主题类型,从大的方面来分,会展项目包括会议项目、展览项目、节事活动项目等。

会展项目虽然存在不同的类型,但它具有一些总体上的特征,这些特征包括服务的目标性、客户的广泛性、项目的关联性以及效益的综合性等。因此,在进行会展项目策划时必须充分考虑到这些,从而制订准确、全面、有执行力的项目策划方案。

2)会展项目策划

会展项目策划,是指在会展活动开始的最初阶段就要进行的,有时甚至要贯穿于会展活动始终的一种优先的、提前的、指导的活动。比较流行的观点认为:

会展项目策划是对会展进行管理和决策的一种程序,它是一种对会展项目的进程以及会展项目的总体战略进行前瞻性规划的活动。

在会展的决策过程中,由于展会举办的机构不同、所针对的问题不同、展会项目的新旧不同等,决策的程序也不尽相同。

大型会展项目如以国家政府部门、贸促机构、工商会、集团公司等为主办者的会展,他们大多有相应的部门或人员专门从事展会工作并有固定的决策程序,会展项目策划的环节相对也比较规范合理。

对于小公司而言,策划的环节可能会比较简单;连续参加或者连续举办的展会决策过程可以比较简单些,这一方面体现展会举办者政策和战略的连续性,另一方面也反映出这些展会项目合适、效果好。对于这些项目,展会举办者无需再做决策,只要在局部或细节上加以调整即可。但对于初次展出的项目,展出者应该充分调研、全面考虑、慎重选择。只有加强决策的科学性,才能避免盲目性。

一般说来,一份完整的会展项目策划基本包括策划者、策划对象、策划依据、策划方案和策划效果评估等要素。

策划者在整个会展运作实施过程中起着"智囊"的作用,策划者的素质直接影响着会展活动的质量水平;策划对象既可以是某项整体会展活动,也可以是会展诸要素中某一要素(如会展宣传项目、会展设计项目等);策划依据既包括策划者的知识结构、信息储存以及有关策划对象的专业信息,也包括会展项目立项的主客观条件等;策划方案是策划者为实现策划目标,针对策划对象而设计创意的一套策略、方法和步骤;策划效果评估是对实施策划方案可能产生的效果进行预先的判断和评估。在会展策划中,效果评估可以说是一项会展活动的终点工作,也是起点工作,它为以后的会展项目策划提供决策依据。由于侧重点及性质等不同,策划效果评估在本书中不列专章阐述。

会展项目策划诸要素之间互相影响、互相制约,构成一个完整的体系。这就要求在进行项目策划时要特别强调系统性的观念。

本课程所涉及的会展项目策划是使会展项目策划(设计)人才具有全局性、前瞻性的专业理念,在全球化的背景下,既能站在会展业的前沿,高屋建瓴地进行策划,又能掌握系统扎实的会展设计、管理等知识,从而更好地胜任会展项目策划及其相关工作。

1.1.3 会展项目策划的特点

会展项目策划具有针对性、系统性、变异性、可行性等特点。

1)针对性

会展项目策划是具有针对性的活动,它是会展理论在会展活动中的具体运用。在进行会展项目策划时,应首先明确会展活动应达到什么目的,它是针对什么问题而举办的会展? 譬如,有的会展项目以特定消费群体的生活方式为依据,具有鲜明的主题,这就要求在进行策划时必须围绕主题组织展品、开展活动;有的会展项目专业性很强,往往要求策划者具有深厚的专业素养,进行专业的市场细分,才能有的放矢地进行策划。

2) 系统性

会展项目策划是对整个会展项目的运筹规划,因此,具有系统性的特点。

系统性表现在策划时要针对会展项目的各个方面、各个环节进行权衡,通过权衡,使企业目标特别是通过参展而实现的企业市场营销目标具有一致性,使其在产品、包装、品牌、价格、服务、渠道、推销、广告、促销、宣传等方面保持统一性。系统性可以减少会展项目策划的随意性和无序性,提高效率。

随着会展理论研究的不断深入,近年来有学者提出"立体策划"的概念,可以说是会展项目策划系统性的一种表现。

3) 变异性

《孙子兵法》中说:"兵无常势,水无常形,能因敌变化而取胜者,谓之神。"这里的"神"是指战术上的灵活性、变通性。市场永远是千变万化的,会展项目策划也必须充分考虑到市场的变化。例如,2003 年春,突如其来的"非典"疫情打乱了几乎所有的会展计划,作为会展的策划者必须有充分的应对措施,才能适应这个变化。据悉,由于 SARS 的重创,中国会展业当年损失 40 亿人民币,占会展全年收入的 1/2。然而,当年的广交会开拓网络展览,其网上展览成交额达 2.18 亿美元,中国会展人首次学会了对危机说"不"。

变异性强调对市场环境的适应性,它是为了更有效地实现既定的战略目标。

4) 可行性

可行性是指会展策划方案在现实中要切实可行。没有可行性的策划案写得再美也只是纸上谈兵。一般说来,会展策划方案必须经过分析论证才能实施。分析论证策划方案的可行性主要围绕策划的目标定位、实施方案以及经济效益等主要方面进行。

1.2 会展项目策划的作用与原则

1.2.1 会展项目策划的作用

对于展会的组织者来说,会展项目策划是会展运作的核心环节;对于参展厂商来说,会展项目策划提供的是参展策略和具体计划。

会展项目策划的重要作用主要有以下 5 点:

1) 战略指导作用

战略指导作用是指会展项目策划能为会展项目的执行提供总体的指导思想。譬如在展览场地、展会规模、展会的主题及时间的安排、展会品牌、主要合作伙伴(行业)等方面,在项目策划方案中都要事先提出详细的预案。

2) 实施规划作用

实施规划作用是指会展项目策划能为会展活动提供具体的行动计划。一般说来,会展项目策划方案通过之后,在具体的实施过程中可以根据情况做适当调整,但项目运行的总体思路与要求是不会改变的,项目策划案是会展项目实施的主要依据。

3) 进程制约作用

进程制约作用是指会展项目策划能安排并制约会展活动的进程。尤其是大的会展项目,所牵涉的工作千头万绪,在会展项目执行的进程中,必须严格按照策划所提出的方案进行工作,这样才能确保会展项目的顺利进行。

4) 效果控制作用

效果控制作用是指会展项目策划能预测、监督会展项目活动的效果。某一会展项目在执行过程中是否达到预期的效果,通过对照项目策划案的相关要求就能够清晰地看出。会展项目策划一方面能对会展项目的最终完成效果进行控制,另一方面也可以对项目策划案本身的可行性、合理性进行检验。

5) 规范运作作用

规范运作作用是指会展项目策划能使会展运作趋于科学、合理、规范。

1.2.2 会展项目策划的原则

会展项目策划是为会展项目活动提供策略的指导和具体的计划。它必须遵循市场经济的客观规律和会展活动的基本原则。

会展项目策划的基本原则主要有 6 个方面。

1) 借势原则

所谓借势,就是借助别人的优势为己所用,优秀的会展项目策划人要懂得"巧借东风为我用"的策划原则。借势有借大势、借优势、借形势之分。

人们往往讲大势所趋,就是指客观事物的发展是阻挡不了的,全球会展经济的发展是大势,某一会展企业的战略发展也是大势。大势就是指事物的战略性发展规律。掌握大的形势,有利于在项目策划时保持主动。例如,在秉承科学的发展观、构建和谐社会的今天,会展项目策划只有乘势而前,高效、节俭、务实地举办会展才是健康、可取之路。

借优势,一方面要了解、掌握本企业单位的优势,另一方面要了解、掌握竞争对手的优势,知彼知己,百战不殆。特别是在产品同质化竞争日益激烈的今天,从企业参展项目的策划来说,要想在某一展会上脱颖而出,就必须发挥自己企业的优势,或是拿出具有独特性能的展品,或是提供给目标客户周到的服务,或是设计出新颖别致的展台,精心策划,以己之长,取得竞争的优势。

形势一般指当前事物的发展方向。一个国家、一个企业,首先要制订战略发展目标,也就是长期目标。但事物发展总是要起伏变化的,往往一些新的变化,使我们不得不修改既定的方针。对于会展项目策划来说,掌握市场变化的信息很重要,策划人要能胸怀大局,面对变化,随时拿出符合事物发展规律的主意、方法、措施。

2) 目的性原则

会展,从大的方面说,或者为促进地区经济的增长;或者是为传递有关的信息、知识、观念;或者为打造城市品牌,促进经济一体化发展,总有一定的目的。从展览的组织者和参展厂商方面来说,或塑造展会品牌、或塑造企业形象、或凸现公司知名度,也都有着某种特定的目的。因此,在会展项目策划过程中,应该遵循目的性的原则。体现在策划过程中,应针对某一特定的问题进行市场调查,在会展的决策、计划以及运作模式、媒体策略等方面都必须有针对性地进行。

3) 操作性原则

会展项目策划不但要为会展活动提供策略的指导,而且要为它们提供具体的行动计划,使会展活动能够在总体策略的指导下顺利进行。会展项目的实施是会展项目策划的直接目的,因此,会展项目策划应该有充分的可操作性。会展项目策划的操作性原则要求在做项目策划案时,要结合市场的客观实际情况,以及企业、会展公司的具体情况、实施能力来进行策划,否则就是纸上谈兵。

4) 创新性原则

创新性是会展项目策划所追求的目标。在市场经济条件下,要达到万商云集、闻名遐迩,会展项目的新颖性是必不可少的。会展项目的"新"首先要策划的"新"。

会展项目策划的创新性主要表现在:会展理念的创新、目标的选择与决策的创新、组织与管理的创新、会展设计的创新等。

5) 有效性原则

会展活动要取得良好的经济和社会效益是举办会展活动的一个主要的目的。可以说,会展的效益情况是衡量会展项目策划是否成功的标准。任何会展活动都应该产生一定的效果,而且不仅仅是有效,必须达到预期效果或者超出预期效果。会展活动的效果不应仅仅凭借会展策划者的主观臆想来预测,而应该通过实际的、科学的会展效果预测和监控方法来把握。

6) 规范性原则

中国加入 WTO 后,作为服务贸易的一部分,会展业将全方位对外开放,服务贸易壁垒将逐步被拆除,中国展览业将面临外国同行更为直接和激烈的冲击,会展经济将会以更快的速度和国际接轨。因而,尽快建立统一、公平、有序的市场体系,提高展览市场的透明度和规范度,是我国会展业亟待解决的问题。

会展项目策划的规范性原则要求,首先必须遵守法律的原则,在不违反法律条规的前提下展开会展策划。我国会展方面的法律规范主要包括国务院部委颁布的行政法规和其他一些规范性文件,如《中国加入世贸组织(WTO)服务贸易谈判中关于展示和展览服务中的承诺和减让》以及国家工商行政管理局发布的《商品展销会管理办法》、《展览会的章程与海关对展览品的监管办法》等。其次,必须遵守伦理道德的原则,在不违背人们的价值观念、宗教信仰、图腾禁忌、风俗习惯等条件下进行策划。

规范性还要求会展项目策划必须遵循行业规范,做到管理规范、程序合理、操作有方、竞争有序。在深刻把握会展经济内在规律的基础上完成策划。

1.3 会展项目策划的内容和基本流程

1.3.1 会展项目策划的内容

会展项目策划行为离不开市场,策划者必须以市场为导向,利用各种宣传、广告手段,营造商业氛围,形成市场声势,并利用各种关系和途径,建立起庞大的展会营销网络,进行广泛的市场推广和招展招商,最终令目标客户纷纷前来报名参加展会。在整个项目策划活动中,以专业的展会服务,赢得买家和卖家的支持与信赖十分重要。以展览为例,会展项目策划原则上应该使80%以上的参展商都达到参展目的,使70%以上的参观商都达到参观效果为标准。

会展项目策划是一项综合性的工程,它所涉及的内容是多方面的,一般说来,会展项目策划的内容有会展的调查与分析、会展的决策与计划、会展的运作与实施、会展的效果评价与测定等。

1)会展的调查与分析

会展的市场调查是选定会展项目的重要依据。它是会展项目策划的基础,也是必不可少的第一步。

一般情况下市场调查要根据本地、本区域的经济结构、产业结构、地理位置、交通状况和展览设施条件等特点,围绕市场进行调查。市场调查的主要内容包括,会展环境的调查、会展企业情况的调查、会展项目情况的调查、会展市场竞争情况的调查以及参观商、支持协助单位等情况的调查。只有在充分了解市场潜力、市场限制以及市场动态等信息的基础上,才能有的放矢地进行策划。

2)会展的决策与计划

做会展决定是一个决策的过程,应该掌握一定的决策策略。影响会展决策的要素有营销需要、市场条件、营销方式、内部条件等,会展的决策与计划应从分析决策的要素入手,确定会展的基本目标、集体目标和管理目标,然后决定展会的战略安排、市场安排、方式安排等。

3)会展的运作与实施

会展的运作与实施是进行会展的中心环节,也是会展项目策划的重心之所在。在这个阶段,会展策划人员根据《会展策划书》的计划与安排进行广告宣传工作、组织招展工作、会展设计工作以及会展相关活动策划等具体安排会展的工作方案。

会展宣传的主要方式包括媒体广告和户外广告。媒体广告(包括专业媒体,如报纸、杂志、网站等;大众媒体,电视、电台、主导性报纸等),主办者可以围绕不同的会展特点和亮点来进行宣传;除此之外,还可以通过新闻发布会、行业研讨会等形式来传播展会信息。户外广告,则是利用人流量较大的公共场所,以海报、灯箱、广告牌、宣传布幅、彩旗等形式,进行宣传。

组织招展工作要求充分宣传、认真选择。在招展的准备阶段,需要建立潜在客户名单、设计并发放参展说明书、熟知参展中的知识产权问题等。

展览工作筹划的步骤一般为:第一,按实际需要将工作分为招展组团、设计施工、展品运输、宣传联络、行政后勤、展台工作、后续工作等几大类;第二,在各大类之下详细列明具体事项;第三,弄清工作之间的关系;第四,要定期检查工作进度和质量,及时发现并解决问题,以保证整体工作协调正常运作。

4)会展的效果评价与测定

计划、实施、评估,是现代经营管理的 3 个步骤。会展的效果评价与测定是全面验证会展策划实施情况必不可少的工作。当整个会展策划、实施工作结束后,会展人员应及时进行评估,总结经验,寻找问题,并写出评估测定工作总结报告,为以后会展工作准备可借鉴的历史参考文献,不断提高会展策划的水平。

1.3.2 会展项目策划的基本流程

大型展会如世博会,不仅有经济因素,还有政治因素、社会文化因素等,因而它的策划,有时国家的有关部长乃至元首都会参与。在我国,虽然展会市场化的进程在加快,但不少的大型展览会还带有政府行为的色彩,因而,其决策规划情况比较复杂。这里,参照国际展会的一般惯例,就一般贸易展示会的项目策划流程进行概述。

1) 成立策划小组

会展项目策划工作需要集合各方面的人士进行集体决策,因此,首先要成立一个会展项目策划小组,具体负责会展项目策划工作。一般而言,会展项目策划小组应由以下几种人组成:

①业务主管。又叫 AE 人才,一般由总经理、副总经理或业务部经理、创作总监、策划部经理等人担任。在会展公司里,业务主管(贸易展示会经理)具有特殊地位,他是沟通会展公司与展会服务承包商、参展商的中介,一方面,他代表会展公司与展会服务承包商、参展商等洽谈业务;另一方面,他又代表展会服务承包商、参展商等监督会展公司一切活动的开展。

②策划人员。策划人员一般由策划部的正副主管和业务骨干来承担,主要负责编拟会展项目计划。

③文案撰写人员。文案撰写人员专门负责撰写各种会展文案,包括会展常用文书、会展业务社交文书、会展业务专用文书、会展业务推介文书、会展业务事务文书、会展业务合同协议文书、会展业务法律文书等。

文案撰写人员应该能够精确地领悟策划小组的集体意图,具有很强的文字表述能力。

④美术设计人员。美术设计人员专门负责进行各种类型视觉形象的设计。美术设计人员是策划小组很重要的组成部分。因为在整个会展策划过程中,诸如各种类型的广告设计、展示设计、展示空间设计等都需要美术设计人员的参与。美术设计人员必须具有很强的领悟能力和很强的将策划意图转化为文字、图画的能力。

⑤市场调查人员。市场调查人员能进行各种复杂的市场行情调查,并能写出精辟的市场调查报告。

⑥媒体联络人员。媒体联络人员要求熟悉各种媒体的优势、劣势、刊播价格,并且与媒体有良好的关系,能按照会展项目策划的部署,进行媒体规划,争取最佳的广告宣传效果。

⑦公关人员。公关人员能够为会展公司创造融洽、和谐的公众关系氛围,获得各方面的支持帮助;同时,能够从公关的角度提供建议。

在会展项目策划过程中,由业务主管负责,各方面人员需通力配合,协调一致,共同做好会展策划工作。

2)进行市场调查

市场调查是以科学的方法,有系统地、有计划地、有组织地搜集、调查、记录、整理、分析有关产品或劳务市场等信息,客观地测定与评价,发现各种事实,用以协助解决有关营销的问题,并作为各种营销决策的依据。

会展市场调查是会展项目策划的基础。从传播学的角度来看,市场调查是会展策划者为了解市场信息、把握市场动态,进而确定会展目标和主题、编写会展策划方案、选择会展策略、检查会展效果等所必需的调研工作。只有在系统地搜集有关市场与相关背景的资料,并加以科学地概括分析的基础上确立的会展策划,才能卓有成效地实现其总体目标。

在执行市场调查时,不仅要考虑本区域的优势产业和主导产业,还要考虑重点发展中的行业、政府扶植的行业等。具体分析行业市场状况,要摸清市场的归属,即买方市场还是卖方市场等。

以一次展览会为例,主办者需要将市场调研的重点放在以下4个方面:

①市场前景分析(如政策可行性、市场规模及类型等)。

②同类展览会的竞争能力分析。

③本次展览会的优势条件分析。

④潜在客户需求调查。

总之,在瞬息万变的市场中,如果没有科学的市场调研和预测做先导,会展的策划、运作就很难达到预期的目的。

3)决定会展策略

做出会展决定是一个决策过程,应该有相应的程序。在一般情况下,会展决策应考虑营销需求、市场条件、营销方式、内部条件等因素。

在充分进行市场调研与预测之后,需要进行会展目标市场的定位与制订会展营销计划。

以展览会为例,组织者在进行目标市场定位时需考虑以下因素:

①展览会的类型。组织者首先要明确自己所主办的是什么类型的展览会,因为政府主办的展览会、公益性质的展览会和商贸展览会在具体操作模式和策略的制订上有很大区别。

②产业标准。导致展览目标市场定位复杂的原因之一是一次展览会往往

要涉及多个产业。如举办一次汽车展览会,组织者除考虑汽车生产企业外,还要努力吸引销售、运输等汽车需求较大的企业,甚至一些研究机构等。

③地理细分。由于不同地区的参展商和专业观众有着不同的需求特征及营销反映,因此,地理变量经常被作为划分展览市场的依据。在进行地理细分时,展会组织者不仅要分析不同国家的参展商对展览会的个性化要求,而且要弄清参展商在本国的具体分布,这样才能行之有效地进行决策。

④行为细分。行为细分是指根据参展商的参展动机、购买动机、购买状态或对展览会的态度等进行市场细分,其中参展动机被认为是进行展览市场细分的最佳起点。

决定会展策略应该在充分掌握现有相关资料的基础上进行,如宏观政策环境、企业经营实力、会展市场竞争状况、顾客满意程度等。如从会展营销的角度来说,一份会展营销计划应包括会展营销现状分析、企业(或具体会议、展览会)SWOT分析、营销目标的确立、市场营销组合策略、具体的行动方案、营销预算费用以及营销计划的执行与控制等。

4)制订媒体策略

现代社会是一个信息社会,人与人之间、企业与企业之间都需要交流,而信息交流的主要载体便是各种各样的媒体。实施有效的媒体策略对会展活动组织者至关重要,会展组织者要根据有限的广告预算以及举办会议/展览会的需要和条件,来选择合适的媒体。在选择媒体的类型时需要综合考虑目标受众的媒体习惯、产品性质、信息类型以及广告成本等因素。

在会展活动中,不同利益的相关主体面向特定的公众需要采取不同的媒体策略。

例如,若从提升城市形象的角度分析,在一次大型的国际会议或展览会中,城市政府面向媒体的主要工作包括:

①在会展活动开始之前,政府需要媒体对展览会前期的准备工作、展会的特点、创新等做大量的宣传报道,具体方式有举行记者招待会,或组织专家学者讨论并在专门的媒体上发表声明,以吸引市民和潜在专业观众的注意。

②在展会举办期间,继续组织有关媒体尤其是本地的主流报纸或电视台对会展活动做进一步宣传,以满足不同公众对此次活动的关注需要。

③活动结束之后,政府应该鼓励媒体对此次活动的效应和成果等做总结性的报道,以加深公众的印象,并达到提升城市形象的目的。

若从参展商的角度来说,在展览会开幕之前,参展商除了通过直接邮寄等方式与客户联系并邀请对方光临自己的展台外,还要积极利用各种形式的媒体对本企业的参展活动做大量的宣传,可以在报纸杂志或参展手册上刊登广告,也可以利用展会主办者发行的展览快讯,宣传和介绍企业参展产品,以吸引专业买家来洽谈。在展览会期间,还可以通过别出心裁的现场表演、公关事件,或召开新产品推介会等,来吸引媒体和专业观众的广泛关注。

另一方面,为推广企业的品牌形象或提高产品的知名度,参展商必须与媒体保持良好的关系,并积极提供有价值的新闻,争取让媒体在展会期间对本企业给予更多的报道。

随着会展活动的不断升温,不仅是大众媒体,专业媒体也跟着热起来。纵观现有的会展杂志、报纸及网站的竞争格局和特点可以发现:专业刊物正走向多元化,刊物定位也更加鲜明,媒体的形式丰富多彩,互联网正在被深入的应用,因而,在会展的媒体制订上,必须与时俱进,选择更加有效的媒体策略。

5) 制订设计策略

商业展览展示设计是以传达展览信息、吸引参观者为主要机能的有目的、有计划的环境、展台、展品设计。好的设计不但能提高展会的品位,吸引参展者、参观者,它对产品营销也起着潜移默化的作用。

一般而言,较大的展览会,会展的有关设计问题在开展前9个月就开始了。

从参展商的角度来说,设计不仅仅是一个展台设计的问题,在策划阶段就要考虑设计展览结构、取得展览公司的设计批准、制作展览宣传册等。

展台设计根据具体情况要求有不同的设计原则、功能区分,因此,其设计的策略也是千变万化的。

以宣传材料的设计与制作为例,对于参展商来说,狭义的宣传材料主要指各种文印资料,如宣传册页、新闻稿件等。而事实上,宣传材料不仅仅限于现场分发给观众或记者的文字资料,它还包括很多形式,如邀请函、直接邮寄资料、产品介绍、VCD、纪念包(手提袋)、酒店的户外广告或展览会的每日快讯等。

在宣传材料外观的设计上,必须要尊重整体风格,同时,要能形成强大的视觉冲击力。外观设计主要是要解决材料的形状和大小两个问题,并要求设计富有人性化,便于人们携带。

6) 制订预算方案

良好的财务管理和预算控制是筹办会展最重要的因素之一,如果安排得当,不仅将起到增加收益、提高效益的作用,而且,能使管理者了解收入的来源、了解收入来源的比例、分析主要的投入项目、确定主要的收入来源。预算是协助实现财务目标的一个工具。可以把预算看做是一张特有地图,它能引导公司达到所寻找的目标。为了达到这个目标,会展在制订预算时必须做到有计划、有步骤,不断更新信息。

一般说来,制订一份会展预算至少包括以下几个方面:

①历史数据。回顾过去的工作,以便制订出相对精确的新预算。

②行政管理费。它包括项目共享的费用,如工资、奖金、复印、电话、信函来往、计算机等要支付的费用。

③收益。即预算带来的收入,包括公司拨款,预算,注册费,出售展品和纪念品的收入、赞助等。

④固定费用。如印刷和邮寄宣传资料所需的费用。

⑤可变费用。如餐饮费等。

⑥详细开列的项目。详细开列的项目列明预算中的各个项目。

⑦调整控制。由于预算是根据估计而制订的,因此不一定准确,需要不断地调整。

在会展中,为了衡量一个项目的财务成果,必须设置一个用于实现既定财务目标的预算开支。预算采用的方式,可视具体情况而定。

7)撰写项目策划方案

会展项目策划就是会展的策略规划,为了会展的成功进行,对会展的整体性和未来性的策略进行规划。它包括从构想、分析、归纳、判断,一直到拟订策略、方案的实施、事后的追踪与评估过程。

会展项目策划与计划不同,它有为达到目的的各种构想,这些构想和创意是新颖的,是与目标保持一致的方向,有实现的可能。把项目策划过程用文字完整地记录下来就是会展项目策划案。

广义的会展项目策划案可以涵盖经市场调查而产生的可行性研究报告、项目意向书、项目建议书以及广告策划方案、宣传手册等,包括围绕某次会展的展前、展期、展后所有的策划文案。

8)实施效果评估

如果说会展相当于"播种",建立新的客户关系,那么,会展的后续工作就相当于"耕耘"与"收获",将新的关系发展为实际的客户关系。会展的后续工作有很多,实施效果评估是其中的重要一环。

会展的效果评估内容也很丰富,有展览工作评估和展览效果评估。

展览效果评估需要由展出者自己安排或委托专业评估公司来做。展览效果的评估内容有定性的内容也有定量的内容,条件许可的情况下尽量用定量的评估内容,这样,能使评估的结果更客观、有价值。

总之,会展作为一种营销方式,在开拓市场、巩固市场等方面发挥着重要作用。但是会展是一项复杂、浩繁的工程,它的工作环节很多,为了保证其可行、顺利、有效地开展,必须要重视会展的项目策划工作。有学者指出,只有当会展被认为是最有效的营销方式时才决定会展,而在决定会展后,能激发创意,有效地运用手中的资源,选定可行性的方案,达到预期目标或解决一个难题,就是策划。会展项目策划在整个会展过程中扮演着一个重要角色。

本章小结

会展包括会议、展览和节事活动等方面,会议侧重在信息交换,可以是经济行为,也可以是政治行为、科技行为;展览则侧重在产品展示和技术交流,主要是一种经济行为。节事活动包括节日、庆典以及各种文化、体育等具有特色的活动。它集旅游观光、购物娱乐、经贸洽谈、科技文化等多种活动于一体。与会议展览相比,节事活动更加贴近公众生活。会展是一种特殊的流通媒介,是信息传播与实物传播的载体。本章在梳理清楚现代会展概念的基础上,对会展项目策划的概念、特点、作用、基本原则以及基本内容和基本流程做了细致地分析。最后将会展归结为经济活动中的一种"最有效的营销方式",给会展项目策划以确切合理的定位。

复习思考题

1.会展项目策划有哪些具体作用?

2.进行会展项目策划应遵循哪些原则?

3.会展项目策划的基本流程是怎样的?

4.随着中国加入 WTO,会展经济将会以更快的速度和国际接轨,目前我国会展业亟待解决的问题有哪些?

5.有学者指出,只有当会展被认为是最有效的营销方式时才决定会展,为什么?

6.会展项目策划是从事会展行业工作的必修课,但行业实际需要的策划师是有限的,如何理解会展人才定位问题?

实 训

会展项目策划与组织所包含的工作千头万绪,请根据会展项目策划的内容与基本流程,将下列在展会中常见的工作进行分类:

发邀请函;考虑住宿问题;考虑交通问题;展会场馆的选择;考虑展会的目的;成本的初步估算;推出新产品;举办特殊的活动;组织和时间安排;合同的签订;菜单策划;娱乐节目的安排;赠品的选择;CI手册的设计;撰写新闻稿;门票设计;制订设计说明书;现场搭建;专业观众问卷调查;展会立项的SWOT分析;会议议程安排;展会主题演绎活动;展会商务服务策划;展会安保清洁服务策划。

案例分析

第100届广交会

第100届广交会是我国外贸发展史上的一件盛事,党中央、国务院领导同志高度重视和十分关心广交会。中共中央政治局常委、国务院总理温家宝亲自出席第100届广交会开幕式暨庆祝大会并发表重要讲话;中共中央政治局常委李长春专程视察第100届广交会;中共中央政治局委员、国务院副总理吴仪出席了百届广交会开幕式暨庆祝大会,还出席了百届广交会纪念座谈会并讲话。

共有来自212个国家和地区的192 691名采购商到会,比今年春交会增长1.4%,比去年秋交会增长8.7%。

到会采购商的突出特点是欧美采购商明显增加。欧洲采购商共到会40 596人,比今年春交会增长19.3%,比去年秋交会增长9.3%;美洲采购商达到26 021人,比今年春交会增长3.4%,比去年秋交会增长17%;亚洲、大洋洲、非洲采购商到会人数分别为106 716人、5 920人和9 375人,与今年春交会到会人数相比均有所减少。到会采购商位居前5位的国家或地区分别是:中国香港地区 33 709 人、美国 13 232 人、中国台湾地区 10 303 人、日本 6 531 人、韩国 6 478人。

共有 85 091 位新采购商与会;有 80 家世界知名的跨国零售商与会。

本届广交会累计成交额达到 340.6 亿美元,创历史新高,比今年春交会增长 5.7%,比去年秋交会增长 15.7%。

广交会的电子商务取得新进步。广交会各网站累计访问量为 1.2 亿次,比今年春交会增长 3.2%;网上意向成交额为 4.4 亿美元,比今年春交会增长 5.9%。

第 100 届广交会品牌展区展位达到 4 175 个,占总展位数的 13%。进入品牌展区的企业共 805 家。品牌展区累计成交 86.9 亿美元,占总成交额的 25.5%。

据统计,本届广交会共受理投诉 573 宗,被投诉企业 848 家,认定涉嫌侵权企业 509 家,分别比上届增加 101 宗、105 家和 90 家,增幅分别为 21.4%,14.1% 和 21.5%。参展企业涉嫌侵权涉案率为 3.64%,与上届持平。

被投诉和认定构成涉嫌侵权企业总量比上届上升,这与本届广交会加大知识产权保护工作力度、展位数和参展企业数增加等因素有关,也表明企业运用法律武器维护自身合法权益的意识在不断增强。

加强展位管理。7 个展位检查小组对所有展位进行了"拉网式"检查,共查处甘肃迈兴机械进出口有限公司、福州琴声电子有限公司、浙江泰顺县佳乐工艺品有限公司等 3 家违规使用展位的企业,切实维护了交易秩序。

加强馆内各类安全保卫力量和安检措施,整个展会期间没有发生传染病疫情和食物中毒事故。

第 100 届广交会得到了海内外广大媒体的热切关注。共有 140 多家境内外新闻媒体、近 400 名记者到会对广交会进行了全方位的采访报道。

资料来源:广交会新闻中心

分析:

第 100 届广交会有如下特点:首先,该展会受到党和国家的高度重视,从广交会的创立到成长为品牌展会,政府的主导作用十分明显;第二,该展会国际化程度高,出口成交创历史新高;第三,品牌企业成交保持良好势头,这可以说是广交会较成功的特色项目策划。第四,展会继续加大知识产权保护力度,显示了广交会的策划者具有与国际接轨的前瞻性战略眼光;第五,管理和服务水平不断提高,这是在品牌展会项目策划中所必须重视的问题。

第2章
会展项目策划可行性分析

【本章导读】

　　任何一次会展活动都需要事前充分的市场调研,调研的内容包括市场前景分析、潜在客户需求调查等;在SWOT分析中,策划者应当考虑客户的需求、市场条件、营销方式、内部条件等因素,进行同类会展的竞争能力分析、本次展会的优势条件分析等;在定性、定量分析的基础上,全面把握,综合考虑,写出会展项目立项可行性论证报告。

【关键词汇】

　　展前策划　会展市场调查　SWOT分析　可行性论证报告

2.1　会展市场调查

2.1.1　会展市场调查的概念

由于会展策划是一项庞大而复杂的工程,需要大量的人力、物力和财力,还要周密地布置和安排一些必需的程序。对于主办机构来说,主要考虑赢利和影响力;对于参展观众,主要是能够获得相应的价值;对于参展商来说,要考虑哪些展会适合公司参加? 那些产品应该拿去参展? 多少预算最合理? 什么样的展台设计最有吸引力? 希望通过参展实现什么目标? 需要准备哪些宣传材料? 如何抓住有意向的客户? ……这都需要在展会开始前进行周密的策划。展前策划的第一步是进行市场调查,市场调查是会展项目策划的逻辑起点。

会展市场调查这一概念包含两个层面:一是为会展本身提供资讯的调研,二是以展会为平台解决营销问题的调研。首先,无论是行业展会、地方性商贸洽谈会、艺术文化展还是经 BIE(Bureau of International Expositions)认可举办的大型博览会,其成功的关键都在于严密的计划和细致入微的先期准备工作。各种展会需要解决的课题不同,其基本调查实施的内容也随之有别。这类会展调研主要采用传统调查研究的思路与方法,对展会进行描述、诊断、预测和评估。其次,拥有成熟品牌的展会是进行市场调研的极佳场所。在这样的展会中,汇聚了行业或市场中的主要企业及消费者,能够充分全面地反映产品最新动态、市场供求现状、销售渠道状况、消费需求变化甚至行业发展趋势。

会展市场调查的结果无论对当地政府、会展主办方,还是参展商、相关广告商等都有参考、决策依据等作用。

1) 对当地政府

当地政府关注会展调研的结论,其主要目的在于研究会展经济与区域经济的发展战略与政策,通过建立并运用数学模型,进行科学的定量研究和中长期预测,提出对策建议,权衡各产业间的均衡发展,促进有序竞争,制订可持续发展策略,宣传推广城市经济战略、品牌、文化等。

2) 对会展主办方

会展主办方对调研数据的需求和使用主要基于以下几点:

①确定展会的各项策略的需要,如展会主题、办展时间、招商对象等。

②为展会计划做准备,在基本构想的基础上,主办方必须制订详尽的展会执行计划,包括构成计划、建设计划、展示计划、活动计划、宣传计划、动员计划、招商计划、情报系统计划等,每一份计划都可以作为一个策划项目来组织制订,而所有这一系列具体计划都不可能凭空制订,相关的调研数据将为这些计划的制订提供信息。

③制订预算的需要。对预算的有效把握是展会成功举办的最基本要求,支出项目与数量以及展会所能产生的直接或间接经济效益都是主办方最为关注的内容,准确有效的调研结论能够科学地指导预算的制订,因此,也是会展主办方使用调研结论的一个重要原因。

④招商的需要。会展主办方在招商过程中往往会采用多重手段对本次展会进行推介,那么推介过程中最具有说服力的就是各种各样真实可靠的数据,这些由专业机构或会展主办者提供的调研数据能够大大强化参展商对展会的信心和兴趣,从而推进主办方的招商工作。

3)对参展商

整合营销传播的思路日益深入人心,商业展会的参展商在做出出展决策之前都希望对展会的各项指标有所了解,他们可以要求展会主办方提交相关数据资料,也有可能委托其广告代理商进行调研,随着会展咨询业的不断发展,参展商也将有可能直接向会展咨询公司购买数据用以指导决策。

4)对相关广告商

相关广告商包括两类:一类是展会广告代理商,这类广告代理商主要负责展会本身的广告宣传工作;另外一类是为企业服务的广告代理商,这类代理商对展会调研的数据的需求相对较大,展会作为整合营销传播中必不可少的元素越来越多地被广告公司用于营销和传播组合中,因此,展会的实际效果、展会的性价比等资讯成为广告代理商希望获得的重要信息。

2.1.2 会展市场调查的种类

展会的类别和目的不同,其主办方的构成也多有不同,因此,会展市场调查的分类方法也有多种。

从为会展主办方提供会展策划必要资讯角度来分,会展市场调查主要包括：

1）主题调研

展会项目确定之后，展会策划人员必须就展会的具体主题进行相关的研究分析。展览会的名称、基本理念和具有延续性并相互独立的主题等都应在相关调研的基础之上予以确立。主题调研不仅应广泛研究已有展会的主题性质与分类，同时也可以通过民意调研的手段广泛了解和听取公众意见。

2）场馆调研

场馆调研具体包括：
①硬件条件调研，如场馆地点、交通情况、周边住宿条件、停车位数量、场馆空间规模、内部空间使用的便利程度、陈列道具的种类、多媒体设备条件、照明、空调、消防等。
②软件条件调研，如网络通信便利程度、邮政电信便利程度、管理系统等。
③服务水平调研，如基本设计制作水平、场馆内部搭建服务水平、施工水平等。

3）参观人数预测

无论是以营销为主要目的的商业展览，还是以宣传为主要目的的文化展览，参观人数都是重要的指标。参观人数预测直接影响场馆选择、门票定价、办展时间、预算等一系列重大决策。即便对于举办多年的固定展会，人数的预测仍非易事，诸多不确定因素都有可能导致预测的失误，如天气条件、突发事件、同类展会的竞争等。因此，参观人数并不能简单地根据往届实际参观人数进行预测，还是应该在展会筹备之前通过科学的定量调研予以预测。

4）同类展会竞争者调研

同类展会竞争者不断涌现，就国内案例而言，最著名的竞争对手就是北京国际汽车展和上海国际汽车展。相同的行业，相同的主题，要想成功举办展会就必须对竞争展会的规模、具体参展商、展会时间、效果、满意度等进行详尽的调查研究，不仅要知己知彼，更要取长补短，避免恶性竞争。

5）居民意识调研

当地居民的态度和认识将在很大程度上影响展会的效果，热情好客的当地居民不仅可以很好地配合主办者的各项安排、积极参与展会活动,为展会制造人气,同时也可以给参展商留下美好的印象。相反,居民的抵触情绪将给展会带来不必要的麻烦。因此,主办方应在基本调研中特别强调居民意识的研究,发现问题尽早想办法疏导、解释、宣传,以期营造出展会最佳的外部环境。

6) 环境影响调研

展会期间,交通工具暴增,流动人员暴增,将在一定程度上影响城市环境,展会过程中大量宣传品从展会现场被带出,在相当大的范围内造成环境污染或卫生清洁压力,展会期间的声光电污染也高于平常。撤展后,大量展会现场遗留的垃圾也增加了城市的环保投入。特别是大型展会,如世界博览会,相关的环境影响问题就更加严重。政府的有关部门要求展会主办方在展会申报时必须提交环境影响调研的预计结论以及解决方案,同时还有一些民间组织将对展会的全过程进行监督。

从为会展评估的角度来分,会展市场调查主要包括:

(1) 展会基本情况调研

内容有:创办时间、办展周期、办展时间、主办方、办展展馆、联系电话、展览互联网地址、电子邮件、主要服务内容、主要参展产品、开幕时间、门票价格、场地面积、同期举办的展会、参展面积、参展商、参展商分布统计、参展商产品行业分布、观众来源、观众分布统计、观众关注行业统计、签约项目数、成交金额等。

(2) 展会主题调研

内容有:主题是否明确、是否服务地方经济、主题的延续性、会展主题的推广效果等。

(3) 展示设计搭建情况调研

内容有:展示手段、搭建材料、多媒体技术使用情况、展示种类分布、展台设计、科技含量、展示效果、展示成本分布等。

(4) 招商组展调研

内容有:招商方式、招商成本、招商时间、组展筹备时间等。

(5) 广告宣传调研

内容有:展会前期广告宣传手段与策略、广告投入、媒体选择、新闻宣传策略、新闻稿数量、促销活动等。

(6) 会展后勤服务调研

内容有:展场指南、食宿安排、交通服务、商务服务、安保服务、清洁服务、信息服务、展会会刊等。

(7)经济与社会效益调研

内容有:交易额、协议数量与金额、贸易商满意度、相关行业受益情况、社会反响、市民认知度等。

此外还可以从参展企业、展会解决营销的课题等角度对会展进行市场调查,此不赘述。

2.1.3 会展市场调查的过程

搜集市场信息是策划举办一个展会最基础的工作,市场信息搜集的过程是一个系统的、有目的的市场调查过程。它主要通过各种市场调查手段,有目的地、有系统的搜集、记录和整理有关市场信息和资料,客观地反映市场态势,为全面认识市场、进行市场分析和预测,以及为办展机构进行科学决策提供依据。

会展调查的过程与一般的各种调查研究相同,主要有:

1)确定课题的目的

调研过程的开始首先是认识问题,应该准确把握数据的真正作用,明确开展调研究竟要解决什么问题,哪些问题是通过会展调研可以解决的,哪些不能或不用通过会展调研解决的,否则大量的财力、人力和时间就将被浪费。同时由于展会时间的限制,必须认真对待那些在展会过程中难以完成的任务。

2)生成调研设计

调研设计是指实现调研目标或调研假设需要实施的计划。调研人员需要建立一个回答具体调研问题的框架结构。当然,客观上不存在唯一最好的调研设计,不同的调研设计都各有优缺点,重要的是必须权衡调研成本和信息质量。通常,所获得的信息越精准、错误越少,成本就越高,但是由于会展调研的特殊性质,调研设计者应以有效性原则为基本准则。

3)选择基本的调研方法

调研人员可以根据调研项目的目标选择描述性、因果性或预测性的调研设计。下一步是确定搜集数据的手段,有 3 种基本的调研方法:观察法、询问法、实验法等。

4）抽样过程

不同的调研手段对样本的要求也有所不同,会展调研中抽样与调研手段的对应关系与一般调查研究中一样,应根据具体情况灵活运用。

5）搜集数据

大多数数据是由市场调研公司、现场服务公司从展会现场搜集得到的,同时,展会的主办方掌握有大量免费公开信息,无须麻烦便可获得。

6）分析数据

分析数据的目的是解释所搜集的大量数据并提出结论。数据的分析需要具备一定的专业技巧和手段,专业分析人员不仅可以对数据进行简单的频次分析,同时能够使用复杂的多变量技术进行交互、聚类、因子等分析,建立回归模型等,从而使搜集到的数据解释更多的信息。

7）撰写报告

会展调研的报告形式因提交对象的不同而有所不同,一般市场调研报告都要求简明、清晰,如果报告是提交给政府部门用做宏观分析,那么,报告就应详尽丰富。

8）跟踪

跟踪调研成果的应用情况,不仅可以督促和帮助委托方,还能有效地提高调研服务的水平。

2.1.4 会展市场调查的方法

一般调查研究,特别是市场调研,所采用的方法主要是三大类:观察法、询问法和实验法。根据会展调查的特性,这里主要介绍这3类调研方法。另外,二手资料的分析使用也是会展调研的重要方法。

1）观察法

观察调研法是指不通过提问或交流而系统地记录人、物体或事件的行为模式的过程。当事件发生时,运用观察技巧的调查员客观见证并记录信息,或者根据以前的记录编辑整理证据。展会主题明确,参展商与参观者已经过明确的细分,绝大多数展会对专业参观者和普通参观者又进行区别,因此,在客观上符合使用观察法的条件。

会展调研所使用的观察法大致分为非参与观察法和参与观察法两类。

非参与观察法指将受访者视为局外人,从旁进行观察,而不参与其活动。调查员可以分布在展会的不同位置,根据之前统一的要求进行现场观察,并在印制好的记录单上予以记录,记录单可以使用按秩序圈选的封闭式量表,也可以使用记录具体情况的开放式表格。另外,也可以安装一些被允许的装置进行观察,如流量计数器、条形码识别仪、录像机、现场监测仪等。

参与观察法是指调查员要和受访者直接相处并与其一起活动,从中可以更深入地了解被访者。参与观察法仍是以观察为主,调查员可以作为展会中的一分子,参与试用、参加专业研讨等,有的放矢地进行观察研究。

2)询问法

询问法是最为广泛使用的调研手段,通过此种方法能够搜集到广泛的资讯。询问法又可分为问卷访问法、小组访谈法、深度访谈法、投射法等。

(1)问卷访问法

问卷访问法是在调研中最为通用,包括个别访问法、集体访问法、电话访问法、邮送法、留置法、计算机访问法等。问卷访问的每一种形式都依赖于问卷的使用。问卷几乎是所有数据搜集方法的一般思路。问卷是为了达到调研项目目的和搜集必要数据而设计好的一系列问题。它是搜集来自于被访者的信息的正式一览表。问卷提供标准化和统一化的数据搜集程序。会展调研中所使用的问卷应注意区别调研目的和调研地点。

(2)小组访谈

展会过程中,通过有意识地信息搜集,可以更便捷地开展小组焦点访谈。来自四面八方的经销商、消费者汇聚展会,使得平时几乎无法实现的小组焦点访谈成为可能。小组焦点访谈可以使参与者对主题进行充分和详尽的讨论,通过这种方法,参展商可以对定价、销售手段、产品性能等需要了解的主题进行深入研究。展会主办方也可以通过小组焦点访谈对参展商的需求以及满意度进行调研。

(3)深度访谈法

深度访谈适用于两类人群:一是参会的重要官员、学者和企业高层管理者。

这类人群在日常的深度访谈操作中皆是难于接洽的对象,但是在展会过程中往往相对集中,同时由于大部分展会都有明晰的主题或单一的行业性质,因此,访谈的实际操作也容易深入,有效性更高。其二,是参观者,不论是企业自己组织的现场介绍,还是委托专业公司进行的会场演示,都是极好的直接面对参观者的机会。商业展会参观者中有代理商、经销商以及消费者;文化展会参观者大都是专业人士或爱好者。通过相对无限制的一对一会谈,可以实现多种调研目的。受访者与面谈者很容易在展会这样一个特定环境达成相互间的融洽关系,同时与主题无关的信息也将比一般情况为低。

3)实验法

以实验为基础的调研与以询问为基础的调研相比有着根本的区别,其对调研环境、技术、人员素质的要求都非同一般,在展会过程中要想实现真正意义的实验调研是很困难的。但是,实验法有许多值得在会展调研中积极采用的思路和手段,比如在展会中设置实验区域,请消费者现场实验产品功效,一方面可以起到宣传促销的作用,另一方面也可以为参与观察的调查员提供条件进行观察记录。

4)二手资料分析

二手资料主要有以下几个来源:

(1)来自主办方

展会主办方都会在展会过程中免费发放各种名录,如参展商名录,内有详细的地址、市场、产品介绍、工厂分布、主要领导的姓名、员工数量、销售水平、市场占有情况等。

(2)来自参展商

参展商在展会中更是会准备大量资料,这些资料中就有可能包括平时难得一见的内部资料,如新品研发档案、年度报表、股东报告、新品测试结果、公司内部刊物等。

(3)来自行业管理部门或行业协会

展会中常设有免费公开的信息查询系统,提供诸如行业发展趋势、市场分布等来自权威机构的统计结果。

(4)会展项目管理系统

越来越多的大型展会开始使用会展项目管理系统。这种系统实际上是一个庞大的数据库,可以为各个方面提供所需要的二手资料。

①展位预订管理系统。可在线查询展位状态,通过平面图和三维演示浏览展位位置和周边设施。

②邀请函、参展手册发放管理系统。可调用企业资料,查看已发送邀请函邮件列表,显示发送状态。

③新闻信息发布管理系统。可对展会新闻、图片新闻、会议新闻、专题新闻栏目进行查询。

④论坛管理系统。对展会期间的论坛主题、时间、日程安排、演讲内容纲要等予以发布。

⑤网上招商管理系统。组委会进行展会招商内容发布修改、有效参展信息过滤、预订反馈信息管理、网上预订业务跟踪、在线参展合同签订落实等都可查询。

⑥网上门票预订管理系统。网络在线进行门票预订发售、个人资料提交、预订处理、门票发送(下载打印或邮寄)、网上观众信息统计管理等。

⑦展会观众登记管理系统。现场观众登记数、发放参展商胸卡数、通过条码识别进行身份认证、通过照片进行个人识别、网上预订观众汇总、大会贵宾和重要买家的到场情况等。

⑧展会现场网上直播管理系统。可提供现场图片即时传输和现场摄像即时传输两种方式等。

这些资源可以以付费的方式单项或全部出售给数据的使用方,对于二手资料搜集者而言也是意义重大的。

2.2 会展项目 SWOT 分析

2.2.1 会展项目 SWOT 分析的概念与步骤

SWOT 分析中的 S,W,O,T 分别是 strength(优势)、weakness(劣势)、opportunity(机会)、threat(威胁)4 个单词的首写字母,作为管理学中评价企业发展环境的一种经典方法,SWOT 分析被广泛运用到各行各业和各个层次。所谓会展项目 SWOT 分析是指通过对会展项目所具备的优势和劣势的分析来判断该会展项目的竞争力,通过对会展项目所处环境的机会和威胁的分析来判断该会展项目的市场发展潜力。

会展项目SWOT分析基本步骤有：

第一,分析项目的内部优势和劣势,重要的是找出对会展项目具有关键性影响的优势和劣势。

第二,分析项目面临的外部机会和威胁。会展项目所处的外部环境不断变化,在策划时应当充分考虑如何抓住机会,回避风险。

第三,将外部的机会和威胁与会展项目内部的优势与劣势进行匹配,形成可行的备选战略。

2.2.2　会展项目SWOT分析的基本内容

对会展项目可能面对的优势、劣势、机会和威胁一般应做如下分析：

1)竞争优势(S)

①竞争能力优势:强大的经销商网络、与供应商良好的伙伴关系、对市场环境变化的灵敏反应。

②有形资产优势:吸引人的不动产地点、充足的资金、完备的信息资料。

③无形资产优势:优秀的品牌形象、良好的商业信用、积极进取的公司文化。

④技术技能优势:独特的生产技术、低成本的生产方法、领先的革新能力、雄厚的技术实力、完善的质量控制体系、丰富的营销经验、上乘的客户服务、卓越的采购技能。

⑤人力资源优势:关键领域拥有专长的职员、积极上进的职员、很强的组织学习能力、丰富的经验。

⑥组织体系优势:高质量的控制体系、完善的信息管理体系、忠诚的客户群、强大的融资能力。

2)竞争劣势(W)

①关键领域的竞争能力正在丧失。
②缺少有竞争力的有形资产、无形资产、人力资源、组织资产。
③缺乏具有竞争意义的技能技术。

3)会展项目面临的潜在机会(O)

①市场需求增长强劲,可快速扩张。

②客户群的扩大趋势。

③获得并购竞争对手的能力。

④市场进入壁垒降低。

4)危机会展项目的外部威胁(T)

①市场需求减少。

②客户或供应商谈判能力提高。

③出现将进入市场的强大的新的竞争对手。

④汇率和外贸政策的不利变动。

⑤人口特征、社会消费方式的不利变动。

⑥替代性展览的出现。

2.2.3 会展项目 SWOT 分析的组合类型

SWOT 分析有 4 种不同的组合类型,并由此衍生出 SO 战略、WO 战略、ST 战略和 WT 战略,如表 2.1 所示。

表 2.1 基于会展项目 SWOT 分析的组合战略

战 略	作 用	战 略	作 用
SO 战略	发挥内部优势、利用外部机会	WO 战略	改进内部劣势、利用外部机会
ST 战略	发挥内部优势、回避外部威胁	WT 战略	改进内部劣势、回避外部威胁

具体来说,SO 战略是一种发挥会展项目内部优势与利用外部机会的策略。当企业内部具有特定方面的优势,而外部环境又为发挥这种优势提供有利机会时,可以采取该策略。如具备类似活动经验,有可利用的空间和人力资源,且主题新颖,没有竞争者,地区行业协会支持展会等。

WO 战略是利用外部机会来弥补内部弱点,使会展项目改变劣势而获得优势的战略。当外部存在一些机会,而会展项目目前的状况又限制了它利用这些机会时,可以采取此战略,利用外部机会克服内部弱点。如某会展项目管理者没有类似活动的管理经验,项目实施没有足够的场所和人力资源,管理人员没有就此活动接受充分培训,但主题新颖,没有竞争者,地区行业支持展会。

ST 战略是利用项目的优势回避减轻外部威胁的影响。威胁可能来自外部环境的变化,也可能来自竞争对手。如项目具备类似活动经验、有可利用的空间和人力资源;主题新颖,存在竞争者,行为受到法律限制。

WT 战略是一种旨在减少内部弱点,同时回避外部环境威胁的防御性技术。如没有类似活动经验,项目实施没有足够的场所和人力资源,管理人员没有就此活动接受充分培训;主题新颖,存在竞争者,行为受到法律制约。

尽管 SWOT 分析方法还存在一些缺陷,如不能动态的反应 SWOT 4 要素的变化等,但它仍不失为一种分析展会项目竞争力的好方法。在使用这种方法时,策划人员应该对影响外部展会项目环境和办展机构实力的相关因素进行动态调整或者做出科学预测,这样所做的决策才能更具有可行性。

2.3 会展项目立项可行性论证报告

会展项目立项可行性论证报告是会展项目策划者就某一个项目进行可行性研究的书面表达,它是展会项目组织者决定是否继续进行某项展会活动的依据。根据会展项目策划与组织的特点,会展项目立项可行论证报告的内容主要包括以下几个方面:

1)总论

总论部分阐述有关会展项目的社会经济意义,立项的必要性,项目主题的主要理念、思想及简要的背景资料。

2)国内外相关会展现状与发展趋势

阐述本项目国内外发展现状、存在的主要问题及近期发展趋势,并将本项目与国内外同类会展进行对比说明。这一部分包含有关全国性和地区性的宏观经济资料,如统计数字、销售额、增长速度等。

3)行业市场分析

这一部分主要论述会展项目题材的发展前景,并进行市场需求分析,内容包括:

①供应和需求(国际、国家/地区),如市场细分、市场结构、相关的和潜在的参加展会公司名单。

②市场销售系统,如市场结构、销售渠道、有关分销商名单。

③确定目标群体、利益相关者,并对他们进行目标分析。

④市场趋势、技术进步和发展前景等。

4)会展项目的目标

会展项目的目标本书将专章阐述,在会展项目立项可行性论证报告中可以从定性和定量两个方面进行描述。其主要内容包括:

①该会展项目题材的创新点。

②项目各实施阶段及项目完成后预期取得的效果。

5)会展项目的 SWOT 分析

会展项目的 SWOT 分析说明会展项目已开展的前期工作,项目实现预期目标的基础条件,项目实施在技术、设备、人才、资金等方面具备的条件和优势,该项目实施的劣势、机会、威胁。

6)会展项目实施的可行性论证

会展项目实施的可行性论证内容主要有:根据预期参展商确定展会地点和规模;战略合作伙伴(如协会、报刊、主办商、大学);组织(如项目小组、时间可用度、员工数量);营销(如媒体、销售渠道);规划(如内容管理和项目管理、时间表)等。

7)项目执行方案

项目执行方案主要包括资金筹措方案、招展招商计划、宣传推广计划、服务供应商选择、人员安排计划、现场服务与管理计划等。

8)进度安排

分月度列出项目实施进度安排、月度主要工作内容和主要目标。大型的展会活动有两年或更长时间的倒计时进度安排,一般的展会活动应该有一年的倒计时进度安排。

9)经费预算

简述项目总投资及资金筹措渠道,根据项目进度和筹资方式,编制资金使用计划。对申请周转资金的,应对还款来源、还款能力进行分析。

会展的各项费用,可分为固定费用和可变费用。固定费用不随参加展会人数变动,即使实际收益少于预期收益时也不变。如印刷和邮寄宣传资料的费用、场馆租用的费用等。可变费用会根据出席人数或其他因素的变动而变化。餐饮费是典型的可变费用,实际支出的餐饮费取决于实际到会的人数。

展会费用按照是否直接计入预算,可以分为直接费用和间接费用。直接费用是指为筹办展会直接开支的费用,各个展会项目之间会有比较大的差异。展会直接费用由展会项目有关人员负责、管理,属于展会项目工作的一部分。展会的间接费用是指为筹办会议花费的人力、时间以及从其他预算中开支的费用。在有些会展的预算中,间接费用不计入预算。

以展览费用为例,预算一般可分为四大类,如表2.2所示。

表2.2 展览项目预算分类

类　别	用　途
设计施工费 (也称做展台费用)	包括设计、施工、场地租用、展架租用或制作及搭建和拆除、展具制作和租用、电源连接及用电、电器设备租用及安装、展品布置、文图设计制作及安装等,这部分费用可能占总预算的35%～70%
展品运输费用	包括展品的制作或购买、包装、运输、装卸、仓储、保险等,这部分开支因距离远近、展品多少而不同,可能占总预算的10%～20%
宣传公关费用	包括宣传、新闻、广告、公共关系、联络、编印资料、录像等,这部分开支可能占总预算的10%～30%,其收缩性较大。有些展出者在宣传、广告、公关、编印资料等方面有专门的预算,展览宣传等工作是整体宣传工作的一部分,在这种情况下这类开支项目可以列为间接开支项目
行政后勤类费用(也称做人员费用)	行政或人员开支是一个比较复杂的类别,展览间接开支大部分发生在此处。如正式筹备人员和展台人员的工资是展出者的经常性开支,虽然不从展览预算中开支,但是,从管理角度看,为了计算展览工作效率和效益,必须计算人员开支。行政后勤的直接开支费用主要有人员的交通、膳食、住宿、长期职工的补贴、人员培训、人员制服、临时雇员的工资等方面的支出。这部分费用可能占总预算的10%～20%

10)风险预测

风险预测主要包括政策风险、技术风险、财务风险、市场风险、管理风险等。

11)经济、社会效益分析

会展项目的决定和最终能否实施有一个重要指标,就是看该项目可能产生的经济、社会效益。这是分析评价会展项目可行性的宏观角度;从表现形式角度看,还要对会展交流、交易效果和会展本身可能产生的效果进行评估;从时间角度看,应该对会展即时效果和其潜在效果(长期效果)进行评估。

经济、社会效益分析一般包括生产成本和销售收入估算、财务评价、国民经济评价、不确定分析、社会效益和社会影响分析等。

12)可行性研究结论和建议

在系统分析的基础上对展会项目的可行性提出结论,也可以提出可能存在的问题以及解决的办法。

这部分还包括项目策划过程中所需要的附图、附件等。

本章小结

项目可行性分析是会展项目策划与组织的关键步骤,本章在梳理了会展市场调查的概念之后,对会展市场调查的种类、基本流程、调查方法等进行了描述。通过 SWOT 分析,不仅能对展会项目的竞争地位做出比较清晰、全面的判断,也可以为指定其发展战略提供直接的思路。进行展会项目 SWOT 分析的最终目的是为了判断项目的发展潜力和竞争力。会展项目立项可行性论证报告是策划人员对自身所代表的组织和举办地的能力、条件、展会预期效益等进行全面分析,并以此作为经营管理人员和投资者的决策依据。

复习思考题

1.简述会展市场调查对会展主办方有哪些具体作用。

2.会展市场调查的一般过程是怎样的?

3. 在会展市场调查中,二手资料的搜集主要有哪些渠道?

4. 简述会展项目可行性论证中的 SWOT 分析的基本内容。

5. 试析会展项目 SWOT 分析的组合类型。

6. 会展项目立项可行论证报告的内容主要包括哪几个方面?

实 训

会展项目 SWOT 分析是会展项目立项可行性论证中的重要内容,以下是关于 SWOT 分析运用的阐释,试具体分析其合理性和不到之处。

SWOT 分析法是一种能够较客观而准确地分析和研究某个项目现实情况的方法。利用这种方法可以从中找出对自己有利的、值得发扬的因素,以及对自己不利的、如何去避开的东西,发现存在的问题,找出解决办法,并明确以后的发展方向。根据这个分析,可以将问题按轻重缓急分类,明确哪些是目前急需解决的问题,哪些是可以稍微拖后一点儿的事情,哪些属于战略目标上的障碍,哪些属于战术上的问题。它很有针对性,有利于领导者和管理者做出较正确的决策和规划。

从整体上看,SWOT 可以分为两部分:第一部分为 SW,主要用来分析内部条件;第二部分为 OT,主要用来分析外部条件。另外,每一个单项如 S 又可以分为外部因素和内部因素,这样就可以对情况有一个较完整的概念了。

首先要明确:WHO? WHERE? WHAT? HOW? 存在哪些威胁和竞争对手? 会发生什么样的竞争? 怎样去改进并完善自己?

SWOT 分析法一般分 3 步进行:

第一步,搜集、整理和分析各种信息,并根据这些信息对环境的变化趋势做出预测。

第二步,详细分析办展机构的内部和外部各种环境要素,列出市场环境对办展机构举办该展会所形成的机会、威胁、优势和劣势。

第三步,综合分析市场环境对办展机构举办该展会所形成的机会、威胁、优势和劣势,确定可以选择的战略和对策。

在 SWOT 分析的组合战略中,SO 战略即利用办展机构的内部优势去抓住外部市场机会。例如,某办展机构的办展经验丰富并且资金雄厚(即内部优势),而某产业尽管有展会存在但该展会市场覆盖面积不广(即外部机会),那么该办展机构就可以利用本战略进入该产业举办展会。

ST 战略即利用办展机构的内部优势去回避或减少外部威胁。例如,某办展机构的品牌优势十分明显(即内部优势),但与之有合作关系的展会服务商却不尽如人意(即外部威胁)。那么,该办展机构就可以利用本战略,通过寻找更好的展会服务商进入该产业举办展会。

WT 战略即克服办展机构的内部劣势,避免外部威胁。例如,如果某办展机构计划举办的展会与另一个已经存在的展会有冲突(即内部劣势),而大部分参展商和观众又认同该已经存在的展会(即外部威胁)。那么,如果其他条件具备,该办展机构就可以利用本战略,重新对计划举办的展会进行定位,用新定位吸引参展商和观众。

SWOT 有 3 种对策:一是抗争。就是办展机构试图利用各种措施限制或扭转不利因素的发展,为顺利进入某一产业举办展会创造条件。二是减轻。就是办展机构利用各种措施来改善环境,降低市场环境带来的威胁的严重性,为顺利进入某一产业举办展会创造条件。三是放弃。如果办展机构利用各种措施都无法改善环境、降低市场环境带来的严重威胁,那么就放弃举办展会。

案例分析

中国国际家居博览会项目可行性论证及媒体宣传分析

一、会展项目环境分析(外部环境)

(一)优势(strength)分析——宁波会展经济发展强势分析

1. 较强的城市竞争力

城市综合竞争力排名前 10 位:上海、深圳、广州、北京、杭州、宁波、苏州、无锡、厦门和天津。在这 10 个最具竞争力城市的 12 分项排名中,宁波的企业管理竞争力排名第一,制度竞争力排名第二,结构竞争力综合排名第四,政府管理竞争力排名第七。

2. 经济优势和产业依托

宁波是中国进一步对外开放的副省级计划单列市,具有制定地方性法规权力的"较大的市",是全国历史文化名城、优秀旅游城市和环保模范城市。综合实力在全国地级以上城市中排位由 1997 年的第 27 位提升到 20 位。

宁波市主要经济指标占浙江全省的比重:宁波市生产总值占全省的 19.2%;全社会固定资产投资额占 16.9%;社会消费品零售额占 16.5%;外贸自

营出口额占29%;实际利用外资占31.7%;地方财政收入占19.7%。

3.宁波优越的地理位置

宁波地处我国经济最为活跃的长江三角洲经济圈,目前正形成浙江省的交通中心。作为长三角地区物流重地,宁波具有得天独厚的环境优势,势必成为会展产业物流板块必不可少的要地之一。

(二)劣势(weakness)分析——宁波会展经济发展的劣势分析

宁波的展览业虽然一直在全国表现不俗,但由于宁波地区会展业结构体系尚不成熟、市场发育迟缓等因素,导致会展业的发展与宁波作为经济大市地位不相适应,暴露出不少问题。

1.缺乏创国际品牌的展会意识

长三角地区有较多特色产业所形成的专业市场,但宁波会展缺乏创品牌展会意识,没有把产业优势通过细分市场准确定位,形成具有宁波特点的鲜明主题和特色。宁波缺乏创品牌展会意识的一个表现是对国际展览业协会(UFI)认证的认识和参与上。这与宁波本身会展发展规模不相符。

2.主题雷同,重复办展严重

宁波的会展行业题材重复的现象严重,目前家具展、建材展等存在不同程度的"撞车"现象。以家具展为例:2004年在长三角地区有多场展览会,展览面积从约4万 m² 到25万 m²。由于时间重叠及题材重复,展会都不可避免地采取了"价格战"的方式吸引客户,影响了宁波会展业的正常发展。

由于依托的产业基础相近或相似,宁波的一些展会参展对象相似、办展时间接近、主题雷同的情况日趋明显,带来了竞相压价等不良竞争的现象。导致不仅展会规模做不大,展会自身效益不理想,而且对参展企业来说,重复参展也是一种不小的负担。

3.办展活动规范化欠缺

根据浙江省市工商部门提供的资料显示,不规范行为表现为:一是未经登记擅自举办展销会的行为时有发生;二是合同欺骗现象较为突出;三是未经登记,擅自发布招展广告,且虚假宣传现象较为普遍;四是利用展会进行诈骗;五是参展商品质量问题较多,展销国家禁止上市商品的行为时有发生。

4.高素质会展人才缺乏

宁波会展人才发展差距表现:一是学历教育,虽然宁波有会展教育,但只是方向,没有会展经济与管理专业;二是在培训认证方面,没有上海旅游委、外经贸委等有关方面组织实施"注册会展经理"培训认证项目,推动高层次、复合型人才的培养,高层次培训基本空白。

（三）机会（opportunities）分析——对宁波会展经济发展的机会分析

1. 宁波会展经济发展得天时——中国会展经济迅猛发展的大环境

目前中国会展业在世界和中国的地位日益重要，2005 年 1 月 11～13 日在北京召开的中国会展经济国际合作论坛，吴仪副总理的出席并发表重要讲话，世界展览业巨头云集北京参会都充分说明了这一点。根据中国国际贸易促进委员会《2004 年中国会展发展报告》对抽样调查的 42 个场馆调查，共举办展览 1 604 个，参观者总人数为 124 263 668 人，国际参观者总人数为 550 550 人，国际参观者人数占总人数的 0.44%。随着展览专业化、市场化、国际化水平的提高，国内形成了"中国出口商品交易会"、"中国国际投资贸易洽谈会"、"中国国际高新技术出口交易会"、"中国国际机床展览会"等一批具有国际影响的知名品牌展会。国际展览联盟主席辛迪·安格预测：到 2010 年，中国展览业的规模将超过欧美任何一个国家。

2. 宁波会展经济发展得地利

宁波位于中国大陆海岸线中段，地处长江入海口、经济发达的长江三角洲南翼，是中国历史文化名城，是中国对外开放城市、计划单列城市，具有制定地方性法规的权力，是中国长江三角洲南翼的经济中心和东南沿海重要港口城市。宁波毗邻会展三大先驱城市之一——上海，依托产业结构优势，与其他地区相比，优势明显。作为海港城市可以称得上是会展物流的重地，也是产业当中兵家必争之地。

3. 宁波会展经济发展得人和——宁波会展业人才济济

目前，宁波已拥有一支包括 30 多家专业公司、近 2 000 名从业人员的会展队伍。这些专业公司运作灵活，成为宁波会展业中的生力军。如已连续举办八届的宁波国际服装节，所有的宣传、广告、招商、布展等一条龙服务均由专业展览公司承担，达到了政府省钱省心、企业放心开心的目的。

截止 2003 年底，全市人才资源总量已达 38 万人，其中专业技术人员 30 万人，高级职称 1.3 万人，中级职称 8.7 万人。

（四）威胁（threats）分析——对宁波会展经济发展的威胁分析

1. 国际会展强劲的威胁

根据中国国际贸易促进委员会《2004 年中国会展发展报告》，2004 年全世界的大型会展总数超过 15 万个，其中国际会议约 7 万多个，国际展览超过 8 万个，全球会展业的直接经济效益达到了 2 800 亿美元。国际会展业为世界经济带来的增长总额将超过 2.5 万亿美元。欧洲会展经济历史最为悠久、整体实力最强，具有规模大、国际化程度高、专业化强、重复率低、交易功能明显等特点；

北美的美国和加拿大是世界会展业的后起之秀,每年举办的展览会近万个;拉美的会展经济总量约为20亿美元,巴西每年办展约500个,经济收入达8亿美元;非洲大陆的展会主要集中于经济较发达的南非和埃及;亚洲会展经济的规模和水平仅次于欧美。新加坡连续17年成为亚洲首选举办会展城市,香港也开始享用"国际会展之都"的美誉。

2. 兄弟省市会展快速发展的威胁

中国会展业已经初步形成了以北京、上海、广州为全国一级会展中心城市,大连、深圳、青岛、南京、厦门、宁波、昆明、成都等为区域级的会展城市,其他为"地方性会展城市"的相互协调、各具特色、三个层次的会展经济发展格局。另外在中国初步形成了依托经济区域和城市群的会展产业带。一是环渤海会展经济带,包括北京、天津、烟台和廊坊等地;二是以上海为龙头,沿江、沿海为两翼长江三角洲会展经济带;三是以广交会和高交会为龙头,以广州、东莞、深圳为中轴,包括佛山、珠海、汕头的珠三角会展经济带;四是由大连、沈阳、长春、哈尔滨组成的东北会展经济带。此外,在中国的中西部地区,以成都、重庆、昆明、南宁、西安、武汉、乌鲁木齐为支撑的中西部的会展业也出现了蓬勃发展的势头。

3. 国外跨国公司会展业大举进军中国的威胁

2004年初,商务部发布了第一号部令,公布了《设立外商投资会议展览公司暂行规定》,首次允许"外国投资者可以以外商独资的形式在中国境内设立外商投资会议展览公司","外商投资会议展可以在中国境内主办、承办各类经济技术展览会和会议。"目前外资进入中国会展业有以下几个特点:一是投资于会展产业链利润最丰厚的环节,构建竞争优势;二是国外会展企业进军中国会展市场的主力军以欧洲企业居多,德国、意大利、法国、英国等欧洲主要国家的会展企业在中国都已立足,其中德国企业最多;三是国外公司以集团合作的方式进入中国市场;四是国外公司采取多种形式进行市场渗透,与中国展览企业合资或合作,优势互补,共同开拓市场;五是实施展览品牌的输出和会展的移植。

二、同类展会环境分析(外部环境)

(一)同类展会

1. 中国广州国际家居饰品/用品展览会

中国广州国际家居饰品/用品展览会于2005年8月18~21日首次独立成为一个专业题材展览会,以全新形象闪亮登场,并与亚洲著名的中国广州国际家具博览会和中国广州国际家纺布艺展览会同期同馆举行。依托这两个知名的品牌展览会,2005年8月的中国广州国际家居饰品/用品展进一步提高了专业化程度,以缔造生活品位为主题,聚拢行业精英,吸引更多优秀企业参展,打造亚洲高品质的时尚家居饰品和家居用品展览会。

2. 第四届上海国际时尚家居设计精品展览会

举办时间、地点:2006 年 11 月 2～5 日,上海展览中心。

主办单位:上海博华国际展览有限公司、上海展览中心。

同期活动:中国上海国际黄金珠宝玉石展览会、2007 家居流行趋势发布、2006 Elle Decoration 国际设计大奖中国区颁奖活动。

市场背景:现代社会,时尚的概念越来越趋于饱满,时装早已不是时尚的代名词。现代人更多地开始追求生活的品质、舒适的工作环境、健康的生活方式、惬意的娱乐活动,温馨而颇具个性的家居生活在不断被现代人所关注与追求。

一个追求时尚的人,一定是一个懂得生活的人,一个关注家居设计的人,更是一个懂得享受生活的人。2006 家居设计展就是让更多懂得享受生活的人去感受设计与时尚的魅力,体验设计在生活中的完美呈现。

上海,中国的时尚之都。在中西文化相融合的环境下,上海的设计和时尚界显得一片繁荣。最新的概念在这里得到接受,最新的时尚在这里进行发布。

这里有着全国最具消费力的市场受众,最迅速接受新事物的时尚先锋,最具创新意识的设计师群体,最富吸引的城市魅力……

展会倡导所有参展品牌在展览期间推出能够引导未来家居流行趋势的创意设计和全新产品,相信通过各品牌的共同努力,2006 年的家居市场将是一片百花争艳的繁荣景象。

3. 杭州国际家居展——中国最大的家居专业展

展会名称:杭州国际家居展(China Home Show 2006, Hangzhou)。

举办时间:2006 年 11 月 3～6 日。

举办地点:浙江展览馆及武林广场。

承办单位:杭州迪佳思商务咨询有限公司。

项目主题:Shining for living 演绎多彩生活。

网络平台:www.chinahomeshow.com。

举办目的:展示现代家居的最新发展趋势,引导国际和理性消费,为消费者和供应商提供一个互相交流的平台,同时也为杭州的消费者带去最新的家居产品。

(二)展会竞争优势

家博会推出了诸多优惠措施吸引境内外采购企业与会采购。国际化平台的成型极大地促进了其的品牌提升。

品牌会展——家博会是中国轻工业联合会重点培育的三大会展之一,集家居产业展、贸、销、评、会、赛、演多元形式于一体,是中央、行业和地方联合打造的国家级国际性会展品牌,在业内具有较大影响力。

接轨国际——家博会展出内容涵盖上游房地产、中游建材、家装和下游家居用品,促进产业链有机对接和联动。

构筑平台——家博会全面展示家居产业的最新发展成果和趋势,中外贸易客商和经销商云集,构筑家居产业展示品牌形象、洽谈合作贸易、了解行业动态、交流业界技术、培育产品品牌的平台和联系供求商的金桥。

立体组合——家博会坚持做优、做大、做强,成功组合家博会、房展会、材博会、二手代理房交易会等会展品牌,实现优势互补和共赢共荣;家博会成功运用各种先进科技、资讯手段,实现实体家博会、网上家博会、平面家博会、空中家博会、影视家博会的立体互动。

一站式服务——家博会为贸易和需求提供一站式服务,推动家居产业持续健康快速发展,推进城市发展和繁荣,全面服务和谐社会和小康社会建设。

各展会SWOT如表2.3所示。

表2.3　展会SWOT分析

展会名称	展览目的	展览地点	展览时间	优劣势
中国广州国际家居饰品/用品展览会	缔造生活品位,打造亚洲高品质的时尚家居饰品和家居用品	广东	每年8月中旬	S:地处珠江三角洲,经济发达 W:会展环境 O:家居产业发展迅猛 T:兄弟省市家居会展业紧随其后
2006家居设计展	让更多懂得享受生活的人去感受设计与时尚的魅力,体验设计在生活中的完美呈现	上海	每年11月初	S:国际化程度高,先锋思潮 W:无地方特色 O:展览目标定位明确 T:海外展览纷纷抢滩市场
杭州国际家居展	展示现代家居的最新发展趋势,引导国际和理性消费	杭州	每年11月初	S:消费市场发展良好 W:与同类展览相比特点不明显,知晓度不高 O:发展潜力巨大 T:定位模糊导致竞争力不强

续表

展会名称	展览目的	展览地点	展览时间	优劣势
中国国际家居博览会	以"倡导绿色科技家居、实现小康生活跨越"为主题,以办成"国内、国际具有相当影响的品牌展会"为目标	宁波	每年4月	S:优越的地理环境,国际化平台的成型极大地促进了家博会的品牌提升 W:展会规模做不大,展会自身效益不理想 O:国家级国际性会展品牌 T:主题雷同的情况日趋明显,带来了竞相压价等不良竞争的现象

三、展会媒体 SWOT 分析(内部环境)

(一)优势(S)

1. 广告宣传形式众多

平面媒体载体:公交车、广告灯箱、楼宇广告牌、高速公路广告、招贴、海报、展架。

网络合作:人民日报市场报、新华网、慧聪网、搜房网、中国宁波网、中国轻工业展览中心、3S 中国团购、宁波团购网。

平面媒体合作:《中国商报》、《消费日报》、《中国消费者报》、《现代金报》、《现代家庭》。

2. "中国家居博览"网站

家博会还与全球知名网站和专业网站链接建立了"中国家居博览"网站,构筑永不落幕的网上展览交易平台。家博会组委会将向宁波和周边地区群众派发 30 万张入场券,在宁波 4 000 多个科普站点张贴家博会海报,深入社区、深入基层、深入农村宣传家博会,针对家博会参展产品的需求群体宣传家博会、派发门票,通过出租车、公交车、广播、网站等大众传媒宣传家博会,通过高速路牌、墙体广告、城市内路牌广告等各种载体宣传家博会,通过"观众最喜爱的绿色家园"评选、"精品楼盘推介会"、高科技演示等多种公众参与形式实现参展商和观众的互动,提高群众参观家博会、参与家博会、认知家博会的热情。宁波市科协在宁波国际会展中心广场举行科普活动周暨大型群众家居科普咨询活动,和居住、家装、家居有关的知识在现场进行咨询。

3.宣传形式丰富

同时向全社会广泛征集家博会开幕招待会、开展仪式等重大项目合作方案,不仅有利于发展家博会展文化,促进中国家居业的发展,切实提高家博会的组织水平、专业水平和展会服务的实效,实现家博会对现代服务业和会展业的总体拉动。

4.依托现代信息平台,打造立体化媒体家博会

家博会除了固定的展览,还将充分利用网络、电台、电视、报纸等现代化信息传播手段,打破时间、空间限制,打造立体化的家博会平台,在原有的展厅展览之外,再造一个"家博会"。组委会充分利用网络这一新兴传播媒介,推出"中国家居博览"网站,将有关家博会的招展、招商情况及各项活动公布在网上,构建网上家博会。用户只要轻点鼠标,便可全面了解本届家博会的参展信息和动态消息。因此,组委会还同专业网站合作,建立网上交易平台,推出团购、在线交易、网上洽谈等项目,足不出户,便可完成交易。此外,家博会组委会还和宁波人民广播电台经济频道合作,在家博会期间推出一小时的 FM102.9 空中家博会。直播室还将开通热线电话,与听众进行互动。不仅如此,宁波电视台还将为参加家博会的房地产企业制作广告宣传篇,在家博会举办前半个月,在一套晚间黄金时间集中播放。家博会组委会还充分利用报纸这一载体,推出关于家博会的相关系列报道,并且还将在家博会举办期间,推出《家博会消费指南》。除了传统的办展之外,网络、电台、电视、报纸都成了本届家博会的舞台,在参展商、采购商和社会大众之间,又架构起了一个全新的交流平台,"立体化媒体家博会"信息传递速度快、信息量大、表现方式灵活,不光拥有传统会展交流、展示、销售、贸易的作用,还进一步延伸了会展的功能,构筑起了一个全新的"家博会"。

(二)劣势(W)

①媒体宣传没有形成一个统一的网络平台与整合传播。

②杂志媒体宣传方面没有针对行业的品牌杂志主打广告,例如《时尚家居》行业期刊等,对业内展会知晓率的普及程度有一定影响。

杂志媒体影响周期性较长,受众面较广,目标锁定性强:基本是业内人士阅读,如果能好好地利用这一宣传手段,能够达到很好的宣传效果。

③媒体宣传方面没有突出的创新的具有眼球效应的媒体关注焦点,容易在这个信息时代信息流汇聚的领域中淹没。

④不可预计性。过度宣传会给消费群体或者观看群体造成过高期待,导致期望值过高,可能对展会有一定误解,使参观者有所失望,从而失去消费群体。

（三）机遇（O）

①历届宣传已形成了一套较完备的宣传手段与措施,较为成熟。

②政府花大力气进行展会扶持,资金投入较往届有明显提高,媒体宣传公关方面能够有足够的资金进行深入的运作。

③家居市场发展势头良好,消费者针对家居业的关注度也不断提高,可以抓住这一良好机遇着重进行品牌整合营销传播。

④网络信息化时代资源丰富、宣传力度大。

（四）威胁（T）

如果媒体投入成本过高,偏离宣传的效果,而观众期望值又太高,会达不到观众的预计期望而流失市场及资金亏损。

四、相关结论

（一）SO 组合策略

随着长三角地区经济的发展,宁波的城市竞争力排名逐步提升,现已排名第六,相对会展业而言,这是极大的好消息。家博会作为宁波的三大品牌展会之一,宁波政府势必将花大力气,投入更多资金,让展会做大做强,打造出会展的品牌。因此,媒体推广板块通过更多人力、财力的投入,相信对展会的影响力、品牌塑造方面会有质的飞跃。家居行业联盟的成立对于家博会的招展招商工作也提供了极大的便利高效途径。

（二）WO 组合策略

从家博会近两届的目标来看,是要打造成宁波的品牌展会,通过国际展览业协会（UFI）的认证,这无疑是一个进一步深化展会的良好契机。因此,在展会的资金投入、宣传力度、招展招商上势必要加大力度。尤其是达到20%的国外参展商,4%的海外观众的要求,媒体针对拓展海外市场与买家的推介手段也会进一步更进。

（三）ST 组合策略

家博会虽然在宁波已经成功运作了 5 届,且展览、贸易效果有了大幅度的提升,但同行业展会的强势竞争也是应该引起高度重视的。如何突出重围,在行业品牌展会中站稳脚跟,成为行业的风向标,是值得考虑与探究的问题。通过相关行业的内部分析研究,调研结果认为,只有明确展会的目标定位,实现差异化竞争,采用"田忌赛马"的战略,才能从真正意义上将展会做大做强。同时,网上家博会的建立为媒体推广提供了良好的信息交流反馈平台,构筑成了永不落幕的网上展览交易平台。

(四)WT组合策略

但家博会的媒体推广方面也存在一些不尽如人意的地方,亟待改善。一方面,家博会宣传推广范围窄,直接导致家博会的知晓率较其他同类展会相对较低;另一方面,推广方面缺乏亮点与新意,容易在更新速度极快的信息时代中淹没。针对以上两点,本次方案将着重在媒体推广的广度、深度,以及构建专业的媒体整合网络上着手。例如:寻求专业媒介,实现媒体跟踪式全程专题报道,海外推广等。

资料来源:中国家居博览网站

分析:

中国国际家居博览会项目可行性论证及媒体宣传项目分析分别从会展项目环境(外部环境)、同类展会环境(外部环境)、展会媒体SWOT分析(内部环境)和相关结论4个部分进行可行性论证,提出了全新家博会——立体家博会、网上家博会以及空中家博会等概念。

除肯定传统的办展宣传形式之外,强调媒体整合的理念,网络、电台、电视、报纸都成了宣传家博会的舞台,在参展商、采购商和社会大众之间,架构起了一个全新的交流平台——"立体化媒体家博会"。分析论证有理有据,结论的得出顺理成章。

第3章
会展目标与选题立项策划

【本章导读】

　　会展活动是一项复杂而系统的工程,其成功的一个关键因素在于选题立项的科学性与合理性。选题立项的基础是充分的市场调查与可行性分析论证,在会展项目决定之后,展览目标与题材的选择、展会主题的确立以及展会项目立项策划都是策划举办展会必不可少的环节。本章对展会目标的概念、展会题材的选择与方法以及展览项目立项策划的主要内容、方法等做了具体的阐述。

【关键词汇】

　　参展目标　展会题材　目标观众　会展主题
　办展机构　展会定位　参展计划　招展策划
招商策划

3.1 会展目标与题材的选择

3.1.1 关于展会的目标

1) 展会目标的概念

制订准确的目标是展会取得成功的必要条件。所谓展会目标,是指展出者根据营销战略、市场条件和展会情况制订明确、具体的展出目的,期望通过展会而达到自己的目的。

大型展会如世博会其参展目标相当复杂,有资料显示:各国参加世博会,首先考虑的是政治因素,其次是经济因素,然后才是社会文化因素。当然,每次参展还有一些特殊原因。比如说,某些邻国举办世博会,或者同属某个区域联盟,如欧盟或东南亚国家联盟,肯定会成为参加世博会的因素,这是特例。

从某一企业或单位的角度来说,设定展会目标尤为重要。

参展目标是展览策划、筹备、展出、后续等一系列工作的方向,也就是每一项工作评价的基础和标准。因此,应当充分考虑遵循市场规律和经营原则,重视展出目标并做好展出目标的制订工作。

在考虑与会展主办方签署协议之前,首先应该明确以下几个问题:

①为什么要参展?

②谁是目标客户?

③想要达到什么效果?

对于问题①的答案是以下的任意一项吗?

①因为我们总是参加那个会展。

②因为我们的竞争对手会参加那个会展。

③如果我们不参加,那似乎就太糟了。

对不起,上述的答案对于展会目标的确立来说,没有一项是站得住脚的。因为仅仅是觉得不错就去参展,那也太不理智了。

2) 常见的参展目标

怎样才是理智的目标?展出的意图多种多样,因此,展出目标也是多种多

样的。展出目标常见的有:

①建立、维护展出者的形象。

②引导市场调研。

③向市场推出新产品或服务。

④赢得媒体曝光率及公众关注。

⑤结识大的买家。

⑥建立新客户关系。

⑦向潜在客户提供产品或样品。

⑧培训现有客户、潜在客户及零售商。

⑨有效地将时间花在现有的客户身上。

⑩销售和成交。

以上这些都是具体而明确的展出目标。目标明晰,所有参加会展的员工才能为之而努力。

德国展览协会(AUMA 奥马)根据市场营销理论将展出目标归纳为:基本目标、宣传目标、价格目标、销售目标、产品目标 5 类,如表 3.1 所示。

表 3.1　AUMA 展出目标分类

基本目标	①了解新市场;②寻找出口机会;③交流经验;④了解发展趋势;⑤了解竞争情况;⑥检验自身的竞争力;⑦了解公司所处行业的状况;⑧寻求合作机会;⑨向新市场介绍本公司和产品
宣传目标	①建立个人关系;②增强公司形象;③了解客户的需求;④搜集市场信息;⑤加强与新闻媒介的关系;⑥接触新客户;⑦了解客户情况;⑧挖掘现有客户的潜力;⑨训练职员调研及推想技术
价格目标	①试探定价余地;②将产品和服务推向市场
销售目标	①扩大销售网络;②寻找新代理;③测试减少贸易层次的效果
产品目标	①推出新产品;②介绍新发明;③了解新产品推销的成果;④了解市场对产品系列的接受程度;⑤扩大产品系列

3)定性与定量目标

(1)定性目标

在制订展出目标时,有的内容难以用数量的形式直接表达评价结果,如在会展期间参观者的满意度等,则采用分析评价法定性确定目标。

对主办方而言,定性目标可以设立为通过展会的举办能让国内外参展商、采购商乃至参观者对展会留下深刻、难忘的好印象,今后继续支持和关注该展会。

为展商而言,定性目标可以设立为从展会中取得物质上和非物质上的获益,达到预期的参展目标。

对采购商和参观者而言,定性目标可以设立为在参展过程中感受到宾至如归的人性化的商务服务,一次赢得广大群众的良好口碑,为今后的办展打下良好的基础。

对展会的承办方而言,定性目标可以设立为希望展会能令多方满意,展会取得可观的利润,同时,也能打响自身品牌,取得相应受益。

(2)定量目标

对可以通过测量得出数量结果的,则用定量评价的方法设立目标,如招展中参展商的数量、国外参展商的比例等。

定量目标的表述示例:

①通过制订完善的商务服务,令展会招商规模比上届增长约20%,展位数达到约3 300个。

②以人性化服务以及与国际接轨的招商服务内容来吸引更多外商,期望国外参展商比例超过25%,使家博会成为真正意义上的国际知名品牌展。

③加大宣传力度,使采购商及参观者数突破28万人次,较往届参展公众26万人次增长约8%。

④为参展商提供有效的商务服务,尽可能使总成交金额比上届增加12%,资金总额约达33.4亿元(RMB)。

4)制订参展目标常见的问题

在展会中,参展目标常见的问题主要有:

(1)目标不明确

由于种种原因,特别是集体展出者,除政府部门、贸促机构、商会、工业协会等之外,还有展览公司、咨询公司、公关公司等以营利为目的的多部门组合参展,有些部门的负责人可能将展出看做是例行公事,不认真制订会展计划,造成会展目标不明确。

在制作会展目标时,过于抽象的目标也不行。例如将"促进友谊,发展贸易"作为展出目标显然是抽象的,难以衡量出展出效果。

（2）目标过高或过低

在制作具体目标时，一定要切实可行，如果展出目标过高，有关人员不论如何努力也达不到，可望而不可即，目标就失去了指导实际工作的意义。比如参展总人数是 3 000 个，你却定出要 2 500 人都成为你的目标客户，显然是不切合实际的。可是如果展出目标定得过低，也不容易调动工作的积极性。

（3）目标没有可操作性

目标量化是欧美现代展览的重要观念和技术之一。目标量化可以使参展企业更合理地分配资源，提高参展效率。

在会展实际的操作过程中，要使目标明确，参展目标往往要量化，需要有与之相配套的数据，不能只说"赢得许多可能的顾客"之类的话，要设立详尽而又具有可操作性的目标。如：

赢得 50 个可能的客户；

赢得 5 个媒体部门的关注；

现场销售额达 50 000 美元；

派送出 500 份样品。

（4）目标随意更换

展出目标一经确立后，不能因为出现某些问题或更换负责人就随意更改。展出目标一般是根据参展企业的发展需要和发展战略、展览会特点等因素综合考虑后制订的。若随意改变，就必须相应地调整人员、经费和工作重点，否则就有可能造成参展企业资源的浪费。

3.1.2　展会的题材选择

展会题材选择是展出的一项前期工作。在决定参加任何展会之前，都得做足功课。首先得研究行业的发展趋势，向相关协会了解他们所参与的会展；还必须利用相关专业网站做在线研究，按行业、地点及展出时间进行搜索；还应根据不同企业的实际情况，论证展览会是否确实与企业需要的目标市场相吻合，切忌盲目选择。

所谓展会题材，就是举办一个展览会计划要展出的展品的范围。换句话说，也就是计划让哪些物品在展览会上展出。

展会题材的选择是非常细致与专业的工作，题材选择的好坏直接关系到展览效果。

1) 展会题材的行业选择及方法

一般说来,选择展会的展览题材,要根据展会举办地及其周边区域的经济结构、产业结构、地理位置、交通情况和展览设施等条件,首先考虑本区域的优势产业和主导产业,其次考虑国家或本地区重点发展的产业,再次考虑政府扶持的产业。

对于专业的展览会而言,一个展览会一般只包括一个展览题材。在进行充分的市场调研之后,可以用市场细分的办法来选定将在哪个行业举办展会。行业选定之后,就可以进一步选择和确定具体的展览题材了。

选择展会题材主要有分列题材、拓展题材和创新题材等。

所谓分列题材,就是将办展机构已有的展览会的展览题材进一步细分,分列出更小的题材,并将这些小题材办成独立的展览会的一种选择展览会的题材形式。分列题材的选择使得原有的展会和依据细分题材所办的新展览会更加专业化。

所谓拓展题材,就是将现有展览会所没有包含的、但与现有展览会的展览题材有密切关联的题材,或是将现有展览会展览大题材中暂时还未包含的某一细分题材列入现有展览会题材的一种方法。拓展题材是展览会扩大规模的一种常用的有效方法。

创新题材是通过对搜集到的各种信息进行整理和分析,选定一个本办展机构从来没有涉及的产业作为举办新展览会的展览题材。对于办展机构来说,创新题材是一个新的领域,具有一定的风险性,但新题材很多时候是市场的新兴产业,抢先一步,成功的可能性就比较大。

2) 企业选择展会的相关因素

企业进行展览选择的目的是找出最有助于达到展出目的的展览会。在理论上,应该事先制订展出目标再选择展览会,因为展览会为展出目标服务,但在实际工作中,也常常是先选择展览会,再制订展出目标。企业应根据自己的实际安排两者之间的具体操作。企业选择展会应考虑以下因素:

(1) 展览的种类和特性选择

展览种类的选择是指在特定市场、特定期间和特定行业里选择类似的展览会。因为展会是一项极为复杂的系统工程,受制因素很多,从制订计划、市场调研、展位选择、展品征集、报关运输、客户邀请、展览布置、展览宣传、组织成交直至展品回运,形成一个互相影响、互相制约的有机整体,只有了解这些特性,从而选择展会,才能收到预期的效果。

(2)展览性质的选择

每个展会都有自己不同的性质。从展览目的可分为形象展和业务展;从行业设置可分为行业展和综合展;按观众构成可分为公众展和专业展;按贸易方式可分为零售展与订货展;按参展企业分又有综合展、贸易展、消费展……

许多展会包括发达国家的展会在性质上往往不容易区分,比如法国巴黎国际展览会,历史悠久,规模庞大,但它却不是贸易性质的展览会,而是消费性质的展览会,不适合贸易企业参展。因此,在选择展会时,必须先对展会的性质做出一个正确的评判。

(3)展会时间地点的选择

对于展会时间的选择首先是考虑订货季节,大部分产品都有特定的订货季节,也就是订货高峰,在订货季节期间举办的展会,成交的可能性会大些。其他的考虑因素包括配额年度、财政年度等,一般的规律是前松后紧,上半年额度多、经费松,订货就可能多些。另外,参展企业还要考虑自己的时间日程是否能安排得过来的问题。

展览会举办地点的选择一是从贸易角度考虑,即展会地点是否是生产或流通中心。在生产或流通中心城市举办的展会有着得天独厚的优势,展出效果要好些;二是从与会者的角度考虑,即展览地点吃住是否便利。

需要注意的是,即使是一个“全国性”的会展,参观者大部分会来自会展举办地,企业如何选择,应从自身的实际情况出发。

(4)展出方式的选择

展出方式可以分为集体展出和单独展出两类。

集体展出是指由政府部门、贸促机构、行业协会甚至公司组织的有两个以上参展企业的展出形式;单独展出,是指参展企业独立完成的展出形式。

集体办展的形式多为综合单独展览会,如东京中国经济贸易展览会、大阪中国五金矿产展览会等。参展企业应对集体展出项目做较全面的调查,以便有的放矢。

单独展出包括企业直接参加一个展会和企业独立组织展会。单独参展自主权比较大,企业可以设计出自己的特色,显示实力,但需要花费相当大的财力、物力。这种形式比较适合于中、大型企业。

(5)目标观众的选择

展会上人头攒动,熙熙攘攘,但不一定对某一参展商来说都是目标观众。

展会需要专业观众,他们是参展商的潜在客户。参展商希望见到有效观众,亦即目标观众。

专业展已成为展会发展的趋势,市场细分的结果是:参展商要进一步明确产品市场、客户定位,没有必要什么展会都去;主办者要非常明确展会的主题,要知道邀请哪些参展商及目标观众。

3)企业展会选择中的常见问题

在展会的选择中,既要考虑企业自身的实际情况,又要考虑市场情况,做好选择。要留心展览会的"历史";核实展览承办方的实力;摸清展览会的规模;关注展览会的内容;查看展览会的宣传;查看展览举办的场馆;重视展览的展期;注重展览承办方的诚信等。应避免下列问题:

①因为被邀请就匆忙选择展览会。
②因为费用低而选择展览会。
③因为评价好就不加分析地选择该展览会。
④因为竞争对手参加而选择展览会。

3.2 会展主题的确立

3.2.1 会展主题的概念与类型

会展主题是贯穿于整个会展所反映的社会生活内容的中心思想,也称为会展主题思想。

按照会展所涵盖的范围,可以将其主题类型分为主题会议、主题展览两大类。世博会则是汇集各种会议、展览于一体的盛会,是会展中最具典型的特例。

1)主题会议

要开好一次大会,必须有一个中心思想,只有紧扣主题,才能将会议组织得有条不紊。

例如,首届中国国际农产品交易会于 2003 年 11 月 11～16 日在北京举行。此次农交会的主题是"展示成果、推动交流、促进贸易"。

2）主题展览

一个好的主题对于展览活动来说就好像是一面旗帜。以世博会为例，历史上成功的世博会都有各具特色的主题。世博会对于主题的要求是非常高的，既要符合国际展览局的要求、适合举办国国情，又要代表世界潮流，能引起大多数国家的兴趣，如表3.2所示。

表3.2　历届世博会主题

年 份	国 家	举办地	主 题
1935	比利时	布鲁塞尔	通过竞争获取和平
1937	法国	巴黎	现代生活中的艺术与技术
1939	美国	旧金山	创造明日新世界
1958	比利时	布鲁塞尔	让人类世界更平等,科学文明和人文精神
1962	美国	西雅图	太空时代的人类
1964	美国	纽约	通过理解走向和平
1967	加拿大	蒙特利尔	人类与世界
1968	美国	圣安东尼奥	美洲大陆的文化交流
1970	日本	大阪	人类的进步与和谐
1974	美国	斯波坎	无污染的进步
1975	日本	冲绳	海洋——充满希望的未来
1982	美国	诺克斯维尔	能源——世界的原动力
1984	美国	新奥尔良	河流的世界——水乃生命之源
1985	日本	筑波	居住环境——人类家居科技
1986	加拿大	温哥华	交通与运输
1988	澳大利亚	布里斯班	科技时代的休闲生活
1990	日本	大阪	人类与自然
1992	西班牙	塞维利亚	发现的时代
1992	意大利	热那亚	哥伦布——船与海
1993	韩国	大田	新的起飞之路
1998	葡萄牙	里斯本	海洋——未来的财富
1999	中国	昆明	人与自然——迈向21世纪
2000	德国	汉诺威	人·自然·科技
2005	日本	爱知县	大自然的智慧
2010	中国	上海	城市,让生活更美好

关于 2010 年上海世博会的主题,《国际金融报》曾有报道指出,最初,2010 年上海世博会主题征集了 32 个题目,包括城市、文明和文化、已知和未知、探索与创新、环境、信息六大类。通过评选,初步选择了"已知和未知——信息时代的都市圈"、"沟通和跨越"、"城市与环境"3 类主题。第三轮,确定"城市、生活质量"作为申办主题的两个要素。2001 年 4 月 25 日,"城市,让生活更美好"的主题最后确立。

3.2.2 会展主题的确定与选择

会展主题的确立从行业全景来说,其出发点应从实际出发,根据城市自身的特点,明确宗旨,选准主题。一般要借助城市地域优势、支柱产业、塑造品牌等要素确立会展主题。

主题是展会的焦点,主题确立的目的是使展会的有关信息在参观者的脑海里留下深刻的印象。因而,从具体的企业来说,展会组织者应该真正了解每一届展会每一个客户的新需求,制订出合适的主题,量身定做,提供给参展商想要的东西。

在会展主题的确定与选择上,不要让主题仅仅是显得可爱! 当主题被作为整个市场计划的一部分时,一个主题可以真正地起到提升品牌的作用。

一般说来,在确立主题之前,首先要搜集整理本企业的宣传册、产品说明、目录以及其他销售资料。然后会见客户,弄清他们最喜欢你们的产品或你们公司的哪一点。然后,研究目前的宣传活动以及网站,从中获得信息或可能的主题。一旦已经掌握了所有这些信息,就可以根据最想传达的信息来做决定了。用做主题的话应尽可能简单化,要用生活化的语言,而不是行话。

确定主题要掌握以下关键因素:

①与时俱进——紧密结合当前的潮流和时事。

②避免陈词滥调或过度使用的主题。

③顺应公司的个性(一致性)。

④独立于整个会展的主题或定位。

⑤KISS——做到既精巧又简单。

⑥让全组的所有成员都参与到计划的过程中。

⑦触动敏感神经,着手于参观者的童年或对某个著名地方的印象。

主题一旦确定,必须要保持一致性。主题通过展前邮件、展台展示、派发品、后续资料等传播手段影响目标观众,帮助他们记住你的核心信息,这才是企业参展的根本。

3.3 展会项目立项策划

在确定了展会的目标、题材以及主题之后,就可以进行展会项目立项策划了。所谓展会项目立项策划,就是根据掌握的各种信息,对即将举办的展会的有关事宜进行初步规划,设计出展会的基本框架。

以展览项目为例,展览项目立项策划的主要内容包括:展会的名称和地点、办展机构、展品范围、办展时间、展会规模、展会定位、招展计划、宣传推广和招商计划、展会进度计划、现场管理计划、相关活动计划等。以下就其中较重要的几项来加以说明。

3.3.1 展会的名称和地点

展会的名称一般包括3个方面的内容,即基本部分、限定部分与行业标志。如,"第十三届上海国际广告技术设备展览会",其基本部分是"展览会",限定部分是"第十三届"和"上海国际",行业标志是"广告"。

基本部分:用来表明展览会的性质和特征。常用词有:展览会、博览会、展销会、交易会和"节"等。

一般来说,展览会是以贸易和展示宣传为主要目的的展会,专业性较强,展览现场一般不准零售;博览会是指以展示宣传和贸易为主要目的的展会,展览的题材多而广泛,专业性不强,展览现场一般也不准零售。展销会是指以现场零售为主要目的的展会。交易会和"节"的含义较广,同时具有展览会、博览会、展销会三者的含义。

值得指出的是,尽管以上展会的功能有所区别,但在实际操作中,有混用的现象,都用来表示展会。

限定部分:用来说明展会举办的时间、地点和展会的性质。常用的时间表示法有"届"、"年"和"季"等。如"第八届中国北京国际科技产业博览会",限定部分是"第八届"和"中国北京国际"。

行业标志:用来表明展览题材和展品范围。行业标志通常是一个产业的名称,或者是一个产业中的某一个产品大类。如,"第六届中国国际机械工业展览会",其行业标志是"机械工业"。

策划选择展会的举办地点,包括两个方面的内容:一是展会在什么地方举办,二是展会在哪个展馆举办。

展会选择在什么地点举办,是与展会的展览题材、展会的性质和展会的定位分不开的。一般的选址总是在交通便利和较重要的经济中心。国际性的展会,一般应在对外交通和海关比较便利的地方举办,这样可以方便海外企业参展和观众参观。

在具体选择展馆时,还要综合考虑使用展馆成本的大小如何、展期安排是否符合自己的要求以及展馆本身的设施和服务如何等因素。

3.3.2　办展机构

办展机构是指负责展会的组织、策划、招展和招商等事宜的有关单位。办展机构可以是企业、行业协会、政府部门和新闻媒体等。一个展览会的办展机构一般有以下几种:主办单位、承办单位、协办单位、支持单位等。

主办单位:拥有展会并对展会承担主要法律责任的办展单位。主办单位在法律上拥有展会的所有权。例如,"上海国际工业博览会"其主办单位就有国家发展与改革委员会、商务部、科学技术部、信息产业部、教育部、中国科学院、中国工程院以及上海市人民政府等多家单位组成。

承办单位:直接负责展会的策划、组织、操作与管理,并对展会承担主要财务责任的办展单位。承办单位是办展机构中较为核心的单位。例如,"第十届大连国际汽车工业展览会"其承办单位有中国国际贸易促进委员会大连分会、中国国际贸易促进委员会汽车行业分会、中国汽车工业协会、中国汽车工业进出口总公司、大连保税区管理委员会等单位组成。

协办单位:协助主办或承办单位负责展会的策划、组织、操作与管理,部分地承担展会的招展、招商和宣传推广工作的办展单位。

支持单位:对展会主办或承办单位的展会策划、组织、操作与管理,或者是招展、招商和宣传推广等工作起支持作用的办展单位。对于一个展览会来说,主办单位和承办单位是最为核心和最为重要的办展机构,是必不可少的办展机构。协办单位与支持单位可视展会的实际需要来定。

3.3.3　办展时间

会展时间策划主要解决好3个问题:一是什么时间为最佳办展期;二是展期多长合适;三是展览周期问题。

1）展览时间的确定

要掌握市场对目标展品需求的季节变化，选择适当的时间办展。如市场对服装这一产品需求的季节性变化很大，服装展就必须充分考虑这一情况；又如高校毕业生人才洽谈会，应当充分考虑用人单位的需求和高校学生的毕业时间因素。

2）展期的确定

一般说来，在参观人数基本固定的前提下，展期越长，各项支出就越多，成本就越高，效益就越低；反之，周期越短，成本就越低，效益就越好。国际上许多专业展会的展期一般在 3 天左右。

3）展览周期的确定

展览周期应根据市场需求来确定。如中国商品交易会原来是一年一届，由于市场需求旺盛，现已改为一年两届。

展会周期还有根据气候因素来决定的。由于春秋两季气候宜人，因此，许多展览会都放在 3~6 月或 9~12 月举行。

3.3.4 展会定位

展会定位是要清晰地告诉参展企业和观众展会"是什么"和"有什么"。具体地说，展会定位就是办展机构根据自身的资源条件和市场竞争状况，通过建立和发展展会的差异化竞争优势，使自己举办的展会在参展企业和观众的心目中形成一个鲜明而独特的过程。展会定位是展会的一种战略性营销手段。

给展会定位可以按下列 4 个步骤进行：

首先，执行展会识别策略。通过对会展市场的细分，明确本展会要向参展商和观众提供哪些富有特色而又与众不同的价值。

第二，选定目标参展商和观众。通过细分具体产业市场，选定适合本展会的潜在参展商和观众的范围。

第三，积极传播展会形象。展会定位确定后，要通过各种手段将本展会的特色告诉潜在的参展商和观众，让他们了解本展会的定位。

第四，创造差异化优势。本展会与同题材的其他展会相比竞争优势凸现，在众多的展会中就会脱颖而出，取得成功。

3.3.5 参展计划

参加展览会不是简单地派几个人带着展品样本去展馆展示企业的产品,而应该看做是一个涉及面很广的复杂工程项目,因而制订详细的参展计划就显得十分重要。一个好的参展计划是在一定的投入下取得最大参展效益的基础。参展计划应该包括在企业的年度工作计划中,统筹安排。参展计划一般包括:

①展出目标。确定参加展览会的目的或预期达到的目标。

②选择展会。根据展出目标确定要参加的一个或数个展览会。

③展出重点。确定所参加的展览会所要宣传或展览的重点项目。

④相关活动。确定在展会期间开展各种活动。

⑤时限要求。按展览会的时间确定各项工作的起止时间。

⑥人员安排。指定参展项目的管理人员、工作人员以及各自的分工责任。

⑦资金计划。安排全年度用于展览会的资金使用计划。

⑧筹备工作。确定与所参加展览会配套的资料准备、展品制作、运输等工作。

在年度计划的指导下,针对每一个要参加的展览会要制订出详细的参展方案。参展方案中除了年度计划中的相应内容以外,还应包括主题、标志、色彩、文字、照片、图片、展品、布局等针对展览会的具体要求,以及对指定的展位设计和施工公司提出的要求。

3.3.6 招展策划

招展策划是对招展活动方案进行的策划,是展会整体策划中最基础的工作之一,也是展会筹备过程中最重要的环节之一。

1)目标参展商数据库

招展策划的第一步是通过广泛搜集目标参展商的信息,建立一个完整实用的目标参展商数据库,为展会招展做好基础性的准备工作。

所谓目标参展商,是指办展机构认为可能会来参加展出的企业或其他单位。目标参展商是展会招揽展出者的目标范围。

目标参展商的有关信息可以通过行业企业名录、商会和行业协会、政府主管部门、专业报刊、同类展会、外国驻华机构、专业网站以及电话黄页等搜集。

搜集目标参展商的信息,除了要搜集它们的名称、地址、联系电话、传真、网址和 E-mail、联系人等基本信息外,还要搜集关于它们生产的产品和种类、目标市场、企业规模等信息,这些信息对以后展会拓展有重要的参考价值。

目标参展商数据的建立需要按标准对数据进行分类,选择合适的软件等,不仅有较强的专业性,而且,还需要有足够的耐心,因为进入数据库的信息可能会有几万条甚至几十万条。

2)招展价格

招展价格就是展会的出售价格。一个展会的招展价格一般有两种:一是标准展位价格,通常是以一个标准展位多少钱来表示;二是空地的价格,一般用每平方米多少钱来表示。

制订招展价格要考虑诸多因素,如竞争需要、价格目标、价格弹性、行业状况等,此外,展区和具体位置的差别、国外参展商与国内参展商的差别等也是必须考虑的。

在实际操作中,给予参展商一定的价格折扣,是非常常见的一种促销策略。折扣有统一折扣、差别折扣以及位置折扣等多种,但不管采取哪样策略,在招展过程中执行价格是应保持统一,尽量避免混乱。

3)招展方案

招展方案是对展会招展工作的总体规划和全面部署,它是展会策划诸多方案中的核心方案之一。

招展方案的内容包括分析产业分布特点、划分展区和展位、确定招展价格、编制发送招展函、招展分工、招展代理、招展宣传推广、展位营销办法、招展预算以及招展总体进度安排等,如表3.3所示。在编制招展方案时,要在全面掌握市场信息的基础上,参考展览题材所在行业的特点,对各项招展工作进行统筹规划、合理安排。

表3.3　招展进度控制

时间节点	招展工作	宣传推广支持	招展目标	负责人
展前12个月	内部通告	专业报刊、内部刊物、展览会会刊	向业界发布展会基本信息	
展前9个月	召开新闻发布会或直接发函招展	新闻宣传、发放新闻稿、邮寄广告	促进招展	

时间节点	招展工作	宣传推广支持	招展目标	负责人
展前6个月	进一步招展,确认参展商	综合性报刊、广告、横幅	促进招展	
展前3个月	加强展览宣传	电台电视台		
开幕前期	强调会展品牌,大力宣传展览会亮点	电台电视台、海报、会刊广告	提升专业观众对展会的满意度	
展览会后	统计数据,扩大展会影响,报道展会成果	专业报刊、展览会会刊	进行展会质量分析,为下届做准备	

3.3.7 招商计划

1)展会招商的概念

展会招商就是邀请观众到展会来参观。观众对于展会来说至关重要,有一定数量和质量的观众是展会成功的关键因素。

一般说来,展会招商所邀请的一些特殊观众可称为"专业观众"。所谓"专业观众"是指从事展会上所展示的某类展品或服务的设计、开发、生产、销售或服务的专业人士以及该产品的用户。与"专业观众"相对应的是"普通观众"。有些展览会对观众的要求比较严格,如广交会就只邀请专业观众参加,普通观众不允许入场。

除"专业观众"与"普通观众"的划分外,展会还将观众划分为"有效观众"和"无效观众"。所谓"有效观众"是指到会参观的专业观众以及展会参展商所期望的其他观众。"无效观众"则是展会参展商所不期望的观众。

尽可能多地邀请到"有效观众"对参展商来说意义很大,因而,许多参展商总是在这方面做足文章。

2)展会通讯

展会通讯是办展机构根据展会的实际需要编写的、用来向展会的目标客户通报有关情况的一种宣传材料,它常常是一本小册子或一份小报。如由上海展报传媒有限公司承办的《展报》、《工博会通讯》等就是常见展会通讯中的一种。展会通讯印制好之后,可通过直邮等方式寄给目标受众,也可以在展会现场作为宣传用品免费发送。

展会通讯可起到及时向目标客户传达信息,促进展会招展、招商以及树立办展机构良好形象等作用。

展会通讯的主要内容有:

①展会的简报。展会的简报包括展会名称、举办时间地点、办展机构、展会的 LOGO、本展会的特点、优势等。

②招展通报。可通报所有参展企业名录,对行业知名企业还可以重点报道。

③招商通报。

④展会期间相关活动通报。如专业研讨会、信息发布会等。

⑤参展(参观)回执表。回执表目的在于方便客户及时反馈其参展(参观)的有关信息。

为了能对目标客户产生兴趣,展会通讯要做得美观大方,具有知识性、趣味性、时尚性。对于重点客户,除直邮展会通讯外,还要电话回访,以引起重视。

3)展会招商方案

招商方案是展会整体策划诸多方案中的核心方案之一。展会招商方案是为展会邀请观众而制订的具体执行方案,它是在充分了解展会展品的需求市场的基础上,合理地安排招商人员在适当的时间里通过合适的渠道而进行的展会招商活动,是对展会招商活动进行的总体安排和把握,目的是力求保证展会开幕时能有足够的观众到会。

国内大多数展会是既对专业观众开放又对普通观众开放的,因此,其招展也应该是包括这两类观众。

常见的展会招展方案有制订招展方案、展会招商分工、展会通讯及观众邀请函的编印发送计划、招商渠道和措施、招商宣传推广计划、招商预算以及招商进度安排等内容,如表3.4所示。每一内容都有具体的要求,因此,在制订方案时必须统筹考虑、合理安排。

表3.4 目标专业观众招商进度控制

时间	招商宣传推广方式	预期目标	费用预算	备注
展前9个月	新闻发布会、专业杂志刊物	向业界发布展会基本信息		
展前6个月	主办单位邀请、其他展会邀请、公众媒体宣传、国外邀请、合作邀请	促进招商		
开幕前期	直接邮寄、电话核实	统计专业观众、进一步招商		
展览期间	大力宣传展览会亮点	提升专业观众对展会的满意度		
展会后续	统计数据、扩大展会影响、报道展会成果	对展会质量分析，为下届做准备		

　　展览项目立项策划在实际运作中是一个系统复杂的体系，会展的设计策略、宣传策略、项目管理策略等在后面将有专章介绍，此不赘述。

本章小结

　　制订准确的目标是展会取得成功的必要条件，本章就参展目标在具体操作中要注意的问题、展会题材的选择、会展主题的确立以及会展项目立项策划的具体内容予以阐述。企业参展所设定展会目标要具体而明晰。研究表明，增强企业竞争能力是人们参加展会的第一原因。从逻辑上分析，会展主题的确立与会展项目立项策划都是围绕参展目标而进行的。会展项目立项策划是一个复杂的系统工程，从内容上来说，每个具体的项目可以是独立的，可以单独进行策划，而所有项目在一起又构成一个整体，是有机相连不可截然分割的。

复习思考题

1. 常见的展出目标有哪些？制订参展目标容易出现哪些问题？
2. 展会题材选择一般有哪些方法？
3. 确定会展主题有哪些关键因素？
4. 展览会的办展机构一般有哪些组成类别？
5. 会展时间策划主要解决好哪些问题？
6. 试述展览项目立项策划的主要内容。

实 训

请利用德国展览协会(AUMA 奥马)根据市场营销理论对展出目标的分类标准,将下列企业参加会展的主要目的予以分类(基本目标、宣传目标、价格目标、销售目标、产品目标或其他):

演示新产品和服务。

建立零售网络。

与买主进行面对面的会谈。

培养销售力量。

与通过观察而预选出来的听众互相交流。

培养零售商。

关注特别顾客的兴趣。

适应竞争的需要。

会见通常不能通过个体销售接触到的顾客。

进行市场调研。

揭示不为个人所知的购买影响。

征募员工。

与其他的供应商相比较。

吸引新的代表。

介绍技术支持人员。

向媒体推荐新产品和服务。

缩短购买步骤。

提供三维(立体)销售的机会。

创造直接的销售。

发展行为导向的媒体。

设计形象。

扩大消费者的队伍。

创造形象。

用听觉和视觉手段展示商品和服务。

继续与消费者进行接触。

支持批发商。

会见潜在顾客。

通过电话与消费者联系。

使买主具有资格。

会见高层管理者。

展示新产品和服务。

会见大买主。

演示非便携式的设备。

通过参加者的类型确定目标市场。

理解消费者的问题。

指导零售商的发展方向。

解决消费者的问题。

指导批发商的发展方向。

确定产品的应用。

为销售代表的发展提供指导。

演示已列入计划的新产品和服务。

和没有联系上的潜在客户联系。

获取产品和服务的反馈。

和没有联系上的未知的客户联系。

加强销售以鼓舞士气。

和需要个人接触的消费者联系。

缓解消费者的不满。

会见通常并不拜访的消费者。

按照总的营销图整合展览。

不通过销售电话达到64%的销售目标。

了解消费者的态度。

在市场中重新确立公司的位置。

确立产品和服务的利益特征。

提高本企业(公司)的洞察力。

发布产品和服务信息。

建立卓越的竞争优势。

进行销售见面。

加强口头宣传能力。

引人关注或使人加深印象。

为向个人提供打折商品大开方便之门。

提供现场的产品演示。

进一步为个人提供打折商品。

支持公司主题计划。

加强直接邮件联系。

向消费者介绍新的使用方法。

减少销售成本。

向消费者介绍新的促销计划。

形成良好的购买导向。

向消费者介绍免费的服务。

激发消费者的消费欲望。

分发产品样品。

创造更多的消费需求。

向消费者介绍新的销售技术。

为市场提供多种服务和产品。

向消费者介绍销售环境。

提供技术优点、数据和特征。

创建产品实验室。

积极提高产品和服务质量。

使本企业的消息富有戏剧性。

解决消费者的不满问题。

在短时间里与每个销售代表建立联系。

提供产品/服务资料。

寻找低成本个人销售机会。

发现潜在的消费者。

创造投资高回报的机会。

支持发起组织。

让市场了解自己的公司(或企业)。

让新员工得到锻炼。

案例分析

世博会的主题

一、爱知县世博会的主题与基本目标

2005 年爱知县世博会的主题是"自然的智慧",通过 3 个亚主题的展开,即自然的模型、生活的艺术、生态区的开发,又确定了基本目标,包括计划目标与操作目标,如表 3.5 所示。

表 3.5 爱知县世博会的主题与基本目标

	名　称	内　容
主题	全球和谐博览会	汇集人类迄今已获得的所有经验、知识和智慧,以从中探寻出文化与文明的新理想和新目标,并依照自然的智慧创建一种 21 世纪的社会模型,为解决 21 世纪人类面对的问题以及为我们这个星球的未来寻找新的方向
亚主题	自然的模型	人类想象的宇宙和地球 未来通信和技术 人类生存和生命科学 与自然共有的文化
	生活的艺术	历代承传的艺术 技术与论证:过去与未来 21 世纪自然开发、自然保护和环境修复展示
	生态区的开发	基于再生能源和能源保护理念建立一个全球规模社会制度 建立一个适合全球新居民的生活方式

续表

	名　称	内　容
基本目标	计划目标	探索自然的神秘 尝试在博览会上充分运用信息技术,并验证新的实验 展示人与自然共处的欢乐 为已退休居民提供怡人的模范社会 最大限度地鼓励包括亚洲居民的各民族之间的对话 展示以环境和谐为特色的模范生态区
	操作目标	通过多种不同形式促进市民参与 促进中部地区更大的发展,充分运用现有的技术力量 建立广泛的合作网络 使 2005 年博览会生趣盎然、赏心悦目

资料来源:余明阳、姜炜编著,《博览学》

二、上海世博会的主题演绎

上海世博会主题演绎框架和内容已基本确定,主要分为"内涵演绎"、"主题矩阵"和"展示提示"等 3 个部分。其中,内涵演绎以和谐为切入点,对世博会主题及 5 个副主题的内涵做深入全面的阐释深化和剧本式的诠释;主题矩阵设有 80 个主题点,帮助参展者拓宽思路;展示提示的内容用以帮助阅读者使用矩阵图和主题点。

具体的演绎思路是从以下方面考虑的:

一是"城市,让生活更美好"的世博会主题,围绕哪几个核心理念进行演绎更好? 城市,是人类追求美好生活的重要载体。可以说,城市发展的历史,也是人类追求更加美好生活的历史。"城市,让生活更美好"主题必须体现和谐、可持续发展的理念,展示城市发展的历史、现状与未来,充分体现人与自然、人与社会的和谐统一。

二是"城市,让生活更美好"的世博会主题,分解到哪几个重点方面进行演绎更好? 主题演绎不能面面俱到,必须聚焦到几个重点方面。这几个重点演绎方面要有一定的寓意和内在的逻辑性,而且要相对比较具体、有操作性,不是抽象的概念,要既有利于充分发挥不同参展方的想象空间和创造性,又有利于引导参展方的具体发布工作。

三是"城市,让生活更美好"的世博会主题,采取哪几种形式进行演绎更好? 主题演绎将贯穿到世博会筹备和举办的所有方面。不仅在世博园区建设上要体现主题内涵,构建生态良好、舒适惬意的参展观展环境,而且在场馆布置上,也要反映主题内涵,将"城市,让生活更美好"主题的几个重点方面展示好。比如在城市最佳实践区,将展示当今世界城市的最佳实践成果。同时,举办期间形式多样的各种活动,也将紧紧围绕"城市,让生活更美好"的主题,精心策划、组织,让全世界所有参观者都对上海世博会主题有深切地体会和感受。

资料来源:上海世博网

分析:

世博会的主题与基本目标是举世关注的问题。确定、演绎好世博会主题,是一项十分具有挑战性的任务。爱知县世博会从总主题"自然的智慧"演绎到3个亚主题——自然的模型、生活的艺术、生态区的开发,又确定了基本目标,包括计划目标与操作目标。主题确定工作逻辑谨严、相得益彰,堪称典范。上海世博会紧贴时代精神,发挥全民的广泛参与作用,不断地凝练世博会的主题与目标,真正体现了"和谐"、"城市"的真正内涵。

第4章
会议活动项目策划

【本章导读】

　　会议是一种信息传递、交流、创造的活动,同时,会议也是一种社会活动。在会议活动中,人们要相识、交谈、交往、送别……通过这些活动,人们从中获得对自己有用的信息、增加自己的见识、启迪自己的智慧、开拓自己的思路,从而对自己的成长、学术研究、工作、事业甚至生活等方面有所帮助;还可以树立、提高自己、企业、团体等在社会群体中的良好形象、地位。在会展项目策划中,会议的策划既可以纳入到整个会展项目策划的体系之中,又可以单独成章,成为整个会展策划体系的必要内容。现代会议的发展使得会议活动有着自己的特性。

【关键词汇】

　　会议　会议的要素　会议筹备　会议目标和诉求　会议的流程　并行会议

4.1 会议活动概述

4.1.1 会议的概念

孙中山先生曾说过(孙中山《民权初步》):"凡研究事理而为之解决,一人谓之独思,二人谓之对话,三人以上而循一定规则者,则谓之会议。"在《现代汉语词典》(商务印书馆,1996年第三版)中,会议被定义为有组织有领导的商议事情的集会。

所谓"会"是聚合的意思;所谓"议"是指商量讨论。概括地说,会议是人们怀着各种不同的目的,有组织地聚集在一起的议事活动。

根据会议的本质属性,可以做如下的定义:

会议是指3个以上的人为了研究问题、交流信息、获取知识、统一思想等目的而在特定的时间聚集在特定的地点、按照一定的规则所进行的发言、讲解、讨论、商议、交流等行为,从而集思广益、达成一定结论的活动。

由会议的定义可知,会议活动具有以下特征:

①有明确的目的。

②有明确的主题和议题。

③有一定的结果。

④人数不少于3人。

⑤有主持人。

⑥遵循一定的规则。

会议的规模、种类、时间根据情况各不相同。全世界每天都有许许多多的人参加着各种各样的会议。如政治性大会、会谈、座谈会、研讨会、研习会等。

有时,人们为做出决定而举行会议。这类会议的典型是各种政治会议,尤其是当问题涉及团体内许多不同人群的时候。

发布信息是人们举行会议的另外一个重要原因。在会议上,各种不同的目标团体与公众都可以获得相应的信息资源。

在现代社会中,有相当多的会议是与经贸活动直接关联的,这类会议可以通过组织集会促使公众接受并采取行动,如产品促销会等。

还有许多会议是为了进行学习交流而召开的,如"人力资源开发"、"会展人才培训"、"高级经理培训班"等。

会议的种类林林总总,这里不一一列举。

4.1.2 会议的要素

召开一次会议,尤其是大型会议,有很多的构成要素。通常会议的构成要素有:主办者、承办者、与会者以及其他与会议有关的人员。

1) 主办者

会议主办者一般指出资或发起举行会议的组织的通称。

主办者分 3 种:

第一,协会等会员主办者。这种主办者为自己的会员举办会议,虽然参加会议者并不只局限于会员,但会议的核心是会员及组织的目标和任务。

第二,雇主主办者。这种主办者是雇主为自己的雇员和其他与组织相关的会员举办会议,如客户、股东、代理、分销商和总代理等。

第三,主办者是为公众举办会议,常常称为公共研讨会。这些会议分赢利性和非赢利性会议。一般来说,政府机构和公共团体为主办者举行的会议倾向于非赢利性;各种媒体、专业协会、公司以及想出售与会议有关产品的单位与个人举办的公共研讨会常常是赢利性的。

2) 承办者

会议的承办者可以是某一具体的单位,也可以指某一会议的主要负责人。会议的主要负责人可以是主办方内部或外部人选。现在出现了越来越多的提供会议承办服务的公司。

3) 与会者

参加会议的人通常被称为与会者。

除一般与会者外,还有一些特殊类型的与会者需要特别关注。如贵宾(VIP)、国际与会者、行为障碍者、老年与会者等。

贵宾如政府要员、影视名人、名著作者或当时公众名人等。他们往往受到特殊对待。会议常常借助贵宾来扩大影响,但近年来贵宾也常常成为恐怖分子袭击的对象,因而,会议应加强对贵宾的安保措施。如是否有专人来与贵宾联系;是否需要对贵宾进行特殊的保密措施;会场是否有保安人员和安全程序等。

对于行为障碍者如盲人与会者,会议组织者应给予特殊的帮助,必要时需制作一些特殊的会议简介。

对于乘坐轮椅的与会者要提供坡道及其他类型的方便设施。

对于有听障的与会者,手势和手语是最常用的交流方式。

一些酒店为有行为障碍的与会者准备了特殊的房间,如乘轮椅者专用房间等。他们为有听障的与会者设置灯光系统,分别识别烟雾报警、电话或敲门。

4.1.3 会议筹备

会议筹备在逻辑上是这样的:

①主办者决定举行一个会议。

②选择或聘请承办者。

③指定策划委员会。

④确定会议目标。

⑤选择会址。

⑥选择发言者。

⑦进行市场营销。

⑧举行会议。

在实际操作过程中,具体的会议根据其规模、主办组织的结构等不同而有所区别。

一般来说,大型的会议项目在经过可行性论证之后,会议项目策划小组的成员要将初步完成的策划报告进一步予以论证、完善。就举办会议项目的程序而言,相关协议的签订、相关申请的报批以及会议运行资金的预算、落实都是十分重要的。

现代会议的本质属性决定了会议本身其实是一种社会活动,因此,除了会议主体活动以外,对于大型会议来说,会议的配套服务如住宿、交通、社交活动和媒体安排等也是会议项目筹备中必须周密考虑的重要内容。

据《会议》杂志进行的一项调查显示,现代会议策划人的主要职责包括预算、挑选会址、与饭店和航空公司以及卖主进行谈判、制订活动计划和贸易展览计划、确定餐饮品种、实施饭店及陆地交通的组织工作、进行会后总结,包括向参会人员进行调查并对每项活动所牵涉的接待设施和服务进行评估。杰出的口笔沟通能力和组织能力、领导素质、灵活性、应对压力的能力等是对会议项目策划人员的基本要求。

4.2 会议活动项目策划方案

一份完整的大型会议活动项目策划方案应该包括会议项目市场调查、会议项目可行性分析论证、会议的主题与目标、会议的流程与安排、会议的配套服务策划、会议的预算与评估等多方面的内容。本节就会议项目策划与组织中的一些核心问题进行阐述。

4.2.1 确定会议目标和诉求

会议目标和诉求简单地说就是"为什么开会",也就是会议召开的原因和目标。

一般来说,会议活动的目标和诉求分 3 个阶段:

1) 明确召开会议的主要原因

有时会议的目标只有一个,如确定参加某次展览会的相关议题。应该使与会者都清楚本次会议就是围绕"参展"这一主题召开的,别的问题暂不讨论。

更多的情况是召开会议的原因很多,这就需要策划者将会议召开的原因都列举出来,并按重要性先后的顺序逐一排列。

2) 根据原因确定会议目标

会议的原因只是召开会议的动机,但并不是会议所要表达的效果,确定了原因,还要根据它来确定会议的目标。

会议目标的具体形式有若干种,例如:与会者对一个观点和项目等两方面的共识;与会者对一个和多个问题解决方案的选定;讨论、达成一项决议。

3) 再度审核会议的原因和目的

在确定了会议召开的原因和目的之后,需要再度审核会议的原因和目的。这样做的目的,一方面是要检查会议的原因是否是最重要的,会议的原因和目的之间的关联是否紧密;另一方面则是要将会议的原因和目的总结成条理清晰、语句通畅、通俗易懂的语言,以便可以将其传达给与会者,使其真正成为召开会议的原因和目的。

会议项目策划有多种要素组成,明确会议的目的和诉求是会议准备的第一步,也是整个会议工作最重要的一步。如果会议的目的和诉求不明确,势必将造成会议失控、会议产生不良的后果等问题,如表4.1所示。

表4.1 会议项目策划相关要素分析

最吸引与会者的因素	比例/%	成功的原因	比例/%	失败的原因	比例/%
高质量的教育	93	精心策划的议程	97	不相关的会议内容	96
完善的配套服务	78	有用的信息	96	较差的音响效果	93
理想的目的地	73	先进技术/视听设备	79	与听众不相适应的信息	89
著名的演讲人	68	听众高度参与	79	与会议不配套的信息	88
充足的休闲时间	35	优秀的餐饮服务	55	会议不按时开始或结束	73
—	—	丰富的娱乐安排	37	演讲人没有围绕主题	72
—	—	—	—	缺乏听众参与	68
—	—	—	—	没有自由时间	53

4.2.2 选择召开会议的形式

会议的召开形式是多种多样的。恰当地选择会议的形式是决定会议成功的关键因素。会议的主要形式有:

1)两方会议

这种会议形式是为仅有两方的会议设计的,一般适用于共同筹备的活动,或是双方就彼此之间的关系或利益进行谈判,或是利用某种偶然的机会讨论业务。

2）非正式会议

这种会议通常是由某一个高层人士提出问题，进而由与其关系紧密的另外几方加入并进行的。召开这种会议的目的往往是"聚在一起研讨解决问题的办法"。

3）集思广益会议

这种会议是临时的非正式会议的发展。其目的是要产生创造性、改革性的思想，因此，与会人员就不能仅仅限于临时的非正式会议中彼此关系紧密的参与方，而是要扩大范围，加入一些思维灵活、视野宽广或经验丰富的参与者，灵感的产生需要与他人的交往并得到反馈。

4）紧急委员会

这种会议与常设委员会、非正式会议都有类似之处，目的是解决紧急发生的问题。虽然是临时的，但会议要讨论的内容显然会深入具体得多，往往会涉及具体的实施细则。相对于常设委员会可以更灵活，不需要事先考虑好很多的框架，如会议日程、会议时间等。虽然这种会议往往于匆忙间召开，但往往都能在短时间达成决议，因此通常效率很高。

5）常设委员会

常设委员会覆盖面较广，并通常有特定的组成名目，如董事会、财务管理委员会等。由于是一种常设会议，并且其成员任期也较长，因此显得比较正式，召开会议前需要做好事先准备，并且议程相对固定，内容的变化也只与时间有关。一般说来，公司中高层的例会都可以以这种形式进行。

6）正式会议

这种会议应当是标准的会议模版，准备充分，议程严密，参与者众多。其目的一般是处理重要的、非争议的问题，提供最终决策，设计实施方案，并要具体落实到每一个参与者的头上。这种会议是商业活动中不可缺少的重要内容，公司的员工大会、股东大会等法定会议或管理层的全体会议都使用这种会议形式。

7）展示会议

展示会议的主要目的是向与会者传递某些直观的信息。由于展示的信息具有直观性,因此,这种会议形式往往能给与会者留下深刻的印象。这种形式一般适用于一部分人向其他人展示或汇报自己的研究报告或工作成绩时使用。

8)公开会议

公开会议的主要目的是为了吸引公众的注意力,以扩大召开会议方的影响力。这种会议往往准备充分,设计严密,但往往不需要与会者进行交流讨论,决议一般已经做出,只是借会议公开而已。如新闻发布会、商业展示会等就属于这种形式的会议。

随着信息化时代的到来,计算机等网络技术的发展给现代会议也带来了新的形式。如现在已经被人们所采用的电视、电话、网络会议等就属于新的会议形式,这种会议形式运用新的媒体技术,运用得好可以大大地提高会议效率。在这方面,还需要不断地研究、探讨。

会议到底应该采取何种形式,要根据具体情况而定。会议形式选择得好坏,直接影响到会议的效果。

4.2.3 会议的流程与设计

成功地召开一次会议,需要主办者的精心设计与策划。在可能的情况下,会议的主题应该与主办者的目的和使命相联系。会议的主题应该尽量富有戏剧性,以便引起人们的注意,同时要表现会议的核心议题。

主题要在会议标志中通过图形表现出来。例如,表现"展望未来"主题的标志可以是未来风格的设计,而表现"世界温饱"的主题则可以用一只空盘子来表现。在现代会议中,"主题"与"主题的标志"可以纳入到"有效营销"的范畴中去,这也是策划会议所必须要考虑到的。

在商业性的会议中,会议的主题和标志都可以造成一种氛围,这种氛围在为会议进行市场营销的时候将被进一步强化。与会者到来的一刻是制造氛围的最重要时机,因此,必须考虑到机场迎接、会场迎接、登记注册、签名、开幕式和其他相关事项的处理方法。

从策划会议的角度来说,接下来的步骤是为会议和活动进行日程安排。它需要细致考虑与会者到达时间、最初的活动安排、与会者的预期、与会议主题的关系以及各类会议等。

会议策划的核心内容之一是会议议程的设计。

会议的议程一般包括以下几个方面:

1) 主席的开场白

开场白是会议开始时首先要进行的部分。开场白的内容主要包括:必要的与会者介绍、此次会议所要解决的问题、问题的有关背景、此次会议的目标等各方面内容。根据会议的种类和性质,开场白之后可能安排专项报告或系列报告,也可以是情况介绍或颁奖等。因而,开场白的形式也是多种多样的,它需要主席的灵活掌握与运用。

2) 介绍基本情况

开场白之后,根据会议议程,可以设计几位与会者介绍他们对会议的主题问题所掌握的情况,为会议讨论做铺垫。

这项议程的安排需要注意的是:情况介绍者应事先指定并且是对会议议题有一定研究的人;情况介绍者的发言应简明扼要。

3) 自由发言,讨论问题

在介绍完基本情况之后,会议的议程可以安排进入自由发言、讨论问题阶段。

自由发言也应当有所安排,使发言者有心理准备,这样不至于造成冷场的尴尬状态。

在充分讨论会议议题形成相对集中的观点之后,会议有可能出现热烈的场面,这可以说是会议的高潮,也给会议的下一个环节做了良好的铺垫。

4) 整合意见,得出结论

对会议议题的讨论形成了几种不同的意见,最后需要对意见进行整合,找到共同点。这时会议主席应站在主导的位置,促成与会者意见的互相融合,最终达到意见的统一,提交上级或传达下级。

5) 会议结束

会议达成决议后还不是会议的完全结束,会议的主席或召集者一般还需要对会后工作做简要的安排与部署,或明确地向与会者布置任务。

需要指出的是,以上是会议议程一般所包含的内容。在实际策划会议的过程中,要掌握"科学合理"与"灵活机动"的原则,每一次会议的要求不同,它的具体实施方案都将有所不同。

在设计会议议程的时候,还有一些值得注意的事项,例如:在会议议程设计好之后,还应对其各个部分仔细检查一下,看看是否有与主题无关的内容? 会议议程安排的逻辑顺序如何?

为了确保会议的顺利进行,可以将会议议程提前通知与会者,以方便与会者及早进行相关的安排。

在对会议议程进行周密设计之后,还应对可能发生的情况有所准备。有时,会议中间可能会因为某一突发事件而导致会议的终止。例如,在商业性的会议召开过程中,可能会出现两个平时关系很好的经理突然反目成仇,互相激烈地指责,或者出现本来一直忠诚的客户突然取消了大额订单等。

好的会议设计不只是遵循"固定模式"就了事的,有句话叫做"细节决定成败",它对于会议的策划与设计很有启示和借鉴作用。

4.2.4 组织与主持会议

会议的组织工作非常琐碎繁杂,它包括会议召开的时间、地点、规模、人员等方方面面的问题。这些问题虽然都只是细节上的问题,但却十分重要,稍有不慎则会减损会议的实际效果。

1)会议时间的确定

高效的会议离不开科学、合理的会议时间,如何确定会议的时间,情况也比较复杂。这不仅要考虑到与会者的具体情况,而且不同的会议也有不同的时间选择。

对于日常例会来说,会议时间的确定十分重要,因为例会时间确定之后即有相对固定性,将要长期执行下去。

一般来说,公司或单位的例会安排在周二至周四 8:00 ~ 11:00 或 14:00 ~ 16:00 进行比较合理。这是由人们的心理接受和生理状况等因素所决定的。科学研究表明:一天之中,人最清醒的时间是早上 8:30 ~ 10:30,在这个时间段安排会议可以使与会者精神饱满。而周一与周五不太适宜安排会议是因为紧靠双休日,人的注意力相对不太集中。

对于临时性的会议而言,根据其重要程度,如果是紧急会议,可以不受时间限制。然而,如果不是很紧急的会议,在选择上最好安排在与会者都能出席的时间。如周二至周四 8:00 ~ 11:00 或 14:00 ~ 16:00 的时间段进行。

2）会议地点的选择

会议地点的选择是组织会议的重要内容之一。对于公司（单位）内部的会议来说，会议的地点是相对固定的，一般不需要专门讨论。

而对于公司（单位）之间的会议来说，应根据会议举行目的的不同而有所选择。如果是对方公司（单位）派代表与本公司（单位）协商或谈判，最好的会议地点是本公司（单位）的会议室，一方面显示东道主主场的优势，另一方面也让对方对自己公司（单位）的环境有直接的感受，这样有助于合作协议的达成。如果仅是双方公司（单位）的一般交流，则可以选择比较轻松优雅的环境作为会议地点，如郊区的度假村、雅致的茶馆等。如果是双方平等的协商切磋，也可以选在双方都适合的饭店进行有关会议。

对于大型会议来说，专门的会议中心、图书馆、纪念馆等建筑、高等学校的会堂等都是理想的选择。

可以说会议地点的选择也是一门学问，合适的地点有助于会议的成功。不过近年来，一些会议动辄选在人民大会堂或者旅游名胜景点召开，从商业操作的角度上来说是正常的，但若从廉政建设的角度来说又是不可取的，该如何选择，这也是会议组织者应当考虑的。

3）会议规模的确定

确定会议的规模，要根据会议的目的而定。小型的洽谈会，也许 3～5 人的规模就可以了，但大型的会议如国家、国际级的年会可以有数千人的规模。一般来说，可以根据需要互动的会议和不需要互动的会议来分别确定会议的规模。

对于需要互动讨论的会议来说，有研究表明，合适的规模是 5～7 人，少于 5 人规模的互动讨论会议常常容易被 1～2 人左右，而人数过多的互动讨论的会议又难免冗员、拖沓，影响会议效果。

对于不需要互动讨论的会议来说，如宣布事情、发布信息等，可根据会议目的具体确定。

值得指出的是，如果仅仅是发布信息，也许不开会也可以。有调查显示，与会者对低效、频繁、可有可无的各种会议有一定程度的反感。

4）与会者人员的筛选

管理学有一句名言："多余的参与者就是多余的时间。"与会者名单的筛选是组织会议重要的一环。从筛选标准来说主要有以下几个方面：

（1）有利于议题的讨论

会议的目的之一是确定议题经与会人员讨论而达成结论，因此，在与会者名单的确定方面，要筛选与讨论题目有直接关联的人。不同的会议由于其专业性情况各不相同，因而，选择确定的专业以及具有独家信息的人参加会议有利于议题讨论的顺利进行。

（2）有利于会议的顺利进行

为了使会议能顺利进行，在人员的选择上要注意谨慎安排，选择不可缺少的与会者。对于有一定协调能力、有助于会议顺利进行的人员也是要慎重考虑的。

（3）有利于召集者的意愿表达

使会议召集者的意愿得到很好的表达，这也是会议召开的基本目的。在与会者人员的筛选方面就要充分考虑到这一点。

5）会议主持与设计

在整个会议过程中，会议主持亦即会议主席起着十分重要的作用。例如，如何给大会设计一个好的开场白，如何化解与会者之间的意见冲突，如何处理迟迟不能达成协议的会议等都是对会议主席的一个考验。

在会议召开的过程中，"头脑风暴法"、"名义小组法"以及"德菲尔法"是常用的达成会议协议的方法。

所谓"头脑风暴法"是指通过会议上详细罗列解决问题的方法，从而获得具有创造性的决策。它首先是让与会者畅所欲言，发表各自的观点；在与会者发表观点的时候要将主要观点记录下来；最后对所发表的观点进行评估，以筛选最合适的协议。

"名义小组法"是要求每个与会者都把自己的观点贡献出来。它通过罗列想法、筛选观点、得出决议的步骤进行会议。

"头脑风暴法"和"名义小组法"的相同之处在于，与会者都不对其他人提出的观点加以反驳，只是尽可能地罗列观点。

"德菲尔法"的主要特点是匿名性，也就是相关与会者不能相互直接沟通，而是通过会议组织者对大量反馈信息进行搜集、统计、分析、处理等最后得出结论的一种方法。

不论采用哪种方法使会议顺利进行，完成会议设定的目的是根本性的问题。会议的设计应紧紧围绕这一中心进行。

4.2.5 会议活动策划方案

在会议策划活动中,设计会议日程表是重要的内容之一。会议日程表的设计要充分考虑以下因素:在一个对大部分目标听众来说比较方便的时间开始活动;预留充足的登记时间;由会议主席做简要介绍或致词以正式开始一天的活动;会议时间应长短适中;会议间歇休息时间应充分;确保充足的茶点供应;安排一次总结性的全体会议;避免以混乱收场等。

下面所列举的两种策划方案只是许多种策划方案中的范例,可供进行会议策划时参考。在实际会议策划中,可能会有诸多变化的因素。

1) 一日会议的策划方案

这是为有 50 名与会者参加的一日会议策划的方案。大多数一日会议都是为那些在附近地区居住或工作的人举行的。会场通常选在一家有较多会议室的酒店,如表 4.2 所示。

表 4.2 一日会议的策划方案

事件序号	时 间	活 动	地 点
1	8:30 AM	注册登记	大厅
2	9:00 AM	全体大会	大会厅
3	9:45 AM	并行会议	(灵活安排)
4	10:30 AM	休息	大厅
5	10:45 AM	并行会议	(灵活安排)
6	11:30 AM	自由活动	
7	12:00 Noon	午餐	大会厅
8	1:30 PM	讨论会 I	(见"讨论会安排")
9	2:30 PM	并行会议	(见"并行会议安排")
10	3:15 PM	休息	
11	3:30 PM	讨论会 II	(见"讨论会安排")
12	4:30 PM	自由活动	
13	5:00 PM	全体大会	大会厅
14	6:00 PM	招待会	大会厅

事件1　会议注册登记时间定为8:30 AM,应该为与会者留出吃早饭和路程上的时间(这个时间可以根据与会者的交通手段和会场附近的公共交通设施的情况有所改变)。半小时的时间可以让与会者从容不迫地参加会议。这种策划方案假定了与会者已经提前注册过,因此,秘书处在注册时段不必赶时间。

事件2　全体大会作为整个会议的开始,时间不应超过35分钟。下一个会议将在9:45 AM举行,因此,与会者只有不到10分钟时间从大会厅转移到并行会议的场地。

事件3　并行会议开始了,具体的安排如表4.3所示。注意,每一个并行会议的编码都是以3开始,这样可以使相关的每一个人马上看出具体会议与时段安排之间的关系。这种联系还可以通过许多其他方式来表现,必须能够让与会者看明白。3位数字编号的系统可以表示99个并行会议。当并行会议在9个以下时,则可以用30~39的编码来表示。

事件4　事件之间的休息也要用编号标志出来,以便控制休息的时间。秘书处应该负责安排休息时间,并用编号来标明每一次会议的时间及其他问题,以避免发生混乱。休息是整个会议的一部分,每一次休息都有特殊的原因和安排。

事件5　这是第二组并行会议,如表4.3所示。在策划方案的这个部分并没有安排重复会议,但是在会议当天的晚些时候将有相关的安排。

事件6　这一段自由活动时间,可以让与会者有机会进行各种活动,而不错过会议。一日会议的会场常常处在市中心,在这种情况下,可能有些与会者想趁此机会进行购物,或和其他的与会者小聚一下,而如果会议安排中没有留出自由活动的时间,他们就有可能放弃一两个会议,出去聚会。有些与会者希望一天的活动在午餐之前有些小变化。

事件7　这个策划方案中安排所有的与会者在一起用午餐。当会议不提供午餐时,日程表上应该在场地一览标注"午餐自便"或类似的说明。午餐的时间长短决定于很多因素。以小组为单位的午餐,其时间也要取决于很多因素。如果午餐会上有发言人讲话,通常整个午餐会要安排两个小时,如果没有安排发言人讲话,与会者可能要利用午餐休息时间进行一些其他的活动。如果会议安排与会者午餐自便,承办者则应向与会者提供相关信息。

事件8　在午饭后举行的会议有一定的难度,因为这个时候与会者可能感觉比较懈怠。而要求与会者积极参与并进行信息交流的讨论会则可以解决这个问题。表4.4是对讨论会的安排。请注意,这里要用到记录员,他们是与会者事先选举出来的,负责讨论小组讨论的结果。

表 4.3　一日会议中的并行会议安排

事件3	9:45 AM	并行会议
会议序号 301 302 303 304	主题 地点	后勤人员
事件5	10:45 AM	并行会议
会议序号 501 502 503 504	主题 地点	后勤人员
事件9	2:30 PM	并行会议
会议序号 901 902 903 904	主题 地点 　　　重复会议302 　　　重复会议304	后勤人员

　　讨论会有许多种,在这个策划方案中的讨论会是要以全体大会和此前的两个并行会议为基础进行讨论并提交出简短的报告。讨论会的成果将在事件13中被公布。

　　事件9　安排另一组并行会议是为了让与会者有机会参加他们在上午错过的会议,因为他们无法同时参加先前举行的所有并行会议。在这个时段里,将重复两个上午举行过的会议,如表4.3所示。

　　事件10　休息时间。

　　事件11　在第二组讨论会上,与会者可以继续事件8中的分组方式和讨论话题,也可以重新组合,后者应取决于讨论的内容和计划得到的结果。

　　事件12　在这里安排自由活动时间部分是出于事件6相同的原因,还有部分原因是为了给与会者一定的时间来完成准备报告的任务。虽然这些报告也可以在全部会议结束之后再整理,但是这里的安排使该准备工作成为讨论会的一部分,以便与会者在会议的后面部分中分享这些报告的内容。在后勤人员的指导和帮助下,记录员可以为后面会议中的发言搜集信息。由于自由活动时间只有半个小时,搜集数据的工作应当安排得简短有效。

表4.4 一日会议中的讨论会安排

事件8	1:30 PM	讨论会 I
讨论会序号 801 802 803 804 805 806	主持人 房间	记录员
事件11	3:30 PM	讨论会 II
讨论会序号 1101 1102 1103 1104 1105 1106	主持人 房间	记录员

事件13 在这个策划方案中,一天的最后一个会议有两项任务:首先是要让全体与会者共同分享各自的讨论会报告,大家可以趁此机会听取自己讨论组的报告,同时从其他讨论组的报告中有所收获;其次,这也是整个会议的闭幕式,并不一定要安排发言人,但通常要做一些积极的闭幕陈述。

事件14 招待会的安排往往具有一定的科学性,它是会议的一个重要组成部分。是否安排招待会要看会议的性质和目的。虽然并非所有的与会者都将参与招待会,但出席的人也不会很少,因为他们想避开交通拥挤的高峰期。如果公司高层人物参加招待,那么一般其他与会者也都要出席。

赢利性的公众大会通常利用一天最后的招待会作为进行营销的一个手段。会议工作人员将在招待会上接触一些与会者,听取他们对会议的非正式评价,并就他们咨询的该主办者举行的其他一些会议作答。

表4.5是会议登记样表,如要求与会者将填好的表格送到会议办公地点,请在会议通知上或会议注册时明示。

表 4.5　会议登记样表

联系方式
会员卡号(如果适用)
国　家
头　衔
姓　名
工作情况(请将可以作为您的通信地址的地方标出来) 工作职位 部　门 机　构 地　址
邮　编 电　话 传　真 电子邮件
如果您还是其他机构的成员,而且愿意我们将您的资料标于您的名卡上,请提供于下。 其他社会关系

2)简便的3日会议策划方案

这里所要列举的简便的三日会议策划方案适用于规模在 20 ～ 75 人的会议。具体完整的日程安排如表 4.6 所示。

事件 1A　会议承办者和会议主持人一起理顺会议的策划方案。首先,每一位会议主持人都要准备一份为时一个半小时的自选题目演讲。其次,他们每人要在资料演示上与几名与会者进行非正式会晤,坐在一起交谈。

事件 1B　与会者可以事先注册,也可以在这个时段里进行注册登记。为了烘托气氛,与会者们可以在会议的公共休息室里互相见面。

　　事件2　简短的招待会将为会议主持人和与会者提供见面交流的机会。晚餐时,鼓励会议主持人和与会者们坐在一起。晚餐后,会议策划委员会的一名成员将发表一篇简短的欢迎辞,制造会议的气氛。然后由会议的承办者发言,用高射投影仪向与会者传达表4.6显示的日程安排,并且解释与会者将会用到的各种表格。

表4.6　简便会议

事件序号	周日	事件序号	周一	事件序号	周二	事件序号	周三
		3	早餐	13	早餐	23	早餐
		4	会议主持人演讲	14	会议主持人演讲/回答问题	24	根据会议主持人和与会者的计划而定
		5	休息	15	休息	25	闭幕式
		6	会议主持人演讲	16	会议回顾		
		7	午餐	17	午餐:分桌讨论		
1	A.会议主持人准备; B.注册	8	与会者演讲	18	会议主持人演讲/回答问题		
		9	休息	19	休息		
		10	会议主持人回答问题	20	主持人规划会议		
2	A.招待会和晚餐; B.解释会议将如何进行	11	A.与会者自由活动; B.会议主持人准备	21	自由活动		
		12	啤酒聊天会	22	晚餐,发言人讲话		

　　事件3　早餐时的座位是事先安排的,以便保证每一张餐桌边都有一两名会议主持人,目的是鼓励与会者和会议主持人增进交流。

事件4　半数的会议主持人在并行会议上发表演讲,与会者可以自由选择出席哪些会议。

事件5　休息。

事件6　另一半的会议主持人在这个时段发表演说。此后就不再安排主持人做正式的演讲了,除非应与会者的要求。这些计划外的会议将是前面并行会议的重复。

事件7　午餐的座位也是事先安排的,因为有些与会者可能没有参加集体早餐,这样做是为了给他们与会议主持人交流的机会。

事件8　由于与会者也是相关方面的专家,因此,他们也应邀发表演讲。这些演讲就安排在此时段。

事件9　休息。

事件10　在这个时段里没有安排演讲,会议主持人将回答与会者的问题。实际上,与会者可以自行选择任何会议主持人进行交流。在公告板上会公布一些信息"此时段,会议主持人 A 将在 320 室"。在交谈中,与会者将引导谈话的主题。

事件11A　与会者在这段时间里可以自由活动。会议将提供由会场到市中心的交通工具。与会者也可以在公共休息室里小坐或会面。

事件11B　当与会者自由活动的时候,会议主持人要聚到一起,回顾一下会议的进程。会议主办者也会借此机会为会议主持人、承办者和策划委员会举行招待午餐,以表示对他们工作的赞赏。餐会将在会场以外的地方举行,以免受到干扰。

事件12　公共休息室中准备了啤酒、软饮料和脆饼干。会议主持人也被送回会场参加这个活动。

事件13　早餐时,会议主持人仍要坐在指定的餐桌旁。

事件14　与会者将控制这个时段的活动。一部分会议主持人将再重复会议上发表的演讲,另一部分将回答演讲者的问题,这些分工将根据与会者向秘书处提供的反馈信息决定。

事件15　休息。

事件16　与会者对进行至此的会议做出评价。他们知道自己提供的信息将被应用在事件 20 中,以便决定事件 24 的内容。

事件17　到这时,与会者已经得到了足够多的机会与会议主持人交流,因此,这次午餐将按照与会者事先提供的话题进行组织。每个餐桌上都用标签标明本桌的主题。还有一些餐桌没有规定特定的主题,以方便那些希望进行广泛交谈的与会者。

事件 18   和事件 14 类似,有些会议主持人发表演讲,另一些回答与会者的问题,他们的分工同样要根据与会者事先提供的反馈信息决定。

事件 19   休息。

事件 20   在这个时段里,会议将根据由事件 14 搜集到的与会者数据来计划事件 24 的活动,同时也要征求会议主持人的意见。

事件 21   参与会议的每个人都可以利用这段自由活动时间为餐会做准备。

事件 22   在会议策划过程中,主办者邀请发言人进行演讲。

事件 23   这次最后的早餐完全没有组织上的规定,与会者和会议主持人可以随便与他们喜欢的人坐在一起。

事件 24   这个时段的活动是会议主持人根据与会者的意见安排的,主要是对前几次会议的重复。

事件 25   除了对会议做出口头和书面评价之外,整个闭幕式都保持着非正式的气氛。

4.2.6   会议突发事件对策

会议项目策划的一个关键就是出问题时不要方寸大乱。事实上即便您运筹帷幄,突发事件也有可能发生。经验证明,只要及早策划和预测,直面问题,进行理性的判断,很多问题是能够化险为夷的。

一般说来,会议活动中常见的突发事件有:

①原定的主要发言人没出现。

②登记代表数量不够。

③代表们没出席。

④发言人表现不当。

⑤某位代表言行不当。

⑥就在活动前,会场出了大问题。

⑦有国家性的重要活动与本次会议同时举行。

⑧重要的健康问题。

⑨有人病得厉害。

⑩饮食供应确实令人不满。

⑪影响代表们到会与离会的主要交通问题。

⑫IT 系统问题严重。

4.3 会议活动策划与组织的相关事务

与会议相关的事件和活动有许多,其中一些应出现在主体日程安排中,如主要的宴会等。其他则只是为与会者提供休憩的可选项,不必列在主体日程安排中。但作为会议活动的策划者必须事先周密考虑,否则,会影响到会议活动的整体形象与效果。

4.3.1 资源中心

资源中心是对各种可以组合或单独进行的活动的统称,其目的是为了向与会者提供一个常规会议之外的分享信息的组织形式。在小型会议中,资源中心可以取代展览,甚至非与会者也可以索取材料。与销售演说或产品展示不同,这里只提供印刷资料。

会议活动的策划者需要考虑的是,会议是否需要设置资源中心,与会者使用资源中心是否要付费,资源中心的资料从哪里来等问题。

在组建资源中心之前,首先要确定与会者是否能够提供真正有帮助的信息或材料。建立资源中心的目的在于为与会者提供更多的助益,如果建立资源中心可能与会议的主旨产生冲突,那么就不必建了。

会议不应将资源中心视为一个收费来源。不过如果会议承办者需要为库存、空间使用或安全保卫付费的话,展示材料可能就有必要承担一定的费用了,承办者也可能将这笔开支纳入会议的预算,因为资源中心可能为会议吸引更多的与会者。

中心材料的最主要来源通常是与会者。协会组织在其主办的会议上可能通过资源中心向与会者提供一些与本组织相关的资料。雇主在自己主办的会议上可能也会为资源中心提供一些关于本公司的材料,如产品及财务信息等。

4.3.2 文化活动

文化活动包括看戏剧、芭蕾舞等专题演出、音乐会、歌剧,以及参观博物馆和展览等。会议活动的策划者需要考虑的是,是否应该安排一些文化活动作为会议的一部分,会议地点或附近地区是否能够提供文化活动,会议承办者是否需要为与会者参与的外部活动购买门票等。

大型文化活动一般都将相关文化活动列入会议的策划方案或者作为自由活动时间的可选项目。国际性会议通常举行的活动有名胜实地旅游,参观当地手工艺品展或观看民间歌舞等。值得注意的是,文化活动的安排要以方便与会者为宗旨,尽量在离会议地点不远的地方安排活动,而且,最好与会议的主题有一定的相关性。

4.3.3 休息区

在会议过程中,与会者常常需要从会议的忙乱和紧张中抽身出来,放松一会儿,休息区就是为与会者提供的这样一个场所。

休息区应该设计一些半正式的桌椅和长椅。如果椅子很沉重,不易搬动,最好把它们放置成四五个一组的形式,方便人们在那里进行非正式交谈。容易搬动的椅子则无须特意摆放。

一般休息区不需配备工作人员,但层次较高的会议在休息区会准备一些简单的饮料果品等的时候,则可以安排适当的服务人员。

层次较高的会议会安排茶歇的时间,茶歇的场所一般都安排在休息区内。

4.3.4 纪念礼品

对与会者给予适当的礼品赠送是现代会议常常采用的一个做法。以何种方式,赠送什么礼品可因会议的不同而灵活设计。会议礼品不宜太贵重,最好是比较有纪念意义。规模较大、层次较高的会议,现代比较流行的做法是主办方为将要举行的较重要的会议而特意订制的小礼品,它的好处是可以将会议的相关标志印制在礼品上,这样还可以起到宣传推广会议品牌的作用。

纪念礼品一般是在会议报道注册时与会议资料一起发给与会者。

4.3.5 影像记录

现代会议一般都比较注重媒体报道问题,重要的会议往往还进行现场直播(或网上直播)。作为宣传,影像记录资料是十分必要的,因而,如何安排影像师也是要考虑的。

本章小结

　　会议活动是会展业的重要组成部分,是世界政治生活与经济生活不可缺少的组成部分,世界各国高度重视并竞相举办各种国际会议,推动了国际会展业的发展。本章从会议的概念、会议的组成要素入手,对会议活动策划中的目标和诉求、召开形式以及会议的流程与设计等进行了深入的分析。根据现代会议举办的实际情况,作为会议项目的策划与组织者还必须了解与会议相关的事件和活动。为了贴近现实、增强实践性,本章更多的是以公司(单位)的会议活动为描述对象加以阐述,以期对会议活动策划有一个较完整的认识与把握。

复习思考题

　　1.会议筹备的逻辑顺序是怎样的?

　　2.最吸引与会者的因素有哪些?

　　3.会议议程一般包括哪几个方面?

　　4.在会议活动中常见的突发事件主要有哪些? 如何应对?

　　5.会议日程表的设计要充分考虑哪些因素?

　　6.在会议召开的过程中,常用的达成会议协议的方法有哪几种? 试详细说明。

实　训

　　请依据下面的情景回答问题:

　　假如您是主管日常业务的副总经理,需要组织一次会议,有如下人员将参与会议(见与会者名单),那么请判断,在会议议题为如下内容时选择谁做会议主席最为恰当?

　　与会者名单:总经理、您(副总经理)、销售部经理、销售部副经理、销售部主力营销员、策划部经理、策划部资深策划师、项目经理(现场控制能力较强)、秘书。

1. 讨论下半年公司产品促销的总方案。

会议主席：_____

2. 讨论下半年公司部分产品促销方案。

会议主席：_____

3. 总经理汇报上半年公司产品销售的情况。

会议主席：_____

4. 为化妆品系列策划了一个全方位的促销活动(策划部资深策划师负责)。

会议主席：_____

5. 对上次某产品促销活动的结果做一个总结。

会议主席：_____

6. 对上半年某产品销售情况不佳的情况进行总结。

会议主席：_____

案例分析

第二届世博会与展览展示国际论坛会议策划(节选)

1. 会议主题

世博情,展览热;展望世博,情系上海。

把会议主题拉近到即将举行的上海世博会与上届的总体回顾和展望有所不同,同时本界论坛力求针对上海世博会来探讨世博会给我国的展览展示业带来什么,世博会能给发展中主办国的展览展示业带来什么。

2. 演讲主题

世博会能给发展中主办国的展览展示业带来什么?

3. 讨论主题

①如何更有效地培养全方位的会展业人才来满足上海世博会和展览展示业的需求?

②世博会如何能更好地成为带动会展经济发展的契机?

③如何以世博会为契机更有效地规范展览展示搭建问题?

4. 会议特色

"四新"论坛：

①新主题：明确论坛主题。

②新模式:全新流程模式(VI 设计、一体化后勤、人性化)。

③新群体:学生、参会方、嘉宾、各界人士。

④新交流:网络直播、电话会议、校园电视、广播直播。

5. 会议策划相关事务

1)会议礼仪及接待

在汽车站、火车站、飞机场安排相关工作人员设立标志,并进行接待,引导与会者报到并安排客车前往下榻酒店。在下榻的酒店,服务人员协助客户办理代表签到、房间安排、会议指南、告知与会者相关注意事项等。

在会议现场,设立专用的接待台,协助参会者办理签到登记手续,并指引参会者入席,同时告知参会者注意事项,编制会议名录,分发会议资料、发言材料等。

茶歇、午餐和晚宴时均会有相关的服务人员引导参会者,并及时解决参会者的各项问题和要求。

2)会议交通

来宾接待:嘉宾们定于参加会议前 1~2 天到达,会议专车将于 7 月 1 日、7 月 2 日两天接送嘉宾从机场到目的地。

(1)上海虹桥国际机场

嘉宾们统一由会议主办方派专车巴士接送。

巴士停车点:上海虹桥国际机场停车场。

(2)上海浦东国际机场

嘉宾们统一由学校委派专车巴士接送。

巴士停车点:上海浦东国际机场停车场。

(3)上海的嘉宾或者非机场来的来宾接待

会议专车将在上海火车站、上海人民广场两地负责接送或出租车直达。

6. 会场布置

主要包括:主会场布置、外环境布置、多媒体设备调试、同声翻译系统、网络运行、灯光设备。

会场布置事宜完成同时,需确保设备正常运行,预先调试和完善妥当,会场宣传物资到位,无遗漏。

7. 会场人员

总调度:1 名;会议主持:4 名(大会 1 名、专家圆桌会议 3 名);翻译人员:2 名(轮流翻译);会议接待:10 名(签到处 3 名、证件派发处 2 名、会场迎宾指示 5 名);后勤人员:10 名;场内服务人员:5 名(多媒体播放、资料传递等);传单派发人员:2名;会场清理人员:5名;会议记录:3人;现场指导员:2名;会场摄影:2名;会议保安:3名;医务人员:1名。

8.突发情况

①遇见参会者身体不适。医务人员医务室待命,如有参会者身体不适,先送至医务室,视病情决定是否送医院。

②航班延误。对于因会议当天航班延误未能按时到达的参会嘉宾,如是发言嘉宾,适当调整发言人员之间间隔,增加讨论板块,可适度穿插提问。

③主要参会工作人员特殊情况不能出席。不能出席会议流程的工作人员,如紧急情况缺席,需联系一位能与其保持联系的代替人员,清楚交代工作细则。

④嘉宾缺席。嘉宾临时不能赴会缺席,适量可增加论坛的交流板块,鼓励讨论提问,向活跃性发展。

⑤设备故障。会议必要设备故障,采用备用设备或会议室,并向来宾致歉。

⑥后勤物资出现问题。合理分布人力资源,做到板块分割管理,如出现问题,找相关板块负责人。

⑦联系人员联系中断。联系不上负责板块的人员时,报告总调度,由总调度调遣人员。

资料来源:中国会展高等教育网

分析:

论坛是常见的会议形式,这种形式的会议项目策划除了需要详细周密地考虑会议的主题与议题、会议场地与会议室布置、会议发言人、会议通知、事务安排、会议专业活动、住宿安排、餐饮活动、社会活动安排等会议要素之外,通常,会议筹备管理、会议现场管理以及会议财务管理等也是在策划时必须精心筹划的。第二届世博会与展览展示国际论坛(节选)会议项目策划创新之处在于,项目策划者突出了会议特色——"四新"论坛的理念,这在会议项目策划中是值得提倡的。另外,会议项目对"突发情况"予以充分的重视也是在现代会议项目策划中所不可少的。本案例不足的是主题与议题稍显零散,聚焦度有待凝练。

第5章
会展营销策划与组织

【本章导读】

世界会展业迅猛发展,营销推广发挥了重要作用。会议、展览、节事活动甚至一座会展城市本身就是一个抽象化了的产品,因而需要制订周密并可行的市场营销计划,这样才能将会议、展览、节事活动、城市更好地推销出去,从而最大限度地实现预期目的。本章从会展产品与市场的概念入手,阐释了会展营销的内涵与主体、会展营销策划的主要程序以及会展营销策划的策略与手段。

【关键词汇】

会展产品与市场　会展营销　会展营销的主体　会展营销策划　会展营销策划的策略与手段

5.1 会展营销的概念与主体

5.1.1 会展产品与市场

1)会展产品

现代展会已不是简单意义上的展示产品、推销产品、购进商品的场所,而是已发展为获取信息、交流沟通的重要渠道。会展产品是一种特殊的产品,它是参展企业向主办、承办单位购买的物质产品或服务的总和,是一个具体的会展项目服务的总和。以展览为例,从流通性质上讲,展览与批发、零售等流通媒介相同,通过展览,买主和卖主签约成交,做成买卖。但展览的特殊性在于,它只为买主和卖主提供环境,由买卖双方直接达成交易,如图5.1所示。

图5.1 展览交换原理示意图

会展产品不同于一般产品还表现在:会展活动是一项综合性的社会、经济、文化活动。虽然各行各业的参展企业购买的只是一种会展项目,但整个活动中需要餐饮、住宿、交通、公关等多个环节的衔接和配合才能构成一种严格意义的会展产品。可以说,会展产品是一种服务性的产品,它必须依托一定实物形态的资源与设施(展台)为与会者提供各种服务。会展产品中实物形态的资源与设施是无形的会展服务的载体,会展产品的价值并不是凝结在具体的实物上,而是凝结在无形的会展服务之中。由于会展产品不存在独立的生产过程,而且其产品形式不是具体的实物产品,因此,只有当参展企业购买它并在现场消费时,会展产品的使用价值才能实现,这就对会展产品的策划、设计、经营提出了更高的要求。会展经营者必须采用先进的传播手段和工具,向潜在的参展者宣传会展产品,同时做好市场调研工作,保证提供适销对路的产品。

2)会展市场

会展市场是连接会展主办、承办单位与参展企业的中心环节,它能够灵敏地反应会展经济活动的发展变化趋势。狭义的会展市场只是指会展项目举办的场所。广义的会展市场是指在会展产品交换过程中各种经济现象与经济关系的总和。它包括展览所涉及的区域经济、行业发展状况、展览项目的供求以及竞争状况等。在会展市场中,存在着相互对立又互相依存的矛盾双方,即会展产品的需求者与供给者,它们之间的矛盾运动推动着会展经济活动的不断发展。

随着世界各国之间的科技、经济交流进一步密切,全球化的进程不断加快,各国的会展市场逐步走向开放,从区域性的会展市场发展成为世界性的会展市场。随着会展需求在量和质上的不断提高,会展活动的内涵不断拓展,变得丰富多彩。

会展活动的开展,涉及一定区域内的某一行业的许多企业,只有在这些企业的共同参与下,会展活动才能成功进行。另外,会展工作涉及很多层面的具体业务,从策划组织到实施,从招展招商到开幕,从公关到反馈总结,需要大量的时间。因此,很多会展活动都是年度性的,一些大型的会展活动甚至三四年才举行一次。

5.1.2 会展营销的内涵

会展业是一个特殊的行业,会展项目是一种特殊的商品,这种商品在时空上具有特殊的特征,它不可存储,留待以后出售。会展营销(exhibition marketing)与一般市场营销相比,也有自己特殊的规律。因为展位的推销必须有与会人员与参展单位的参与,所以从某种意义上说,市场营销对于会展业来说,比其他行业更为重要。如果不将展位推销出去,那在一定时期后便失去了价值。

所以说,会展营销是指会展主办单位对会展项目、会展服务的策划、设计、定价、招展以及展后服务的计划和执行过程,以参展单位的需求为中心,适应会展市场环境的变化,实现会展项目的价值交换。

作为一种服务性产品,会展产品具有自己的特点。会展营销是一个资源综合利用的过程,会展营销牵涉的利益主体、内容、手段等皆有其特殊性,与一般营销活动存在明显区别。其特点主要有:

1)综合性

综合性是指一次展会可能要牵涉众多的企业和组织,大型的国际性展会可能由当地政府主办,由一家或几家展会企业承办,其中,个别较复杂的活动则由具体的项目组去承担。换句话说,一个展会由多方面共同操作,且各自承担的工作在深度与广度上有所不同,但进程必须保持一致,合作也必须紧密有效。

2)整体性

会展营销的内容具有整体性,展会举办时间、地点、主题及内容都是参展商和专业观众所关心的,所有环节在策划时都必须周密考虑。会展营销的整体性大到展会或大型活动的外部环境,如城市安全状况、城市综合接待能力等,小到展会项目本身有无吸引参展商或参会者的细节问题,如展会简报、手提袋的设计等。

3)多样性

多样性是指会展营销的手段而言的。展会必须利用各种手段进行宣传,以达到预期的营销目的。以广告手段为例,从传统的广播、电视、报纸,到各类行业杂志、专业会展杂志、户外广告、互联网广告……根据展会项目的特点,需要综合调动多样的媒体予以宣传。

4)参与性

在展会活动中,与会者和参展商的参与性都比较强,组织者必须与其实现互动,才能提高与会者和参展商的满意度。因而,对于会展营销人员来说,要策划、设计出合适的参展项目,需要与参展单位、展会人员充分沟通,以达成默契。

5.1.3 会展营销的主体

会展业是一项综合性的行业,举办一次会展所牵涉的利益主体很多。会展企业也不仅仅指承办展览会或会议的专业公司,还包括会议中心、展览场馆、展品运输公司等一系列为会展活动的服务机构。这里所说的会展营销主体是指会展运作过程中的主要参与者,包括组织者、参展商、展会观众 3 类。其中,组织者是一个展会事件的发起者、展会事务的执行者和展后事务的处理者,在会展营销中处主体地位;参展商是受会展组织者邀请,通过订立参展协议书或会展合同,在特定的时间地点展示产品或服务的主体;展会观众是通过购买门票或提前注册入场参观,与参展商进行洽谈的自然人、企业以及其他相关的市场主体。

1）展会组织者

展会组织者通常包括主办者和承办者两类。

展会的主办者主要包括各级政府部门、各级贸易促进机构、各类行业协会、商会和部分规模较大的会展专业公司。

各级政府部门和贸易促进机构代表国家和地方利益，在组织展会时，主要考虑的因素是国家和地方经济发展规划、贸易和产业政策等，在此基础上兼顾考虑其他因素做出展会的决定。例如，现今世界各地争相举办的世界博览会就是如此。商会、行业协会代表行业的利益，因此，其主办的展会主要考虑产业或行业政策和发展规划。由于这些机构是建立或设立在企业的基础上的，因此，它还强调为企业服务。一些公司、企业也会举办或赞助展会，主要目的在于在展会上推销其产品或服务。他们还可能与政府部门结成伙伴举办展会，以便发布新产品，促进销售，提升公司形象。

展会的承办者一般为企业法人，受主办者委托，主要负责展会的具体运作过程。我国原对外贸易合作部在《关于出国（境）举办招商和办展等经济活动的管理办法》中规定了展会承办单位的职责，即根据举办单位的要求，具体办理布置会场、运送展品、安全保卫、广告宣传、现场活动、安排人员食宿交通、办理出国手续、收取费用等工作。在我国展会的实际运作过程中，展会的承办者的职能在不断地扩充，随着展会市场竞争程度的加剧，展会承办者的职能会得到进一步扩大。

2）参展商

参展商是参加展会展出产品或服务的企业或公司。对于参展企业来说，参展是企业的一种营销活动，企业在展会中不仅可以展示新技术、新产品，还可以借此树立品牌形象，提高企业或产品的知名度。

在企业的所有行销方式中，参加展会是一项费时费力的活动。它环节多、周期长，而且各个环节紧密相连。因此，参展商的参展筹备工作十分重要。在现代会展项目策划与组织中，参展商对参展项目需要进行周密的计划与安排，从经费预算、人员安排（包括筹备人员和参展人员），到项目运作（包括调研、联络、展品、运输、设计、施工、宣传、公关、膳食住行）等都要统筹考虑。参展商要使自己的参展做到有备而来、满意而归，可以归纳为以下几句话：谨慎选择、及时决定、用心准备、完善服务。

参展商在展后要重视展会的一些后续工作，即对客户的跟踪调查、售后服务、参展效益评估、参展活动总结等。

3)展会观众

展会观众是会展主体的一个重要组成部分,按照展会观众的身份、目的的不同,可分为专业观众和一般观众两类。

专业观众是直接与参展者利益相关,为会展市场中关键要素的观众群体。他们或扮演供给方的角色,或成为需求方,因此,专业观众参加展会的目的直接与其业务相关。按照专业观众的参会目的又可以将其分为产品供需型和技术探求型两类。产品供需型专业观众以产品交易为最终目的,通常由市场人员组成,如采购员、市场部经理等。技术探求型专业观众则不以达成合约为目的,其观展的目的在于探求相关领域技术的发展状况,了解该领域的最新动态,该类观众主要由技术人员构成,如软件开发者、工程师、设计师等。

一般观众是出于兴趣和爱好来了解展会情况的群体。由于一般观众只是希望初步了解展会的情况,因此,许多展会,尤其是专业技术展会是不允许一般观众入场的,即使允许,也只是安排在展会的最后两天,而且,参展商通常不太重视一般观众,只有在消费类产品和服务的展会上,一般观众才得以重视。

5.2 会展营销策划的主要程序

会展活动由于参与主体较复杂,在开展营销活动时企业要不断协调自身系统以适应需求变化的动态,企业内部的各职能部门也要统一协调,做好方方面面的工作。一般说来,在策划会展市场营销时,需要从会展营销调研、会展营销的目标市场定位、制订营销计划、实施营销计划以及营销效果评估等方面进行,这也是会展营销的主要程序。

5.2.1 会展营销调研

销售任何产品,都要在了解自身产品的同时,进行详细的市场调研,这是进行市场营销的第一步。会展营销也同样如此,会展企业在进行营销时首先要对以下几个方面进行调研:

①目前国际、国内该行业发展状况,如举办一个广告设备展,必须了解国际、国内广告设备行业的发展状况。

②了解本行业的行规及相关的法律法规,这样可以有效低举办会展的风险。

③了解当前国际、国内有无同类型的展会,若有,则对它们的举办地点、举办时间、规模、类别等都要进行调研。

④本次展会的优势分析。

值得指出的是,会展营销调研是会展策划与组织的重要环节。会展营销调研是为了提高营销人员的决策水平而系统地搜集、加工、分析以及传输数据资料,提出某些特定问题的相关结果的过程。会展营销调研的内容十分广泛,其调研方法也是多种多样的,此不赘述。

在进行会展营销策划时,策划与组织者需要明确会展营销的重要作用、主要内容,掌握会展营销调研的基本方法,综合考虑进行调研的整体安排与具体环节。

5.2.2　目标市场定位

在会展营销过程中,目标市场定位有两层含义:一是选择会展的目标市场;二是给所选的目标市场正确定位。

企业在选择会展的目标市场时,通常是选择那些具有大量的销售额、高销售额增长率、大利润幅度、微弱的竞争状态以及要求简单的市场销售渠道的细分市场作为目标市场。

会展目标市场选择的基本程序一般是大致确定企业的经营范围、进行市场细分、分析评价细分目标市场、确定目标市场选择策略,最后正确地选择目标市场。

会展市场定位从总体上讲,是一个国家或地区的会展业或会展企业或会展产品和服务在目标顾客心目中的位置。

从企业的角度来说,市场定位的关键在于:企业设计的形象与其在目标顾客心目中的位置相适应,只有这样,才能使企业的营销策略有的放矢,收到实效。

会展企业的产品和服务在消费者心目中的位置受很多因素的影响,包括消费者自身的一些因素,如消费者的学识、经历、收入水平、社会地位、性格等,都会在一定程度上影响其定位,同时,也包括企业方面的因素,如企业所处的位置、历史、外在形象等因素。另外,经济、社会、法律等外在环境也是影响因素。因此,企业的市场定位要结合实际情况,当条件发生变化时,定位及其定位策略也要做相应调整。

会展产品和服务的生产和消费在同一时间、同一地点进行,参展商需要到目的地国家或地区才能实现消费,参展商在购买展位前不能直观地观察到将要举行的展会情况以及将会购买到的产品和服务的具体内容,其购买决策往往取决于参展商对展会举办地、展会主办者和承办者及其以前所提供的展会产品和服务的印象,即展会举办地、展会主办者和承办者及其产品和服务在目标顾客心目中的位置。由此可见,会展业的市场定位不仅是企业本身及其产品和服务的定位,而且地区的市场定位占有十分重要的位置。

在实际进行会展市场定位时,不仅要仔细研究定位的依据,还要具体分析定位的对象。对不同的对象进行正确定位是策划时必须要考虑的。

5.2.3 制订营销计划

会展营销活动需要有计划、按步骤地实施,如果缺少计划,营销活动就难以实现。

营销计划是一份形成文字的反映营销目标、营销战略和行动方案的营销计划书,用来指导企业在某一特定时期内(通常为一年)的营销活动。会展业的营销计划多种多样,可以从不同的角度进行分类。按照时间的长短可以分为短期计划、中期计划和长期计划。其中,短期计划主要是单向营销活动的营销计划和一年以内的营销计划;中期计划是一年以上 3 年以内的计划;长期计划则是 3 年以上的长远规划。

会展营销计划的内容通常会因为活动的复杂程度、持续时间的长短以及重要性的不同而有所不同。一般来说,一个有效的营销计划的内容应该包括:计划摘要、计划的建立原理以及会展营销活动的执行内容等。

1)营销计划的摘要

营销计划的摘要是说明会展营销活动总体目标以及计划具体内容概况的文字。计划摘要应该简明扼要,使阅读者大致了解计划的目标以及计划内容的全过程。

2)营销计划建立的原理

对于一个以现代营销观念为指导的会展企业来说,需要全体员工树立现代营销观念,了解企业的经营思想、经营战略,以便发挥创造力。市场营销计划建立的原理阐述营销计划所建立的基础,即所有的事实、分析和假设。它为有关的活动和人员提供一些必要的原始资料。原理阐释包括状况分析和企业所选择的市场营销战略两个部分。

3) 营销活动的执行内容

在构建一个有效的市场营销计划时,需要对有关内容做详细安排,涉及很多步骤。在营销活动的执行内容中,需要写明所有有关的活动、任务、责任、成本、时间表以及控制和评估的程序。在这部分内容里,需要对所有的内容做详细说明,如果内容不详细有可能使一些计划在实施过程中对有些内容做较大更改,甚至导致延误期限、浪费资金或计划中断。当然,也要有一定的灵活性,对关键的尤其是不太确定的活动内容要留有一定的余地。

营销活动的执行内容主要包括:活动计划(活动责任、时间表和活动计划)、市场营销预算(目标市场预算、市场营销组合要素的预算、应付偶然事件的资金)、控制程序(每一次活动的期望结果、进展报告及其测量)、评估程序(测量、履行标准、评估时间表)。

在营销活动的执行内容中,每一项内容都有一些具体的指标内涵,例如,市场营销的预算,其方法很多,包括量力而行法、销售百分比法、竞争均势法、目标任务法等。大多数企业采用目标任务法,即先制订一个市场的营销目标,然后,计算出与每一个目标相关的任务或活动的成本。在制订市场营销预算时,其中的应付偶然事件资金,一般说来应占整个营销活动的 10% ~ 15% 。这就要求在进行会展营销活动策划时,一方面必须熟悉市场营销预算的基本内涵,另一方面,还必须做到考虑周密、细致、全面。

5.2.4　实施营销计划

会展营销计划工作制订完成以后,会展企业或组织要根据自身的实际与营销计划的要求,设计出合理的营销组织机构,并明确各相关部门和人员的职责、任务。不仅如此,还要对计划完成情况及具体的营销活动实行严格监控,以确保预期计划的实现。

会展企业在实施和控制会展营销计划时必须注意以下问题:

①设立合理的营销组织,明确所有参与人员的权利与职责,充分发挥每个营销人员的积极性。

②按照"时时监控,及时改进"的要求,检查实际业绩与计划目标之间的差

距,采取积极措施,确保营销计划的顺利实施。

③每一次营销活动企业的期望结果是不同的,可以是提高知名度,或是扩大市场占有率、改变消费者态度等,有的放矢,才能使控制活动更加有效。

④要根据会展活动的进展情况制订每一个阶段的分目标,并且了解分目标的测量方法和测量程序。

⑤在实施营销战略控制时,会展企业要对整个企业或产品的营销环境、目标、组织、程序及方法等全部活动进行系统性的评价。

古人云:凡事预则立,不预则废。这是告诉我们,在进行会展营销项目策划时,项目的组织与管理者必须对营销计划的实施、监控、执行有科学合理的预案。

5.2.5　营销效果评估

会展营销效果评估分事前测试和事后评估两部分。事前测试主要有征求或随机采访与会者、参展商对各种营销活动的意见,小范围的营销效果对比试验等;事后评估是衡量是否完成营销目标的重要环节,在开展事后评估时要注意以下几个问题:

①潜在客户对展会的认知度如何。

②展会在参展商和专业观众心目中的形象如何。

③与会者、参展商或专业观众的数量变化情况。

④调查忠诚参展商、专业观众对本次展会宣传推广工作的意见和建议。

⑤营销计划是否有助于改进本企业的产品或服务。

可以说,测试与评估既是对会展项目营销效果的检验,也是对会展项目的策划与组织者所制订的各种方案是否具有科学、合理性的评定。

5.3　会展营销策划的策略与手段

5.3.1　会展营销的组合策划

会展营销属于服务营销的一种特殊类型,因而,会展营销组合策划可以借鉴服务营销策划的相关原理与方法。服务营销过程主要由七大要素组合而成如图5.2所示。

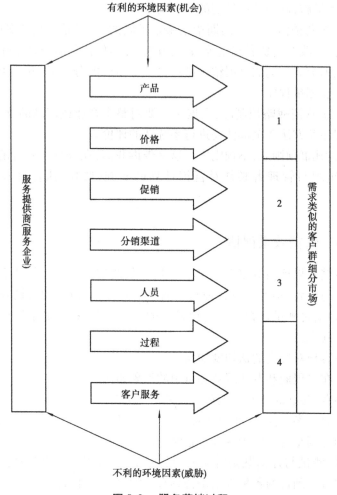

图5.2 服务营销过程

1) 产品策略

产品是指人们向市场提供的能满足消费者或用户某种需求的一切有形物品和无形服务。会展营销项目策划的产品策略主要从产品开发策略、产品组合策略和产品品牌策略3个方面考虑。

(1) 会展产品开发策略

会展产品的开发是企业长期生存的必要条件,也是会展企业保持活力和竞争优势的重要途径。在会展产品开发的项目策划中,策划组织者一般从以下两

方面进行:

第一,考虑资源重组。会展资源是会展产品开发的依托。会展企业开发新产品,必须更新资源观念,重新认识现有的会展资源,在充分利用、挖掘其资源优势的基础上,推动会展资源的优化组合。

会展资源组合可以从市场需求、经济效益以及关联性等角度来进行。

会展市场需求主要是指通过会展资源组合能够激发参展企业的参展动机,从而满足或创造会展需求。例如,在某些奢侈品消费需求旺盛的地区组织奢侈品展,对于该领域的生产、销售企业就有很大的吸引力。

从经济效益的角度分析,会展资源的组合要能够实现会展资源价值增值和利润回报,提高产业贡献率,这也是会展业作为经济产业发展的内在需求与动力。

由于我国展会项目呈现日益专业化的趋势,专业化意味着观众数量的有限,这就要求会展项目的策划者应注意研究各专业展会的内在联系,将相关主题的展会进行整合,使各方面都受益。

第二,考虑产品升级。由于会展需求的拉动和市场的不断完善,会展市场竞争不断加剧,必须通过产品升级战略不断营造新的会展产品来延长会展产品的生命周期,以满足会展消费者不断变化的市场需求。会展产品升级策略主要从提升会展产品形象、提高会展产品品质以及引入应用新技术设计会展项目产品等方面进行。

(2)会展产品组合策略

会展企业进行会展产品组合决策,一般有以下策略:

第一,会展产品组合扩展策略,即会展企业为扩展经营范围,扩大会展产品组合广度的策略。

第二,会展产品组合简化策略,即会展企业缩小会展产品组合广度的策略。

第三,会展产品组合改进策略,即会展企业改进现有产品,发展组合深度的策略。

(3)会展产品品牌策略

品牌展会是通过对展会产品进行卓有成效的品牌经营培育出来的,展会品牌经营是展会进行市场竞争最有效的手段之一。展会品牌项目策划本书有专节讨论,此不赘述。

2)价格策略

会展经营的项目是一种特殊的服务项目,会展项目的定价必然呈现出不同于其他行业的一些特点。因此,必须考虑会展行业项目自身的特点、市场需求的状况以及市场竞争发展的环境的多种因素,结合实际情况采用不同的定价策略。

对于任何一个会展项目而言,经营中的价格制订都包括4个有机组成部分,即会展企业所制订的价格应该能够弥补会展项目的成本、费用、税金,并且能获得一定的利润。

在会展项目中,常用的定价方法有:

(1)目标收益定价法

目标收益定价法是根据经营者在一定时期的预期利润,首先确定一个目标收益率,再根据要消耗的总成本和目标收益量来确定项目价格的方法。目标收益定价法主要由全部成本定价法、目标利润定价法、成本系数定价法和倒向分析定价法等。

(2)竞争导向定价法

竞争导向定价法是增强竞争能力、扩大市场销售率的有效手段。以竞争为导向的定价法密切注视和追随竞争者的价格水平为定价基础,以达到维持和扩大市场占有率和扩大销售量为目的。

(3)需求导向定价法

需求导向定价法是会展企业经常在实践中运用的定价方法,它是指依据参展企业的感受价值而不是会展项目的成本来定价。运用这种方法的关键是要估计在不同价格水平上的需求量状况,并把注意力集中在同既定销售目标相关的价格上。

灵巧的定价技巧是会展企业针对具体情况定价的科学性与艺术性结合的体现。针对不同的会展产品、参展企业、经营环境及不同的经营方式而灵活地变动价格,是保证会展企业价格策略成功的极为重要手段。会展业中经常使用的定价技巧有新产品定价法、心理定价法、折扣折让定价法以及差别定价法等。在会展项目策划时运用何种定价法,要根据企业的具体情况而定。

在会展项目的价格策略中,价格调整也是经常会运用到的。当会展企业所处的环境发生了变化,甚至开始影响到企业的经营时,会展企业必须调整价格。这也是适应市场竞争的需要。

3)促销策略

会展促销是指会展企业通过各种营销宣传手段,向参展企业传递会展项目与服务的有关信息,以实现会展项目与参展企业的有效沟通,从而影响参展企业购买行为的活动。

在进行会展项目策划时,选择促销策略要注意以下方面的内容:

(1)促销目标

促销活动涉及面是否广泛?是否有能力接触到不同类型的参展企业,同时完成多个目标下的任务?

(2)参展企业

促销活动向参展企业提供的是即时利益,还是延时利益?参展企业为了获得优惠条件,必须付出多大程度的努力?促销活动的所有条款是否具有灵活性?是否向参展企业提供了多个选择机会?目标消费者是否习惯会展企业的这种促销方式?如果不习惯,他们是否认为这一方式不合适?

(3)竞争优势

竞争对手最近是否也在使用该工具进行促销?竞争对手对于类似或更优的促销活动产生反应的速度如何?

(4)成本效益

促销活动预期的最大效益是多少?促销条款是否可以尽量减少促销费用?促销费用预测的准确程度如何?促销会不会使自己的服务承受过大的压力?在设计促销方案时,是否已考虑曾获利的参展企业的数量?

(5)要素整合

该促销活动能否和营销的其他要素(广告、人员推销、公关等)整合成一体?该促销活动是否可以增强会展企业的广告效果,或是有利于会展品牌的建立?该促销活动是否属于会展企业成功营销传统的一部分?

(6)可行性问题

为了取得促销活动的成功,管理者和服务人员要付出多大的努力?会展工作人员是否希望促销活动可以促进其经营任务的完成?会展企业的经营者能否控制促销活动全过程的费用和进度?在此之前是否具备类似促销活动的经验?在促销活动实施过程中和结束后,促销的影响时间有多长?

(7)效果评估

是否存在评估促销效果的标准,如何评估?是否可用较低的费用对促销效果进行评估,并与其他同类或不同类的促销评估进行比较?参展企业做出的反应是否集中在促销推出后很短的一段时期内,是否存在一些不相关因素降低了评估的准确度,或增加了活动的费用?

(8)法律问题

这一类型促销活动的实施是否存在法律上的约束?

4)分销渠道策略

所谓分销渠道是指会展项目在策划、设计完成后,其使用权被参展企业认购的途径。它的起点是主办、承办单位,终端是参展企业,中间各种途径均可称为分销渠道或市场通路。

会展项目的分销渠道主要有代理制、合作制以及部门制等。

在选择代理制分销渠道策略时,不仅要加强对代理商的管理,还要对代理商进行有效的控制与激励;合作制渠道的核心是整合会展营销资源,寻求赞助单位,建立营销网络等。

对于会议、论坛等会展项目来说,常见的分销渠道有专业媒体、行业协会或组织以及专业代理机构等,其渠道往往可以和招展、招商渠道共享。

对于展览会来说,其分销渠道主要有展览公司的项目小组、展览会所属行业的协会、商会、专业媒体代销以及专业代理机构。会展企业应根据展会的性质、生命周期阶段等具体情况来选择合适的分销渠道。

5)人员策略

较大的会展企业一般都会设置专业的营销人员和独立的营销部。不同的营销人员负责不同的细分展会市场。具体到人员配备上,营销部内部有许多不同类型的职位,主要有市场营销部总监、销售部总监、销售经理、销售代表以及文员等,每个职位有着不同的职责。

在选择会展项目营销的人员策略时,最重要、最有效的就是人员推销。个人营销访问能够有效地展示会展企业的详细情况,立即回答潜在参展商提出的各种问题,并能观察潜在客户的反应,及时应对。

个人营销访问包括访前计划、开始营销访问、争取潜在客户的参与、介绍自己的展会、处理异议、结束营销访问、后续服务等步骤,都是人员推销所必须注意的。

6)过程策略

过程策略主要包括以下几种方法:

①将展会的过程分成若干步骤,并识别哪些步骤可能会因为选择偏差而造成重大失误。

②根据复杂性和偏差对展会全过程进行分析,努力使误差保持在一个理想的范围内,常用的改进策略有服务标准化、给予营销人员较高的自由度等。

③运作管理是企业中的一个传统部门,且决策一般偏向于运作,因此,会展营销人员应该积极主动,以期更大程度地影响会展公司运作部门的决策。

④推进全面质量管理(TQM),提高参展商和专业观众对展会的满意度。

7)顾客服务策略

从理论上讲,与顾客达成交易之前、交易中和交易后的一切沟通活动都可以是顾客服务。随着会展业竞争的日益加剧,越来越多的会展公司意识到必须通过提升对客服务来维持竞争优势。

参展前的顾客服务主要考虑的因素有:顾客服务政策、顾客服务的过程设计、技术与人力支持以及与参展商沟通等;参展中的顾客服务主要考虑的因素有:时间安排、现场服务水平、服务环境以及其他配套服务等;参展后的顾客服务主要考虑的因素有:各项保证、投诉处理、更新数据库、展会质量评估以及建立长期关系等。

5.3.2 新型会展营销策略

1)绿色营销

会展业的绿色营销是指会展企业在整个营销过程中充分体现环保意识和社会意识,向参展企业和消费者提供科学的、无污染的、有利于节约资源和保持生态平衡的会展项目服务。

在策划会展绿色营销时,应把握以下环节:

(1)树立绿色营销观念

会展业是服务行业,与工业产业相比,对生态环境污染较少,但是,这并不是说会展业的发展不会对生态环境造成不利影响,其实,展会活动所使用的设备和设施、展会期间参加者的餐饮和其他消费活动等都有可能造成对资源的浪费与不合理使用,不利于生态环境保护。因此,必须牢固树立绿色营销观念,在展会的策划、设计、服务过程中贯彻这一观念。

(2)塑造绿色形象

绿色形象是指企业通过对社会大众的一种自身形象宣传,表达自己对环境保护问题的重视意识,从而在公众心目中塑造良好的形象。

会展企业塑造绿色形象主要体现在:在会展经营的整个过程中,保护水土资源和矿产资源,使用可再生资源,通过营销创新,强化环境以及会展文化意识。

(3)获得绿色标志

绿色标志也称之为环境标志、生态标志,是由政府部门或公共社会团体依据一定的环境标准,向有关企业颁发的证明。世界上主要的环保标志是德国的"蓝色天使"、日本的生态标志以及中国的绿色食品标志等。绿色标志是企业向社会证明其环保行为的一个重要标准。

(4)考虑绿色设计

绿色设计是指企业在产品设计的环节,考虑产品的拆卸、分解、零部件重复利用、再回收利用、低耗能、低污染等功能,以节约资源,减少对环境的不利影响。

会展的绿色设计主要表现在:在会展项目的开发和主题设计上以环保的行业、产品为中心。会展公司与提供绿色餐饮、注重能源节约的饭店合作,餐厅应推广有机食品,餐厅的服务人员多为顾客推荐营养搭配合理、有利于身体健康的绿色食品,为顾客设置空气条件好的不吸烟客房等,为参展商和观众提供绿色产品和服务。在展览场馆,设计安装有利于能源的使用、资源的节约、废液和固体垃圾的限制和处理的装置。

(5)使用绿色包装

绿色包装与传统包装不同,绿色包装使包装成为产品的一个重要组成部分,在产品包装的外形、材料、颜色等方面更适合消费者的视觉感受和环境保护的要求,而传统包装则忽视其美观、精致、易分解、再利用等功能。

会展企业的绿色包装主要表现在:会展场馆的建设和展台的布置要避免或减少对不可再生资源的使用,会展场馆的外观要与周围环境协调,在场馆内通过绿色植被、观赏性花卉、人工瀑布等布置营造绿色环境。会展场馆的内部交通,要尽量使用以太阳能为能源的车或人力交通工具,避免场馆内环境污染。会展企业的赠品等有形产品采用天然植物纤维为主要成分的纸袋,它可被微生物分解,不易造成污染,可回收利用。

(6)提倡绿色消费

绿色消费与一般消费不同,绿色消费一方面有利于生态环境的保护,另一方面有利于人们的身体健康。会展企业通过生产经营绿色产品、宣传绿色产品等方式推动绿色消费行为。由于生活观念的改变,人们不再以消耗大量能源、资源来换取舒适的生活方式,而开始关心环境、关心自然、崇尚健康的生活方式,希望在增加生活消费品的同时,节约能源、保护环境。

绿色营销追求经济效益、社会效益和环境效益的统一,既能满足当代人的需要,又不贻害后人,因此,作为实现会展业可持续发展的有效途径,绿色营销无疑将为现代企业的会展营销活动开拓广阔的市场。

2) 网络营销

网络营销是一种为了满足会展企业、会展场馆、参展商以及会展产品消费者的交易愿望,通过 Internet 为主的各种电子通信手段的一种新型会展营销方式。

与传统的营销相比,网络营销具有很大的优势,主要有:不受时空限制,参展商和观众可以获得最新的信息;网络营销的范围具有全球性,客户只要能上网就可以在任何地方随时查阅展会的相关信息;网络营销具有交互性;客户可以通过网络及时反映自己的参展信息,预订展位;可大幅度降低营销成本,降低或取消设计、印刷、传真、直邮等方面的成本;增强办展(会)机构和参展(会)企业的协作关系。

网络可以应用于会展营销活动的方方面面,在会展项目策划运作中被广泛应用的有:

(1) 报名

在展会活动中,报名是第一步。网上报名可以让出席者直接在网上填写申请表,浏览展会详情。运用网上报名的一个最大优点是能将所有报名资料都汇总在一起,使主办方拥有一个不断更新而准确的报告。在现代会展活动的实际操作中,运用 E-mail 的形式将参会(展)回执表寄发给目标受众是最常见的方法如表5.1所示。

(2) 住宿安排

除了让出席者报名之外,还可以引导代表团在网上预订旅店。一般可以把免费团体住宿安排应用软件、网上预订工具和报名数据库结合起来使用。不论何种情况下,都可以让展会出席者在网上预订房间。

(3) 预算与综合成本

展会组织者可以通过一系列的网上预算工具来计算展会支出。在大多数情况下,预算申请可以帮助展会组织者比较预算和实际成本。

(4) 网上会展

网上会展将传统的商务流程电子化、数字化,一方面以电子流代替了物流,大大减少了人力、物力,降低了成本,提高了效率;另一方面,通过网络系统将组织者、参加者和观众联系起来,各主体间的沟通呈现立时互动的特点,并摆脱了时间和空间的限制,为会展经济的发展带来了广阔的前景。网上会展有着鲜明的特性,如表5.2所示,在进行相关项目策划时要把握特性,细致安排。

表5.1　参会回执表

姓　名	单　位	职　务	性别	电　话	传　真	手　机	E-mail

您想参与的 专题论坛	月　日上午	×××　板块	□
	月　日下午	×××　峰会	□

行程安排:1.到达时间＿＿＿＿＿　　　离开时间＿＿＿＿＿

　　　　　2.交通方式　□飞机 (航班号:＿＿＿)□火车　□汽车　□自驾车

　　　　　3.是否参加　月　日的参观活动　　　□是　　□否

参会费:　1.　　　元,含会务费、中餐费、晚宴费、会议礼品、会议资料、参观门票。
　　　　　月　日前确认参会并汇款优惠10%,
　　　　　月　日前确认参会并汇款优惠5%。

备注:　　1.回执表请于××年×月×日前回传至组委会
　　　　　2.组委会咨询电话:×××××××××

会务金额:　　　　仟　　　·佰　　　拾　　　元
交费方式:
银行汇款
开户银行:
户　　名:　　　　　　　收款人:
账　　号:　　　　　　　邮　编:

　　　　　　　　　　　　　　　(单位盖章)

表5.2　网上会展与传统会展的特性对比

特　性	网上会展	传统会展
组展手段	网上发布信息,辅以在其他媒介上宣传	文件、传真、电话等,辅以电子邮件和互联网
展出场所	虚拟空间	实实在在的场地
展出手段	文字、图片、声音、动画等,通过逻辑说理宣传企业形象和产品形象	实实在在的产品,以直观的形象展开对外宣传
信息发布范围	世界各地、非定向发布	有限范围、定向发布
展出期限	一般有开始展出的日期而没有确定的结束时间,理论上时间是无限的	一般有固定展期
观众范围	面向广大网民,网民遍布世界各地	面向特定区域或特定专业人士,有的只面向专业观众
参展费用	仅需支付远程登录费	需支付展品运输费、场馆租金、施工费用、人员费用等
交流方式	仅靠电子邮件、聊天室完成彼此间的交谈、磋商	为展览活动参与者提供面对面交流的空间和机会
契约方式	依赖数据信息、电子文件等完成组展者、参展商、观众之间的约定和责任	依靠书面材料证明契约的达成和执行

(5)专业会展网站

专业会展网站按照创办机构的类别可分为会展综合信息网站(如"中国会展网")、会展中心网站(如"上海新国际博览中心")、大型展会网站(如"中国国际家居博览会")和会展企业网站(华博联合网)。不同的会展网站所提供的信息与资源都有差异,在营销策略上也各不相同。

3)国际营销

随着经济全球化和互联网的兴起,现代会展业正日益成为全球信息交流、技术进步和商品交易的重要载体,成为与信息通信、交通运输、城市建设、旅游休闲、宾馆餐饮、广告印刷等关联度极高的综合性服务贸易行业。会展经济国际化的趋势正进一步加强。

展会全球化营销策略主要集中在如何有效拓展营销信息渠道,利用现代化的交流沟通工具为展会服务,并在有效控制成本的基础上,实施营销计划,达到吸引国际参展商,组织国际观众的目的。

5.3.3　展会营销的常用手段

展会的主要营销对象包括参展商、专业观众、政府部门和新闻媒体等。由于每一个展会项目营销目的各不相同,因此,在营销手段上也有一定的差异。除了展会本身的营销方式之外,下面介绍一些常用的展会营销手段。

1) 广告

广告是展会营销的重要手段。

由于分类标准和角度各异,导致广告的种类很多。最常见的分类是按照传播媒介进行分类,主要有报纸广告、杂志广告、电视广告、广播广告、网络广告等。

常见的各类广告的特性及其应用可参见本书在会展宣传项目策划中的相关内容,在此不赘述。

2) 新闻发布会

展会主办者常用的媒体策略有举办记者招待会、提供新闻稿件、邀请记者采访等,而新闻发布会以其巨大的影响力成为最受青睐的一种营销策略。新闻发布会是利用新闻媒体进行展会营销宣传的一种重要方式,这种方式的营销既节省费用,又往往能取得较好的宣传效果。

对于展会的主办者来说,举办新闻发布会应注意以下几点:

①突出介绍展会项目的重要意义,如对推动地区经济的作用、价值等。

②强调该展会项目的特色,将展会的闪光点传达给媒体。

③强调该展会的创新之处与理念,以激发参展商和专业观众的兴趣。

④邀请与选择熟知该展会项目的运作人员进行新闻发布,该新闻发言人要落落大方、善于言谈,保证有关信息能清楚、准确地传达给媒体以及相关参会人员。

⑤提供高质量的新闻稿,以供媒体人员选用。

3) 直接邮寄

利用邮政系统进行宣传是展会营销的常用手段。直接邮寄从广义上说也是一种特殊的广告形式,但是,和电话销售、网络推广一样,由于它们在展会营销中具有鲜明的特点,因此,这里为与通常意义的广告相区分进行分别说明。

直接邮寄在范围上可大可小,在时间上可长可短,而且目标能够选择,费用相对低廉;在投递方式上,既可以随报刊夹送,也可以由专业邮递公司或根据目标受众名录寄送等。有资料显示,在所有会展营销手段中,直接邮寄的成效最好,因此,广受展会主办者的青睐。

直接邮寄在策划时要把握以下问题:

(1)邮寄名单

直接邮寄的名单可以来源于客户数据库,也可以通过相关目标受众的信息检索获得。在邮寄之前要将邮寄对象明确分类,如分成忠诚客户、潜在客户、专业观众、政府官员、演讲嘉宾、新闻媒体等,确保轻重有别、无遗漏。

(2)邮寄内容

邮寄的内容是丰富多彩的,可以是宣传海报,也可以是展会的手册;可以是邀请函,也可以是调查问卷等,这需要展会组织者精心准备。

对参展商,除了介绍参展程序外,应着重强调展会的观众组织计划和配套服务。对于重要客户,还要附上展会组委会主要负责人的亲笔签名。

对专业观众,应强调参展商的数量、档次以及主办方能提供的洽谈环境,同时寄送参观指南、邀请函和入场券。

对媒体记者,要邮寄有价值的新闻材料,如展会的创新点、参展商的档次与数量等。

(3)邮寄时间

邮寄材料的时间要恰当,寄得太早,对方领导人往往容易忘记;寄得太晚,往往又来不及准备。一般说来,邮寄给政府官员和演讲嘉宾需提前2~3个月的时间,而大型的公司往往在年末就制订好了下一年参加展会的计划,这些都是展会组织者须加以考虑的。

(4)邮寄方式

选择合理的邮寄方式不仅能提高工作效率,而且还能使一部分参展商或专业观众感受到自身的价值。

一般情况下,展会组织者都会采取"邮资已付"的方式,这种方式属于批量邮寄,不仅便宜,而且方便。对于重点客户和VIP参会者,往往采取特快专递的形式,既安全稳妥,又体现出主办方的郑重。

4）电话销售

一般来说，展会组织者采用电话销售的方式主要针对的是新客户，销售人员应该做到态度恭敬、落落大方，第一印象非常重要。

当客户不能立即做出决定时，销售人员应多询问、多聆听、多思考，并能自信、关切地给予建议。当客户就参展问题发表意见时，应虚心听取，并能从客户的角度做出合理的解释，让他们明白参加该展会的益处。当客户有意参加该展会时，应更进一步激发客户意愿，做出合理承诺，争取早签协议。当客户签订了参展协议后，应首先对客户表示欢迎和感谢，并且按承诺表示忠诚履行协议，增强信任感。

值得注意的是，即便是遭到客户的拒绝，销售人员应该同样是谦让有礼，给客户留下良好的印象，以期为将来的展会工作打下基础。

5）网络推广

联合国新闻委员会1998年5月举行的年会正式提出"第四媒体"的概念。1998年6月的法国世界杯、克林顿绯闻案，万维网以其特有的超文本性和交互性，第一次压倒报刊、广播、电视等传统媒体，确立了"第四媒体"的地位。网络媒体以其强大的优势为营销活动提供了十分便利的平台。

在会展营销活动中，运用网络推广可以建立与客户以及目标受众的直接沟通渠道，可以提高自发的口头传播效率。会展营销的网络推广其主要形式有：

（1）主页式

企业通过申请获得域名，并制作主页。在这个主页上可以自由发布有关展会信息。该方式不仅可以进行企业形象识别（CI）的宣传，并可以在此基础上进一步发展企业的电子商务系统。

（2）网页嵌入式

由于网络媒体可提供多媒体特征，诸如全色彩画面、声音、录音、快速浏览、访问、查询等，因此，企业可以在门户网站上嵌插广告条，展会在需要向公众发布新的信息时运用这种方式，绩效比较显著。

（3）电子邮件

运用电子邮件推广的好处在于，它可以根据展会的不同特性，有目的地向目标客户发送电子邮件，成本低而且效果好。市场分析师很早就预测到，E-mail将逐渐成为企业最主要的销售工具之一。

6) 代理商

常见的招展代理形式有：

(1) 独家代理

独家代理即在保证一定摊位数的基础上，展会组织者在一个地区只选择一家代理商，而且办展单位不得在该地区招展，然后不管是否由代理商直接招来，所有来自该地区的摊位都记入其招展业绩中，统一支付佣金。

(2) 多家代理

多家代理指办展机构在某一地区同时委托几家机构甚至个人作为招展代理商，而且自身也可以在该地区从事招展活动。采用这种代理方式要精心策划，以免混乱。

(3) 承包代理

承包代理指招展代理商承诺完成一定数量的展位销售，且不论是否达到既定的数量，都得按照事先商定的展位费付款给办展机构。这种代理制风险较大，同时，所获得的权利也最大，佣金比例也最高。

(4) 排他代理

排他代理指在一定时间内，针对某个或几个具体的展会，主办机构在某一地区只选择一家招展代理商，但自身也可以在该地区招展。对于国内办展机构，寻找国外代理商时一般采用这种形式，可以收到良好的效果。

选择招展代理商时还要注意以下几个原则：

①要选择在业界有良好信誉的代理商，这样容易建立互惠互利的合作关系。

②选择代理商时要弄清楚该代理商是否具备雄厚的经济实力以及比较完善的客户网络，以确保有足够的能力完成招展工作。

③签订协约条款要清晰，如对权责利的说明。有时候还要代理商支付一定数量的保证金，以有效控制代理商的相关行为。

一般来说，在确定了代理商之后，办展机构必须加强与代理商的沟通和联系，并规范对代理商的管理，以保证代理工作的有效性。

本章小结

会展营销是"综合性与专业性相结合"的营销活动。尽管会展项目的主题定位有很多是综合性的,但是,针对具体行业的专业展,会展专门项目越来越多已成为会展发展的趋势。各行业的具体单位以及政府部门、有关协会机构等是会展营销活动的主体。由于会展行业是由展、会、食、住、行、游等要素组成,因此,会展市场营销还会涉及社会的各个方面。由于会展的新兴行业性特点,它决定了现代会展营销将在营销的理念、主体、手段以及内容上都具有创新性。这就要求在进行会展营销项目策划与组织过程中要能把握不断变化的营销环境,积极运用各种新技术和新的理论研究成果,创造性地运用会展营销的手段,提倡个性化服务,进而达到预期的营销目的。

复习思考题

1. 简述会展营销的内涵与特点。

2. 从营销创新的角度来看,会展城市、会展企业和专业媒体是否都是会展营销的主体,为什么?

3. 简述会展营销的主要程序。

4. 会展项目策划者是如何考虑会展产品开发策略的?

5. 新型会展营销有哪些营销策略?

6. 展会营销的常用手段有哪些? 试具体进行分析。

实　训

阅读下面的材料并请回答:推动展会营销最有效的手段有哪些?

近年来,展会的形式越来越受到企业的重视,国内各种名目的商业展会发展的异常迅猛,其信息也不断见诸于新闻报道或广告宣传中。展会不但在数量上,而且在规模上都已达到了空前的水平。对于承办展会的企业来说,有必要对展会的特点、规律和操作技巧进行分析和研究,以有效服务于广大参展企业、参观者、展会主办者等各自不同的需要。

首先,展会应有明确的目标受众。受众的地区分布、职业分布、所属单位、对参展企业的产品是否具有支付能力,这些明确的资料在招商时都应提供给有意向的参展商,让其了解参加展会的实在优势,以帮助他们坚定参展信心。

其次,承办展会还应考察展会主办者的背景、主办能力、水平和信誉如何等因素。一个好的或是优秀的主办者能够给承办者提供一系列的优惠条件,帮助承办者快速、有效、高质量地完成整个展会工作,而不会互相推诿,事后落井下石。

第三,展会举办的时机是否合适。如果同时或不久前有一个或几个同类型的展会举办,那参展者或参观者就会大量减少。另外,如果是承办产品博览会,对于一些季节性比较强的产品,或者对一些流行时尚性商品来说,展出的时间应与商品的销售季节或流行时间相一致,或稍稍提前。

第四,预测参展企业有哪些,这些企业的档次、规模、知名度如何,并以此为依据,预算展会的基本消费成本和最大销售成本。

第五,展会举办的地点是否合适。展会举办的地点大多选在信息辐射能力较强的大城市,或某种商品的产地,或交通便利、四通八达的商品集散地,或进出口口岸城市,或旅游风景区。展会地点选择的好坏,对有效参展企业和参观者的数量的多少有直接影响。

第六,为扩大展会的影响力,应提前预约新闻媒体和记者前来采访造势。在展会举办过程中,新闻媒体也应不断地出现在展会现场,各种新闻报道见诸报端或电台、广播、网络等,进一步加强参展商对展会的信心,提高承办者在企业中的知名度。

案例分析

大卫雕像落户宁波:城市会展营销策划经典之作

大卫落户宁波事件,成为第十届宁波服装节推广活动的最大亮点;同时,也使宁波国际服装节声名远扬,被有关权威机构列为 2006 年度中国十大节庆活动榜首。

最近一段时间,意大利"大卫"雕像 1:1 复制品首次永久性落户浙江省宁波市,使这里迅速成为国内外媒体关注的焦点,海内外诸多媒体报道了该消息。

网络上用"谷歌"、"百度"搜索相关新闻,分别超过30万条。

与此同时,"大卫"雕像受到宁波市民和外地游客的热烈欢迎,人们争相到现场一睹"大卫"风采,一股"大卫"经济热也在宁波掀起。三江夜游的一艘游艇正在申报命名为"大卫号",著名的"三江名府"饭店更名为"大卫名府",还有"大卫经济促进会"、"大卫国际贸易公司"、"大卫文化传媒公司"、"大卫旅行社"、"大卫健身美容休闲中心"……一批与之相关的公司、产品、高档会所纷纷被抢注。

全国各地的专家、学者也齐聚宁波,专题研讨"大卫"落户宁波之举。不少专家、学者认为这是宁波经济发展取得较好成绩后,开始用城市文化引领新一轮的都市经济热潮,在发展城市经济的同时,开始高度关注和形成自己的城市文化。也有专家认为,宁波利用2006意大利·中国友好年之际,策划如此重大的城市文化活动,是国内城市会展营销推广的一个经典之作。

"大卫"落户宁波,令国内各城市称赞、羡慕不已。2007年上半年,宁波将回赠意大利佛罗伦萨一对南宋复制石刻,把宁波的城市文化带到意大利,甚至整个欧洲。这对宁波城市的对外影响、对宁波品牌打响国际市场将起到推动作用。

浙江万里学院一位营销学教授认为,单纯从市场销售及宣传效果分析,"大卫"落户宁波的创意之举,商业价值超过5亿元。随着后续活动的推进,宁波城市及宁波品牌的推广必将进入一个良性发展轨迹。可以说,此举与瑞典的哥登堡号登陆中国有异曲同工之妙。瑞典利用这只400年前登陆中国的仿制船,400年后吸引了中国13亿人的眼球,在中国上演了一次成功的瑞典国家营销。

据悉,"大卫"落户宁波,已成为2006年度中国十大策划经典案例。"大卫"落户宁波创造了多项中国第一。同时,整个事件的策划、推广、实施及后续都做到了近乎完美的标准,因此,既受到宁波市民的热烈欢迎,也获得外界的一致好评。

意大利佛罗伦萨与中国城市的交往并非只有宁波一个,而且有关系更为密切的友好城市、国际大都市。两市能够促成此事,能够成功实施策划的基础是双方城市有许多类似性,更能引起人们的共鸣。两市都是历史文化悠久的名城,一个是7 000年河姆渡文化孕育、海上丝绸之路的起点城市、现代化的港口城市、服装之都;佛罗伦萨作为文艺复兴时期的代表城市、现代最著名的时装之都,雕像所蕴涵的人文意识与"诚信、务实、开放、创新"的宁波精神相符合。"大卫"身上不仅散发出一种顽强、坚定和正义的精神气质,而且鲜明地呈现出务实和创新的精神。两个城市的策划者能够深入地分析两个城市如此相似的文化和城市类似性,为"大卫"落户宁波事件的成功打下了良好的基础。

"大卫"落户宁波的成功策划还在于策划者精心将活动融入到已举办 10 年、在国内外享有很高知名度的宁波国际服装节中。从开始的新闻发布就受到以往关注服装节媒体的青睐。后来的进程也表明,宁波服装节的借势让"大卫"落户宁波成为第十届服装节推广活动的最大亮点,同时也使宁波国际服装节更加绚丽多彩、声名远扬,被有关权威机构列为 2006 年度中国十大节庆活动榜首。

策划者更高明之处在于还有后续篇,就是 2007 年宁波将代表本土文化的南宋石刻复制品赠送给意大利佛罗伦萨市,可以说,将此事件营销又推上一个高潮。这种互动的交流,促使宁波逐渐显现出国际化城市的影响,经济上的合作与交流也将有更多机会。这种在策划上跨越年度,分为上、下两段也是一个独创的策划。

让人感受更为深刻的,在整个事件策划实施中始终给人一种立体的感觉。不单是件艺术品进来,更多的是引发了宁波都市文化热潮及后来的"大卫"经济热潮等。不但有政府在策划运作,更有市民积极主动地参与。经营者的经济开发及文化专家的评价建言,这种立体式的互动让"大卫"落户宁波持续发挥影响,成为一个城市文化的新榜样。

可以说,这个成功的城市策划案例,让宁波这座国际化的商务贸易名城变得更加清晰,相信宁波将以此引来更多的国际元素加入。

资料来源:任建华,《中国展会》,2006.12

分析:

城市雕塑作为城市文化的载体,体现着一个城市的文明,彰显城市的艺术个性,是城市形象的一个重要组成部分。大卫雕像落户宁波,进一步提升了宁波城市的艺术品位,将扩大宁波城市的国际影响力,增加旅游资源,推动开放型经济发展。该会展项目的策划者充分地认识到了这一点,因而,"大卫雕像落户宁波"事件的成功与轰动就不言而喻了。值得一提的是,这一项目策划融入了策划者非凡的创意才能——将古老的优秀文化遗产激活,恰当地运用于现代会展营销之中,从一个沉寂的文化事件升格为一个热门的会展营销事件,从而达到了会展营销中的"眼球"效应。

第6章
会展服务策划与专业观众组织

【本章导读】

会展服务是主办方或承办方在会展前的策划准备、会展期间的实施以及会展后续服务的过程中展现出的一种行业规范。会展服务渗透于会展的各个环节——会展报名、会展的议题、会场的选择,会展的筹备、会展的策划、会展的日程安排、与会者的膳食、会展布置、现场服务以及会后的后续工作等。一个展会要想获得成功,周密地策划展会服务工作是关键。由于专业观众在展会举办中的重要地位,办展机构一般对专业观众的服务组织工作尤为重视。

【关键词汇】

会展服务 礼仪规范 方案策划 专业观众组织

6.1 会展服务的概念与礼仪规范

6.1.1 会展服务的含义与特点

1）会展服务的含义

服务业又称第三产业,指国民经济中能提供服务、取得无形收益或创造财富而不生产有形产品的产业部门。会展属于服务业,会展服务有广义与狭义之分。

（1）广义的会展服务

广义的会展服务是指会展企业和与会展相关的企业向会展活动的主办者、承办者、与会者、参展者、客商以及观众所提供的全方位服务,包括会展策划、会展筹备和组织、会展接待、会展文案制作、广告宣传等各方面的服务。

在广义的会展服务方面,以会展服务企业为主体,但其他相关企业如宾馆、旅行社、银行、广告公司、保险公司等,都可以在会展活动中提供有特色的服务。

（2）狭义的会展服务

狭义的会展服务是指在会展活动中,由主办方或承办方向与会者、参展者、客商以及观众所提供的各项服务,主要包括采访、接待、礼仪、交通、运输、后勤、旅游、文书、通信、金融、展台设计、展具制作、展台搭建等方面。

狭义的会展服务项目主要是由主办方或承办方提供的,或者通过主办者或承办者提供的间接服务。如展会期间的金融和保险服务,可由主办方或承办方提供代理服务。这里所说的会展服务主要是指狭义的会展服务。

2）会展服务的特点

会展是特殊的服务行业,核心本质是服务。会展服务具有专业性、人文性、综合性、时尚性、协调性等特点。

①专业性。参与会展服务的人员必须掌握足够的会展专业知识。只有明确会展的业务性质、范围、工作流程、职责要求以及服务标准,才能很好地完成会展服务工作。

②人文性。中国古代典籍《易经》中就有对"人文"的诠释:"文明以止,人文也"、"观乎人文以化成天下"。"人文"强调对人的关怀,强调个性化服务。在会展服务中,人文性贯穿于展会的整个过程——会展报名、会展的议题、会场的选择,会展的筹备、会展的策划、会展的日程安排、与会者的膳食、会展布置、现场服务以及会后的后续工作等无处不在。

③综合性。要做好会展服务工作,需要综合素质好、能力强的专业人员。因为会展服务的对象特殊而又复杂,参与会展服务的人员不仅要掌握政治、文化、营销、礼仪、服务心理等现代服务理论,而且,还必须掌握接待礼仪、会话艺术、餐饮文化、现代设施及设备的使用等服务技能。

④时尚性。会展服务的性质、场所与时代经济的发展密切相连,因而,服务的形式与内容都要求时尚、有现代感,给所有参加展会的人留下深刻的印象。

⑤协调性。会展服务所涉及的部门很多,各部门需要通力合作、协调共进才能提高服务效率,达到共赢的目的。

6.1.2 会展服务的种类

会展服务有不同的分类法,有付费服务也有免费服务;有展前、展中服务,也有展后服务。按服务的内容可以将会展服务分成以下几种:

1)广告宣传类

现代会展广告宣传服务的项目很多,品牌与产品形象的广告宣传比较复杂。围绕会展现场的相关服务有派送宣传活动的宣传品、服务手册,提供会展现场的招贴广告、证件吊带广告、入场券广告等。

2)信息咨询类

信息在现代会展中的地位越来越重要,从传播学的角度来说,会展是一种物质、精神信息的传播交流交易活动。信息服务包含的内容多种多样,如提供会议简报、展会动态、处理提案和议案等。

3)秘书礼仪类

秘书礼仪服务在会展活动中是最常用的,如文印、文案写作、会议记录、报到签到、资料分发、礼仪引导、庆典礼仪、会展模特等。

4) 设计安装类

会展活动离不开设计安装服务,从展台、会场的设计到展具展架订制、搭建布展、设备安装、撤展等都需要专门的服务机构。

5) 运输仓储类

随着展会的区域化、国际化趋势,会展物流服务工作日益重要。这方面相应的服务有提供展品、展具,展架的包装,运输,通关,搬运,仓储等。

6) 设备租赁类

如向参展商提供音视频会议系统、电视墙、视频数字投影仪、音响扩声系统、灯光表演系统、同声传译系统等设备的租赁、安装、调试服务。

7) 休闲娱乐类

在展会活动中,安排文艺表演观摩、体育比赛、电影录像,安排打高尔夫球、卡拉 OK 等活动,让观众、嘉宾休闲娱乐也是常见的服务形式。

8) 观光考察类

观光考察服务是指现代展会通常在会展活动期间或展会结束后,结合会展活动主题安排商务考察、文化考察、观光旅游等方面的服务。

9) 后勤保障类

展会后勤保障方面的服务主要有为参加对象提供食宿安排、茶水供应、票务联系、展品保护、现场急救等。

从某种意义上来说,服务水平的高低,往往决定着会展活动的成败。因而,增强服务理念,提高服务水平,搞好服务反馈,为参加展会的各方提供优质、高效、满意的服务是现代展会举办者追求的奋斗目标。

6.1.3 会展服务的原则

世界上最大的服务企业 IBM 对服务是这样阐释的:

服务并不是能够接触到、看得到或感觉得到的有形产品,而是一种无形的行为和绩效。简单地说,服务是行动、过程和表现。

服务有自己的特性,服务的关键词是"行动、过程和表现"。会展作为服务业的一种,它具有一般服务的原则,同时作为一种专业性很强的行业,会展服务又有着自己具体的一些原则。

1)以顾客为中心

企业服务营销最重要的战略就是"关注客户"。这就意味着所有的服务战略都必须关注客户,服务战略的事实也需要了解他们对客户的影响。策划组织者关于新服务和沟通的决策要融入客户的观点。

从会展主办方的角度来看,在会展服务中,如果说参展商是客户,那么,参展、参会者都可以视为会展主办者的"顾客"。会展服务应该首先树立以顾客为中心的原则。

一般来说,顾客总是期望完美的、规范化的服务,这就要求会展服务的提供者要充分了解顾客的期望,选择正确的服务设计和标准,按标准提供服务,服务的绩效与服务承诺相匹配。

例如在展会服务过程中,常常会遇到顾客的不满与抱怨,以顾客为中心的服务原则应该是欢迎与鼓励抱怨。抱怨是应该被预期、被鼓励和被追踪的。抱怨的顾客应该真正被当做朋友来看待。在接到顾客的抱怨之后,迅速采取补救措施及时处理,就可以变不利为有利,提高顾客的满意度。

2)细节决定成败

展会服务成功的一个重要衡量标准是,让客户或观众在参加所组织的活动或接受赠品时,愉快地接受所宣传的理念并乐意接受服务。这就要求展会服务者在与客户交流时要做到热情周到、细致入微,要能在短时间的接触中,正确地了解对方的职业、身份、兴趣、爱好等,并迅速做出判断,做切实有效的服务。

在会展服务细节上,有人曾做过这样的解释:

服务(serice)这个词包含了你跟顾客接触、保持跟顾客的关系时,所必要的一切组成部分。

S 代表微笑(smile):你的微笑,你友好的方式,给人以温暖和受欢迎的感觉,从而表明一个积极的态度。

E 代表优秀(excellence):你工作的每一个地方都要完美。例如,服装、修饰、倾听的能力、实际知识、信守承诺等。

R 代表乐意(ready):随时乐意为顾客服务。这意味着不跟同事聊天,或抽烟、喝酒、打电话,因为那样的话,你会自顾不暇,不能够服务好顾客。

V 代表察看(viewing)：对会展有全面的观察，从顾客发出的语言和非语言的信号中，理解顾客的需求。

I 代表吸引(inviting)：你的仪态、行为非常吸引人，客人感到很受欢迎，因而渴望回来。你可以通过提出开放式的问题，欢迎顾客提出问题。

C 代表创造(creating)：创造一个愉快宜人的气氛，让顾客感到快乐。同样，这意味着想顾客所想，寻找使你的产品能为顾客服务的办法。

E 代表眼睛(eye)：眼神交流。这是指专注于顾客，随时密切注意各种信号，对顾客的需求做出反应。不要东张西望去留意他(她)身后发生的事情，这会给人一种心不在焉的印象，制造一种焦虑不安的气氛。

这里对服务(service)的解释给展会服务者的启示是：要实现令顾客满意的服务，必须以自身不懈的努力，关注到每一个服务的细节，倾心打造，才会有回报。

3) 以真诚换取信任

展会中大量的服务体现在参展企业与顾客之间，参展企业的展台服务人员要想在展会中达到吸引顾客的注意、赢得顾客信任的目的，就要清楚参展企业与顾客之间是平等互利的，对顾客尊敬，才能赢得顾客的尊敬，也只有这样，参展企业才能获得与客户沟通、交流的机会。

展会服务人员在工作中要注意，不管是新顾客还是老顾客，都要多尊重顾客的意见，要学会多问征求性的话语，如"请您看看这个好吗?""您觉得这个怎样?""那您认为呢?"要让顾客觉得你是一个非常真诚而尊重他人的人，这样他们才会愿意与你交往，乐意合作。做任何一笔生意或发展任何一个新客户，真诚相待都是至关重要的。

展会服务人员还必须明白，客户愿意与参展企业合作的主要原因有以下两点：

其一，真诚而有礼貌的交流使客户对参展企业产生了信任感。

其二，通过沟通、了解，客户认为与参展企业合作是可以获得相应利益和好处的。

在展会上，一旦赢得了客户的好感，展会服务人员通常会留下他们的联系信息，展会结束后，必须与这些客户经常联系、沟通。建立联系、沟通的畅通渠道，如节假日的祝贺卡，电子邮件的问候祝福等。如果在展会上有对客户的某种服务承诺，那么一定要遵守时间、履行承诺，一直给客户一个真诚守时的印象，使顾客有兴趣、有信心与自己的企业长久保持信任合作的态度。

6.1.4　常见的会展礼仪规范

礼仪是指在社会生活中,由于风俗习惯而形成的人们共同遵守的品行、程序、方式、容貌、风度等行为规则和形式。礼仪可以沟通人们之间的感情,使人们感受到人格的尊严。健康、必要的礼仪可以赢得人们的尊重和爱戴,广交朋友,避免隔阂和怨恨。在会展服务过程中,应注重礼仪。礼节往往是接待服务人员内在素质和主办国、主办单位文明水准的体现。在涉外会展交往中,遵守国际惯例和一定的礼节,有利于我国的对外开放,有利于展现中国礼义之邦的风貌。

1) 交际礼仪规范

在会展活动中,常常能遇到结识新朋友的场合。结识朋友可以自我介绍,也可以由第三者介绍。为他人介绍时,要首先了解双方是否有结识的愿望,不要贸然行事。无论自我介绍还是他人介绍,都要做到自然。介绍他人时,要有礼貌地以手示意,而不要用手指指点别人。介绍也有先后之别,应先将身份低的、年纪轻的介绍给身份高的、年纪大的,把男子介绍给女士。

在介绍时,除女士和年长者外,一般应起立。但在宴会桌上、会谈桌上,可不必起立,被介绍者只要微笑点头,有所表示即可。交换名片也是互相介绍的一种形式,在送给别人名片时,应双手递出,面露微笑,眼睛看着对方;在接受对方名片时,也应双手接回,还应轻声将对方的姓名等读出,然后郑重地收存好。

2) 称呼的礼仪

国内的会展接待,可称呼对方的职务、职称、学衔,也可称呼“同志”、“先生”、“女士”、“小姐”。涉外会展活动对外国人的称呼应根据对方的习惯,一般对男子称“先生”,对已婚女子称“夫人”,对不了解婚姻状况的女子或未婚女子称“小姐”。对男女服务员,分别称“先生”、“小姐”;对以“同志”相称的外宾,可同时冠以姓名或职衔,如“服务员同志”。在非洲许多国家,无论年长或年轻的男子,对女子均要敬称“妈妈”,无论其结婚与否。

3) 握手礼仪

在会展活动中,一般是在互相介绍或会面时握手,握手表示欢迎,还有祝贺、感谢、互相鼓励等意义。在握手礼仪中要注意:

①年轻者对长者、身份低的对身份高的,应稍稍欠身,也可用双手握住对方的右手以示尊敬。

②一般应由主人、年长者、身份高者、女士先伸手,客人、年轻者、身份低者、男子应先问候对方,待对方伸手后再与其握手。

③男子与女士握手时,轻轻握及手指部分即可。

④男子在握手前应脱下帽子和手套,女士则不必。

⑤当多人同时向你伸手时,不要用双手交叉与人握手。

⑥握手时应注视对方,微笑致意,或者致以欢迎和问候。

⑦军人应先行军礼,然后再与对方握手。

4) 谈话礼仪

在会展交际的场合,与人谈话时,表情要自然,语言平易近人,表达得体,距离适中。说话时可适当做些手势,动作幅度不要太大,不能摇头晃脑,更不能用手指指点点、拉拉扯扯、拍拍打打。

参加别人谈话,要先打个招呼,别人在个别谈话时,不要凑前旁听;有人主动与自己说话,应乐于交谈;第三者参与谈话,应以握手、点头或微笑表示欢迎;若谈话中有急事需离开,应向对方打个招呼,表示抱歉。

谈话时若超过 3 个人,应不时与在场的所有人攀谈几句,不要只同个别人谈双方知道的事情,而冷落其他人。如果所谈的问题不便让其他人知道,可另约时间谈。

在会展交际场合,如有人谈到一些不便谈论的问题,不应对此轻易表态。谈话内容一般不要涉及疾病、死亡等不愉快的事情。与外国人谈话不要随便问对方的履历、收入、家庭财产、衣饰价格等私人生活方面的问题,也不应随便询问外国妇女的年龄、婚姻状况。对方不愿回答的问题不要追根究底。对方对问题流露出反感时,应表示歉意或立即转移话题。不要随便同外国人谈论对方国内的政治、宗教、民族矛盾等问题。谈话时若要问候对方,应根据客人的习惯。对外国人一般不问"你吃饭了吗"、"你到哪里去",而应用"早安"、"晚安"等问候语。告别时,可根据不同的对象选择不同的告别用语,如"很高兴与您相识,希望再有见面的机会","以后多联系"等。

5) 约会和拜访礼仪

在会展活动中,往往需要出面看望与会代表,会展服务人员也常常因联系安排会展活动约见或拜访与会方的代表和随行人员。一般来说,在主办方的办公地点安排会见,主人应提前在办公室或会见厅门口迎候。在第三地安排约会,主人应提前到达现场迎候。拜访和看望对方,应事先约定,并按时抵达对方住所。过早抵达会使对方因准备未毕而难堪;迟迟不到则让对方等候过久而失礼。因故迟到应向对方表示歉意。抵达时,如无人迎候,进门前应先按门铃或敲门,按铃时间不宜过长,敲门不宜过急过重。经主人允许后方可入内。

一般情况下,不要在休息时间打扰对方。如因事情紧急,不得不在休息时间约见对方,应在见面时先致歉意说明理由。

谈话应在室内进行,但主人未邀请进入室内,则可退到门外进行谈话。无论是礼节性的看望还是工作性的拜访,谈话时间不宜过长。告别时应有礼貌并感谢对方的接待。

6)举止礼仪规范

举止应文雅、庄重、大方。举止常常通过动作、手势、表情、眼神等进行表现。一般认为,身体的某一动作都具有一定的象征意义,这需要会展接待人员深刻领会与把握,只有熟知身体语言的象征意义,才能在会展接待工作中取得良好的效果,如表6.1所示。

表6.1　身体语言的象征意义

身体部位	动　作	象征意义
手部	敞开手掌	坦率、真挚、诚恳
	掌心向上	诚实谦虚,不带威胁
	掌心向下	压抑、指示、带有强制性
	双手插口袋	高傲
	双臂交叉	防卫、敌对
	拇指食指相擒	谈钱
	背手相握	自信、镇定、有胆量
	手心向下握手	支配性态度
	掌心向上握手	顺从性态度
	直臂式握手	粗鲁、放肆
	"死鱼"式握手	消极、无情无义
	双手夹握	热情真挚、诚实可靠
	捏指尖式握手	冷淡、保持距离

续表

身体部位	动 作	象征意义
头 部	点头	赞成、肯定、承认
	摇头	拒绝、否定
	扬头	傲慢
	侧头	感兴趣
	拍头	自责
肩部	耸肩	随便、无可奈何、放弃、不理解
腿 部	双腿挺直	挑衅
	双腿无力	厌烦、忧郁
	手舞足蹈	兴奋
	脚步轻快	心情舒畅
	脚步沉重	疲乏、心中有压力
	交叠双足	有防范性
	张开腿部(男)	自信、豁达
	膝盖并拢(女)	庄重、矜持
眼 睛	公务注视(双眼——前额)	严肃认真、有诚意
	社交注视(双眼——鼻尖)	和谐
	亲密注视(双眼——胸部)	亲昵
	瞥视	兴趣或敌意
嘴 巴	嘴巴一瞥	鄙视
	紧咬下唇	忍耐
眉 毛	眯起双眉	陷入沉思
	眉毛扬起	怀疑或兴奋
面 部	微蹙额头	认真对待
	脸部肌肉放松	遇到高兴事
	微笑	容易接近与交流

在身体语言里,服饰、仪态以及某些细节动作都可以作为沟通手段,发挥着

重要作用。这就需要会展接待服务人员掌握分寸,做到得体合宜。

此外,在会展相关活动中,服务人员不应大声喊叫,如有急事告知有关人员,应轻轻走上前去耳语或递纸条告知。引导参会对象时,应走在左侧稍前的位置,并侧着身子走路,拐弯时应用手示意,进门时应为客人打开门并让客人先进。平时和参会对象同乘电梯、进门或入座时,应主动谦让。

6.2 会展服务的策划

会展服务策划包括对会展的接待服务、交通服务、商务服务、安保清洁服务等一系列服务的策划。无论对于会展的主办方还是参展商来说,会展服务策划都是不可或缺、非常重要的一环。

6.2.1 会展接待服务策划

会展接待是指围绕参加会展对象的接、送、吃、住、行、游、乐等方面所做的安排,是展会工作的有机组成部分。会展接待服务策划要点主要有搜集参加对象情况、拟订接待方案、培训接待人员、落实接待事项等。

1)搜集参加对象的情况

展会参加对象情况主要包括以下几点:

(1)基本情况

参加展会人员的基本情况有:国别、地区、所代表的组织机构、姓名、性别、年龄、身份、职务、民族、宗教信仰、生活习俗、健康状况等。

(2)参加展会的目的

了解参加展会人员的目的、意图有助于有针对性地进行个性化服务,以便更好地做好接待工作。例如要了解该人员过去参加展会情况,本次展会对哪些问题最感兴趣等。

(3)往返时间与交通工具

了解参加展会者的往返时间与交通工具情况以便于安排人员迎接和送别。

2)拟订接待方案

会展接待方案是会展策划的有机组成部分。会展接待方案经过批准之后,就成为会展接待工作的依据。

（1）确定接待规格

接待规格是指参加展会的对象所受的待遇,体现展会主办者对参加对象的重视和欢迎的程度。主要有:

①高规格接待。即主办方出面人员的身份高于参加对象,以体现对会展活动的重视和对参加对象的尊重。

②对等规格接待。即主办方出面人员的身份与参加对象大体相等,这是在会展接待如迎接、宴请、看望、陪同、送别等活动中最常见的一种情况。

③低规格接待。即主办方出面人员的身份低于参加对象。这种情况在会展接待如迎接、宴请、看望、陪同、送别等活动中也经常会出现,但一般需要向参加对象解释不能对等接待的原因。

需要指出的是,涉外会展接待的规格应严格按有关外事接待的规定执行。

（2）接待日程

接待日程安排应当同会展活动的整体安排通盘考虑,并在会展日程表中反映出来,以便参加对象了解和掌握。

（3）接待职责

接待职责是指会展活动中各项接待工作的责任部门及人员的具体职责。接待职责必须分解落实到人,必要时须建立专门的工作小组。如大型的会展活动可设置报到组、观光组、票务组等服务工作小组。

（4）接待经费

会展接待经费是整个会展活动经费的重要组成部分。其主要包括安排参加对象的食宿、交通、参观、游览以及礼品等费用。会展接待方案应对接待费用的来源和支出做具体说明。

（5）接待内容

会展接待的内容包括接站、食宿安排、宴请、看望、翻译服务、文娱活动、参观旅游、返离送别等方面。在策划时需周密考虑,详细安排。

①接站服务。会展接待服务人员前往机场、码头、车站迎接参加展会对象,这项工作叫接站。优质的接站服务能给服务对象提供极大的方便,尤其是对于初次到访的参加对象来说,一到会展举办地,就有一种宾至如归的亲切感。

根据来宾的重要程度,接站的规格与规模都有所不同。重大的展会活动,为了表示对参加对象的欢迎,可在机场、码头、车站组织规模的欢迎队伍。在出口处以及交通工具上要有醒目的接待标志,以便参加对象辨识。个别接站时,接站人员可以手举写有"欢迎×××先生"字样的欢迎标志。

参加展会的来宾到达时,迎接服务人员应迎上前去自我介绍,并主动与其握手以表示欢迎。握手是国际、国内常见的礼节,主人主动、热情地握手会增加亲切感。

对重要的参加对象(如国际知名专家、劳动模范或重要奖项者)可安排鲜花。鲜花一般安排在主客双方见面、介绍、握手之后。

陪同客人乘车要注意座位次序。小轿车座位的礼宾次序通常为"右为上、左为下;后为上、前为下",即小轿车的后排右位为上座,安排坐客人;后排左位为次座,安排坐主办方领导人;接待人员坐在司机旁边的座位。接待人员受领导委托单独陪车时,坐在客人的左侧。上车时,接待人员应打开右侧车门,请客人从右门上车,自己从左侧车门上车。遇到客人上车后坐到了左侧,则不必请客人挪动位置。

②报到和签到服务。报到和签到都是指参加对象到达会展举办地时所办理的手续。在参加对象报到时,会展接待人员要注意查验有关证件、进行信息登录(表6.2)、发放有关材料、预收有关费用以及安排食宿等。

表6.2　会议报到登记表

序号	姓名	性别	年龄	工作单位	职务	通信地址	电话	备注

签到能够精确统计参加人数,一般会展活动往往通过签到统计出实到人数。会展签到的方式有簿式签到和表式签到等种类,随着科技的发展,电子签到的方式正逐渐受到青睐。

③引导服务。引导是指会展活动期间工作人员为参加对象指引会场、座位、展馆、展区、展位、餐厅、住宿的房间以及参加对象所要打听的地方的路线、方向和具体位置。引导看是小事,但却能给参加对象提供许多方便,使他们感到亲切。

引导工作贯穿于整个会展期间内,展会的每一位工作人员都应履行为参加对象引导的义务。专门的引导人员一般要统一着装,熟悉展会现场的布局以及各种配套设施的情况。大型会展活动的礼仪人员还要了解本地的交通、旅游、购物等情况,国际性展会的礼仪人员还要会熟练使用外语。

④食宿服务。大型展会活动要实现依据会展活动的整体要求制订一套详细的饮食工作方案,其主要内容包括:就餐的标准、时间、地点、形式以及就餐人员的组合方式、就餐凭证、饮食安全措施等。

在预订餐厅时需要考虑:餐厅的大小能否容纳会展活动所有的就餐人员,餐厅的卫生条件是否达标,饭菜品种和质量能否满足要求,餐厅和展会现场的距离是否适当,价格是否合理等。

在确定餐厅之后,工作人员要尽可能与有关餐厅商定一份科学、合理的菜谱,并尽可能满足少数民族代表以及一些有特殊饮食习惯的代表的需求。

就餐前要对饭菜的质量、份数、卫生状况等进行必要检查,发现问题,及时纠正。

大型会展活动的住宿安排需要事先制订好方案。内容一般包括所住宾馆的地点、规格、费用、房间分配原则等。

预订宾馆需要统计住宿人数,在详细分析入住对象情况的基础上再确定预订房间的数量。一般应留有一定的机动房间,以备应急。

⑤返离工作。所谓返离,即会展活动结束后参加者的离会和返回。做好返离工作可以体现出会展服务工作的善始善终。返离工作的主要内容有预订返程票、结算费用、告别送行等。

3) 接待服务人员的培训

会展接待的对象往往是多方面的,对象不同,接待的要求也不同,因此,会展接待工作人员要根据具体的接待对象学习和掌握有关接待知识。对接待工作人员尤其是志愿前来参加接待工作的人员应当进行培训,使他们熟悉接待对象的基本情况、特点,以便有针对性地做好接待工作。

对展会志愿者的培训,可以采取以老带新的形式,也可以根据服务工作的需要,进行系统的理论或实务的培训,包括服务的理念、服务的技术、解决问题的方法、团队工作等。有条件的情况下,还应编制志愿者手册,对志愿者组织的理念及使命、组织结构图、志愿者服务政策、工作内容简介、角色职责、提供服务的乘虚范围、遵守的规则、志愿者的福利等进行详细说明。

4) 落实接待事项

为确保展会服务工作万无一失,会展接待服务策划还必须有落实接待事项的环节。所谓落实接待事项是指,对展会服务的诸多环节如准备接待礼物、选派翻译和陪同人员等一一落实,通盘考虑,看看还有没有遗漏。这是做好大型展会服务工作所不可缺少的。

6.2.2　会展商务服务策划

1)会展商务服务的概念

广义上的会展商务服务,既包括发生在展会现场的租赁、广告、保安、清洁、展品运输、仓储、展位搭建等专业服务,也包括餐饮、旅游、住宿、交通、运输等相关行业的配套服务。这里,主要围绕展会活动项目现场对所涉及的商务服务做简要介绍。

2)会展商务服务项目分组

(1)注册组

注册组主要负责注册表、参观者接待记录表等的服务工作。

(2)文书组

文书组主要负责文书事务工作处理,公函、信件往返的处理等事务。

(3)翻译组

翻译组主要负责翻译人员的遴选、联络与协调以及翻译设备器材安排、联络等。

(4)总务组

总务组主要负责会展场地签约事宜、各会议室座位安排、纪念品、奖牌、资料袋制作统筹、会展资料运送至会场及运回的安排以及会场办公室及办公设备用品安排等。

(5)物流组

物流组主要负责厂商进展、撤展协调、展材运输安排以及展品运输安排等。

(6)会场搭建布置组

会场搭建布置组主要负责搭建商安排及联络,视听设备租用联络及协调,工程人员的沟通协调,现场设备使用状况掌控,现场布置时间及相关事宜协调安排,布置物检视、验收,展品、展位安全的投保等。

（7）会场便利设施组

会场便利设施组主要负责指示牌的设计布置、电话、传真、打印、复印以及取款机和银行代理处的相关服务（详见"文印、名片服务项目""通信服务项目"）。

（8）推广组

推广组主要负责开幕式、闭幕式组织安排，平面广告，海报、招贴制作，新闻发布会的安排与协调，新闻媒体及刊物报道的接洽，电视、广播采访报道的安排以及记者会安排等。

（9）住宿、旅游、餐饮组

①住宿小组主要负责：展会旅馆洽谈、议价、签约；展会贵宾、演讲者、工作人员住宿房间安排；旅馆住房事务协调。

②旅游小组主要负责：参加会展旅游安排协调；旅行社洽谈；旅游人数统计。

③餐饮小组主要负责：晚宴酒会安排；午餐安排；茶点安排；餐饮安排协调。

3）文印、名片服务项目

一般来说，展会开始前大多数需要用的资料都是由先期准备好的，但是在展会进行过程中，难免会有一些材料需要临时复印、打印。这种情况在展览中更为常见，参展商和客户之间会发生大量的商务活动如达成合作意向书、签约等。许多文件都是要当场制作且备有附件的。因此，文件复印、打印是展会商务服务必须包括的内容。

在展会活动中，以名片的方式互留个人信息和联系方式快捷、准确。因而，不论是参展商还是观展者，不论是会议活动的主办者还是与会者，出于交流沟通的需要，必须大量印制名片，且常常会遇到名片不够而需要临时加印的情况。因而制作名片也是展会商务中心所要服务的内容之一。

大型展会的商务中心一般配有专业设备，可自行设计制作名片。如商务中心无相应设备，则应事先约好广告制作公司等在展场边或进场服务。

4）通信服务项目

展会过程中的通信服务主要包括电话服务、传真服务和网络服务等。

（1）电话服务

这项服务包括本地电话服务和长途电话服务，一般按国家标准收取服务费用，如需加收手续费，需要有当地批准的明确标准。

（2）传真服务

传真的使用在现代商务活动中越来越普遍,展会中的参展商和观众往往需要和公司总部进行一些文件、合同、信函、稿件以及图表等信息的传送,因此,展会组织者应提供传真服务。国内传真收费按页计价。

（3）网络服务

展会必须提供网络服务,方便客户查询信息以及收发邮件等。具体费用应按当地批准的标准收取。

5）办公用品销售

在展会举办过程中,展会组织者应该设置一个办公用品销售的专区。包括纸、笔、本、文件夹、名片盒、计算器、胶带、剪刀、回形针、信封、电池、优盘等办公用品的种类很多,由于展会的现场往往与城市的商业区有一定距离,人们在各种展会活动中,经常有对办公用品的需求,从为顾客着想的角度来说,这项服务是必需的。

6.2.3　会展交通服务策划

1）会展交通服务的概念

会展活动是一个集人流、物流、资金流和信息流为一体的活动,大量的人流、物流能否在相对集中、短暂的时间和空间内快速移动,主要取决于会展中心周边的交通状况,因而,交通便利是会展中心选址的首要条件。

国外先进的经验是建设会展场馆的同期兴建或扩建专用交通设施。德国的大型展馆都与地铁或多条高速公路相连接。如汉诺威展区位于城外,处于多条高速公路交汇地带,展区外设有东西南北4个停车区,可停放5万辆轿车;该展区还与汉诺维城东北两条城市铁路干线相连,展区内有火车站,凡参观展览的乘客均可在德国铁路公司购买单人或家庭联票乘火车前来参观;对于不开车也不坐火车的参观者,汉诺威展览公司提供免费接送车辆,15分钟一班。因为展区很大,展区内还设有免费游览车,这种车沿两条固定展览路线行驶。据统计,参观汉诺威展一天的人数有时超过20万人,但交通秩序从没让人感到过头疼。

会展周边的交通与功能配套牵涉城市建设发展的规划与布局,对于会展主办方而言,会展交通服务主要侧重于展会期间如何充分利用城市现有的交通资源,进行精心策划与组织,以最大限度地解决和满足会展参加者的交通便捷问题。

2) 会展交通服务的类别

一般来说,有关会展交通需求与服务的情况主要有:展品物流运输交通;从与会(展)代表的家中到本地的机场或火车站;从本地的机场或火车站到达目的地的机场或火车站;从目的地的机场或火车站到酒店;酒店与会展场馆之间;酒店或会展场馆与社交活动场所或旅游点之间;展会现场的交通服务。

根据会展活动的交通需求情况,在进行交通服务项目策划时一般应考虑以下几方面:

(1) 选择合作伙伴的客运商

大型展会活动的主办方可以选择一家航空公司或出租车公司作为合作伙伴,会展主办方可以为航空公司或出租车公司提供客源或进行品牌宣传;航空公司或出租车公司可以提供有折扣的机票或优惠服务。

(2) 酒店与会展场所之间的交通

一般情况下,会展主办方都会在指定酒店与会展场馆之间安排穿梭巴士接送与会者或参展、参观者。根据展会性质、规模、层次的不同,展会主办方需要印制"巴士班次时刻表"发给会展参观者以及与会者,并最好注明发车时间、上下车地点和对应的展会信息,以方便乘坐,如表6.3所示。

表6.3 万人规模与会者巴士运行指南

时间(星期一)	运行情况	备　注
6:30~7:00	比较轻松	
7:00~9:00	很繁忙	10 000 名与会者参加 8:15 会议
9:00~11:15	比较轻松	每 15 分钟 1 班
11:15~12:30	较繁忙	约 5 000 名与会者返回酒店,其他与会者需要去其他会展中心参加会议或是去市中心午餐
12:30~13:30	比较轻松	每 15 分钟 1 班
13:30~14:00	较繁忙	2 000~3 000 名与会者去会展中心参加论坛,需要短暂高峰期服务
14:00~16:00	比较轻松	每 15 分钟 1 班
16:00~17:00	较繁忙	估计有 3 000~4 000 名与会者返回酒店
17:00~19:00	比较轻松	每 15 分钟 1 班

续表

时间(星期一)	运行情况	备　注
19:00～20:30	很繁忙	有4 000～5 000名与会者去会展中心听音乐会
20:30～22:00	轻松	不需要服务
22:00～22:30	繁忙	听音乐会的与会者返回酒店

（3）参加社交活动或旅游的交通

对于社交活动或旅游的交通安排，需要随时与注册处或会务组联系，以获得代表活动行程与参加人数的最新信息。要根据代表活动行程与参加人数来选择合适的交通工具。如果交通工具临时出现意外，一定要及时通知会展主办方的秘书处或会务组，以便他们以最快的速度通知活动的参加者，避免不良情绪或后果的产生。

3）车辆线路与停车位的安排

展会期间，大量的车辆拥入会展中心，展会主办方必须做好交通服务的预案，确保交通顺畅、安全、有序。

以展览会的交通服务为例，布展期间，出入馆车辆以货车为主；开展期间，出入馆车辆以小型车、客车为主。对于车身较长的货车，要留出足够宽的通道，以方便车辆进出。

在开展期间，交通服务人员应该对进入会展中心的车辆进行合理的安排停放，避免交通混乱，车辆堵塞，以致影响政府领导和贵宾的到会。特别是开展前后一段时间为车流的高峰期，需精心安排行车路线及停车位置。

一般来说，首长、贵宾的车线路应靠近主席台，避开拥挤人群，确保安全；消防、救护等特种车辆须停靠在离场馆较近的地方；社会车辆，特别是参展商的车辆，由于流动性较小，可停靠在相对靠里的位置；参观者的车辆，则需停靠在相对靠外的位置，便于出入。出租车流动性最大，应停靠在相对方便的位置，既有利于乘客上下车，又便于出租车的出入。

4）特殊情况

展会外围交通管理一般由交警与会展中心保安人员共同负责，因此，要求会展中心保安人员有很强的现场应变能力。

展会交通方面常有可能发生的特殊情况有:交通拥堵、交通事故、车子抛锚以及特殊参观者(如盲人)的便利通行等问题,这就要求在展会交通服务策划时做好相关预案,以确保展会交通万无一失。

6.2.4 会展安保和清洁服务策划

1)会展安保、清洁的概念

展会的安全问题是不容忽视的。例如展品和财物被盗就是安全方面出了问题。还有一些参展商从节省成本角度出发,找一些非专业的设计搭建公司现场施工,所使用的材料存在火灾隐患。由于施工质量存在问题,展位上架子倒塌砸伤人的事件也时有发生。因此,展会安保问题事关重大,周密细致的安保策划可以使展会安全突发事件的发生率大大降低,为参展商和观众提供一个安全的参展和观展的环境。

在会展活动过程中,包括参展商的企业信息的保密、展品运输及展会期间展品的安全、施工期间的人员安全、展会期间观众的人身安全问题等都属于会展安保的范畴。

同样,展会的清洁工作做得好,能使参展商有个良好的展示企业展品的环境,使观众可以在舒适清洁的环境中观展,为企业之间的商务洽谈创造良好的环境。不仅可以对展馆场地和基础设施起有效的保护作用,而且对于创建品牌会展也能起到积极的作用。

以展览为例,展览的全程中(包括展前、展中、展后)展会场馆内外的展示环境和基础设施的清洁工作都属于展会清洁服务的范畴。

2)常见的展会安全问题

(1)展前的安全问题

①自然风险主要有:突发性的、不可预知的灾害,如各种自然灾害如地震、海啸等。

②人为风险主要有:违反展会规定进行拍照、录影;有侵权、盗版、虚假宣传广告行为;展品丢失、被盗、受损坏;突发性的安全事件,如火灾、人员伤亡、传染病的流行、暴力事件的发生,如爆炸威胁、恐怖主义事件;示威游行及其造成的冲突,如国外展览会上"法轮功分子、台独分子"的破坏活动;展览品演示活动造成的污染物排放;食品卫生处理不当造成的大规模人身伤害;动物保护组织和

环保组织的抗议活动;展览期间可能出现的外交、政治、文化、宗教方面的冲突等。危机事件是所有展览会都可能发生的。

例如2005年香港"国际珠宝展2005"开展的第一天,参展商被窃珠宝总值高达14.7万港元,而在上一届香港珠宝展,开幕当天发生的两起盗窃事件,案发珠宝价值达200万港币。

(2)展会前施工搭建的安全问题

①展台搭建若不按规定使用阻燃或难燃材料,结构不够牢固可靠,则可能出现安全问题。

②在施工时,如使用易燃、易爆物品,施工现场有人吸烟,可能导致火灾。

③制作展会搭建灯箱时若没有留足够的散热孔;日光灯镇流器没有脱离箱体;使用易燃材料制作的灯箱,内部不做防火处理;电器安装使用麻花线、电工胶布,电器安装很可能导致火灾。

④特装项目施工如不遵守各展馆有关规定,超过限定高度,会有承重危险。

⑤在展馆搭建展台和铺设地台等,在墙面、地面打孔、刷漆、刷胶、张贴、涂色,损坏展馆一切设施,需要赔偿。

⑥展台搭建如果遮挡展馆内的消防设备、电器设备、紧急出口和观众通道,各展馆防火卷帘门下搭建任何展架、展台,万一出现火灾事故,则会导致严重后果。

⑦如需在展馆网架上吊挂物品,如没有报经管理部房产处修缮科同意就施工,不合规定,则会出现事故。

(3)展会期间的安全问题

①人员意外伤害事件是展览会中最常见的紧急突发事件,而这种事件往往都是由于当事人自己的不小心造成的,因此,也是展会中最不容易防范的突发事件。

②现场火灾发生。

③不可预见灾难发生。

(4)撤展时的安全问题

①撤展时,未经组委会许可,展品随意搬动可能导致展品损坏或遗失。

②参展单位的布展设施及宣传张贴物,在撤展时如不及时自行清除,不能得到签发出馆证,而且会损坏展览设施。

3) 展会期间的安保管理与策划要点

（1）主办方的安全工作策划

①对会展活动进行安全风险评估，根据风险评估结果制订具体工作方案。如专业展的防盗问题、热点展位防范拥挤踩踏问题，可以增加保安数量，用广播、文字等方式提示参观者看管好自己的物品，减少热点展位的场内活动等。

②建立并落实安全责任制度。即对会展活动的各工作人员进行排班，确定岗位，把研究的东西落实到纸上，以便出事后追究相关责任人责任。

③事先研究展会配备的专业安保人员，包括（社会）保安人员、场馆工作人员、警察，明确主办者对于这些力量的调动权利。

④为活动安全工作提供必要的物质保障。把活动中安全物资的需求一并纳入活动组织筹备资金当中。

⑤组织实施现场安全工作，开展安全检查，把纸上工作落实到实际操作中。

⑥对参加大型展会活动人员进行安全教育。

⑦接受公安机关的监督和管理。

（2）展览场地的安保管理工作

①会展场所必须是安全的，符合国家建筑标准、防火标准，经过年度检验合格的。场地方还要如实提供展馆面积、门数等基本数据。

②要确认场地内安全标志是否合格。

③场地方在必要的情况下要向主办方提供入口地段的强制性缓进通道。场地方也应当提供安全门、安检设施等。

④向主办方提供应急的广播、照明系统，同时要确定系统运转正常并有相应工作人员负责操作。

⑤场地方要提供活动相应的停车位，不得挤占。

⑥保证大型安全防范设施与大型会展活动安全要求相适应。专业展与综合类展会对相应设施要求有所不同。

（3）展馆消防安全职责问题

①参展商应当遵守场馆方、主办方指定的消防安全制度，不损坏室内消防设备，不占用消防通道，在布展、撤馆过程中安全施工。展位的布置不得影响展馆内消防设施的使用。消防疏散通道和安全出口处严禁布展或存放物品。

②展位与墙壁之间的后通道应当不小于 60 cm，并不得堆物，以便于维修

检查。

③成组布展的展位之间的通道宽度应当根据最高峰人流量进行计算得出，但最少不应小于 3 m 的宽度，并尽量保证环通，避免袋型走道的出现。

④展位的搭建材料的燃烧性能等级不得低于 B1 级（难燃型），对于少量局部使用的可燃材料应当进行防火处理，达到 B1 级要求之后方可使用。

⑤特殊装修（18 m² 以上）应当事先提供图纸，特殊装修展位搭建必须通透，在申报消防安全检查时一并申报，经审核同意后方可施工。

⑥电锯、电刨、电焊、电割等施工作业一般应在室外操作。确需在室内操作的应加强防火安全，及时清理废料，严禁明火。

⑦油漆、喷涂等作业时应保持良好通风，设立禁火区，落实防火措施；各种油漆等易燃易爆危险物品应存放在展馆外的安全场所。

（4）展馆电路安全管理问题

①每个标准展位额定用电 500 W（含 2 个射灯用电量约 200 W），如需增量，请事先提出申请，办妥手续后由专人实施。私自接电，如发生意外私自接电者将负全部法律责任。

②所有电源均由搭建商和展馆提供的配电箱控制，展商不得随意更换供电设备。

③电气线路的铺设、用电设备的安装应由专业电工持证上岗作业。

④电气线路的铺设应当架空固定布置，沿地铺设的电气线路应穿管保护或铺设过桥保护。

⑤电器线路的布线应当采用护套绝缘导线，导线之间应用瓷夹连接，不得直接连接。其余应严格按照《低压配电设计规范》（GB-50054—1995）执行。

⑥电器设备的负载和绝缘性能需符合中华人民共和国的有关规定。

⑦人易接触到的电器设备、电线、电缆等需有特殊隔离装置。

⑧霓虹灯广告应经申请同意之后方可使用，霓虹灯高压接头处应穿玻璃套管保护。

⑨灯具与可燃展品之间应保持 50 cm 以上的灯距。

⑩大功率用电设备的安装使用应经展馆核定，室内展览不得使用大功率卤钨灯，不得使用电加热器具。

（5）展览期间可预见突发事件策划与管理

对可预见的突发事件的处理原则应当是防患于未然，即在事故发生之前就做好防范措施，尽量避免事故的发生。

第一,在展会未召开之前,大会组委会就应成立紧急应急小组,根据所使用展会场馆特点,制订应对紧急突发事件预案,其中包括遇突发事件人员疏散、撤离方案,如有必要应在所使用展馆进行人员疏散测试及演习。在展会期间紧急应急小组应当随时保持应付突发事件的准备状态。

第二,设专职的安全员(安全员不一定就设一个,应视展会的规模确定安全员的数量),安全员的主要工作就是协助展会场馆做好对参展商以及参观者的安全监督工作,在展会的全过程中(包括布展、展览和撤展)发现有不安全行为及隐患应当及时地制止和排除。

第三,根据展览会规模办理保险,将突发事件发生后的损失降到最低。

第四,展会召开前,应与当地公安、消防及医疗部门联系,告知展会召开时间及其他相关情况,以便发生突发事件后能及时得到相关部门的协助。应在当地聘请有经验的专业医生在展览会现场建立医务室,并备足常见及抢救药品和医疗器械。同时也应聘请公安和消防部门人员在现场协助组委会做好安全及消防等相关工作。

第五,在展馆展位搭建结束后,组委会人员应亲自检查展位搭建情况,其中包括:检查防火通道及安全出口畅通,保证展位间所有通道达到必要宽度,保证所有消防器械周围无异物阻挡,并检查所有消防器械,保证都能正常使用。还要使组委会所有人员都熟悉展馆所有防火通道和安全出口位置以及所有消防器械位置。组委会所有工作人员在平时就应进行防火知识的学习,保证都能熟练使用各种消防器械。在参展商布展结束后,还应该全面细致地清理展馆地面,尤其注意清理地面由于布展、特装等遗留的水渍、油渍以及其他可能给参观者带来人员伤害的物品。

第六,根据展览会的规模聘请安保人员,并预测参观人员数量,对于大型或热门的展览会,应将参观人员数量控制在展馆最大安全人员数量承受范围内,以避免由于人员的过度密集而发生人员伤害等突发事件。参观人员数量的控制可以通过控制门票发售等手段控制。

总之,展会遇到紧急突发事件主要还是在事前就要充分地考虑好遇到各种突发事件的应对办法,只有这样才能做到突发事件真的出现后不惊慌,并能够冷静妥善地处理,尽量将紧急突发事件发生后的损失降到最低。

(6)现场医疗急救问题

人员意外伤害事件是展览会中最常见的紧急突发事件,而这种事件往往都是由于当事人自己的不小心造成的,因此,也是展览会中最不容易防范的突发事件。当出现有意外伤害事故的时候,应立即将伤者送到展览现场的医务室进行紧急救治,并视其伤势的轻重由医生决定是否拨打120送当地医疗机构。因其是在展览会现场受伤,故展馆和展会的主办方都有相应的法律责任,所以对待伤者应尽量以安抚为主,并应支付一定的医疗费用。在展会前主办方应办理相关保险,此费用保险公司会有一定的承担。

(7)撤展规定

参展商有责任维护租用展位及公共区域的整洁。展览结束后,参展商应将所有物品(包括展台、展架、遗弃物及垃圾等)移出展场。展览中心施工管理办公室将在展前收取一定数目风险抵押金,如参展商不能在展览结束后规定时间内将展台清理干净,施工管理办公室将视造成后果的严重程度,扣罚搭建商相应数目的风险抵押金直至追收罚金。

需要指出的是,现代大型的会展场馆出于安全和避免纠纷的需要,往往在现场服务方面会与接受服务方签订有关协议,协议中规定了双方的权益与义务,这在会展安保服务策划时是必须予以了解的。详见以下协议样本:

展 会 现 场 维 护 协 议

(类型:现场服务)

甲方(接受服务方):

乙方(提供服务方):

为了提高展会现场服务的效率,加快观众的引导与资料的搜集工作,甲方决定使用乙方提供的会展现场服务,同时为保证甲乙双方的合法权益,根据《合同法》,甲乙双方本着公平自愿的原则签订如下协议:

一、甲方义务

1. 甲方如需速录服务,应提前15个工作日将现场服务的时间、地点、内容(如不涉及特殊的保密措施外)等相关信息及时告知乙方,以便乙方安排服务人员与设备。

2. 甲方为乙方服务人员进行正常的工作提供尽可能的便利条件,包括会展所需参观证胸牌、工作人员工作午餐、会展所需参观登记表、提供充足的电源插座、设备摆放的桌椅等。

3. 甲方提供会展服务需要注意的相关问题,以便乙方工作人员更出色地完成现场服务工作。

4. 甲方若因故取消或推迟现场服务,需提前5个工作日告知乙方,否则每延迟一天按照协议金额的10%递增给予乙方赔偿。

二、乙方义务

1. 按照甲方的要求,保证派出约定数量的服务小组,并提前一个小时到达会议现场,如甲方要求乙方更早到达,乙方将适当收取费用。

2.根据服务协议所约定的服务内容,开始会展现场服务,搜集现场观众登记表,维护现场秩序,并保证会展现场的有序运作。

3.现场服务结束后,乙方对搜集到的资料进行检查整理后,将观众登记表与相关电子文本资料交给甲方。电子文档内容将在乙方计算机内存留72小时,在此期间甲方可以要求乙方随时复制或发送邮件。

4.乙方若因故无法按甲方要求提供服务,需提前5个工作日告知甲方,否则每延迟一天按照协议金额的10%递增给予乙方赔偿。

三、服务内容、服务费用及结算方式

1.结算采用预付款加尾款的方式。在协议生效后5个工作日内,甲方须将总费用的50%支付给乙方,在整个项目完成后5个工作日内,甲方应将剩余款项一次性付清。

2.现场服务内容及收费标准:

①乙方提供甲方会展门禁所用手持式条形码扫描枪×把,共计费用:×元;

②乙方提供甲方会展参观证胸牌所用条形码×个,共计费用:×元;

③乙方提供甲方会展所需服务人员×名(女),按每人每天×元算,共计费用:×元。

以上费用合计:×元(整)。

3.乙方在甲方结清服务费用时向甲方出具同等金额的发票。

四、保密协定

1.未经对方许可,任何一方不得向第三方(有关法律、法规、政府部门,证券交易所或其他监管机构要求和双方的法律、会计、商业及其他顾问、雇员除外)泄露本合同的条款的任何内容以及本合同的签订及履行情况。

2.本合同有效期内及终止后,本保密条款仍具有法律效力。

五、双方保证

双方保证:①其是合法设立并有效存续的独立法人,有资格或合法授权从事本合同项下的业务;②其授权代表已获得充分授权可代表其签署本合同;③其有能力履行其于本合同项下之义务,并且该等履行义务的行为不违反任何对其有约束力的法律文件的限制。

六、不可抗力

1."不可抗力"是指合同双方不能合理控制、不可预见或即使预见亦无法避免的事件,该事件妨碍、影响或延误任何一方根据合同履行其全部或部分义务。该事件包括但不限于政府行为、自然灾害、战争或任何其他类似事件。

2. 出现不可抗力事件时,知情方应及时、充分地向对方以书面形式发通知,并告知对方该类事件对本合同可能产生的影响,应当在合理期限内提供相关证明。

3. 由于以上所述不可抗力事件致使合同的部分或全部不能履行或延迟履行,则双方彼此间不承担任何违约责任。

七、合同期限

本合同自甲乙双方签字盖章之日起生效(传真件有效),在乙方收到甲方的全部款项后及外派现场服务工作结束后失效。

八、违约责任与争议解决

双方应严格履行本协议,任意一方首先违约应对双方的损失负责,并对另一方的有关损失做出相应赔偿,但赔偿额不超过本协议中所涉及的合同金额,乙方对通过甲方间接接受乙方服务的第三方的损失不负责任。凡因订立、解释、履行本协议所发生的或与本协议有关的一切争议,双方应通过友好协商解决;当事人不愿协商解决或者协商不成,双方决定交由起诉方所在地法院处理;争议的解决适用中华人民共和国法律、法规、条例和会展行业惯例。

九、其他

本合同的标题及各条款的标题是为检索方便拟订,不应用来解释合同的含义。

本合同一式两份,均具有同等法律效力。

本合同未尽事宜,由双方友好协商解决。

本合同的注解、附件、补充合同为本合同组成部分,与本合同具有同等法律效力。

甲　　　方:	乙　　　方:
盖　　　章:	盖　　　章:
授权代表:	授权代表:
签字日期:　年　月　日	签字日期:　年　月　日
联系人:	联系人:
联系电话:	联系电话:
通信地址:	通信地址:
邮政编码:	邮政编码:
银行账号:	银行账号:

4)展会清洁卫生工作操作流程

就展览会来说,清洁卫生工作的操作流程一般分为布展期、布展前一天、开展期、撤展期4个不同阶段：

（1）布展期操作流程

①根据展览要求，清卫负责人合理分配各区块负责人及保洁人员。

②各区块保洁人员进行定岗，实行区域包干制。

③洗手间实行专人负责制，早上、下午对卫生间各进行一次全面保洁，其余时间进行不间断保洁。

④馆内采取不停巡扫方式。先清理主通道垃圾，再清理其他通道。

⑤外围采取不停巡扫方式。下午下班前，组织男工清运外围垃圾。

⑥各块负责人进行不定时的巡检，及时发现并解决问题。

（2）布展前一天操作流程

①协同保安科对展馆内外各类垃圾进行集中清理。

②对展馆内的标志牌、玻璃门、公共设施进行全面保洁。

③展馆内统一放置蓝色大垃圾桶。

④卫生间内统一放置卷纸及洗手液等物品。

⑤对开幕式地段进行彻底清扫。

⑥根据实际情况，晚上适当加班，确保第二天顺利开幕。

（3）开展期操作流程

①开展第一天上班时间适当提前，集中清扫区域垃圾。

②在开幕式前对主席台地段进行再次巡扫，开幕式结束后调配人员集中清扫。

③馆内标志牌、公共设施实行每日保洁制。

④馆内采取不停巡扫方式。

⑤中午段及下班前对馆内垃圾桶集中更换垃圾袋。其余时间实行"满就换"的方式，并及时清运至垃圾场。

⑥洗手间实行专人负责制，早上、下午各对卫生间进行一次全面保洁，其余时间进行不间断保洁。洗手液及卷纸及时更换。

⑦闭馆后收集展位纸篓内的垃圾，对展馆内进行巡扫。

⑧外围采取不停巡扫方式，并及时更换室外果壳箱内的垃圾袋。

⑨各区块负责人进行不定时的巡检，及时发现并解决问题。

（4）撤展期操作流程

①洗手间实行专人负责制，早上、下午各对卫生间进行一次全面保洁，其余时间进行不间断保洁。洗手液及卷纸及时更换。

②馆内采取不停巡扫方式。先清理主通道垃圾,再清理其他通道,及时清运垃圾。

③外围采取不停巡扫方式,下午下班前,组织男工清运外围垃圾。

④各区域、各岗位实行轮流休息。在同区域内的保洁员不得同时休息。一般每隔 1 小时休息 10 分钟。如遇所在区域垃圾较多、工作较忙时,则取消休息。

⑤在保证外围及洗手间清洁的前提下,适当调配人员到馆内清运垃圾。

⑥各区域、各岗位负责人进行不定时的巡检,及时发现并解决问题。

⑦协同保安科做好撤展期的垃圾清理工作,监督布展单位及时清理建筑垃圾。

⑧各区域负责人做好特装押金的确认及签字工作。

5) 展会清洁卫生工作人员的责任心

从事清洁卫生工作的人员必须有很强的责任心。责任心的培养首先要放正心态,工作态度决定工作质量。其次,要经常对清洁卫生工作人员进行岗位培训,每次上岗前进行上岗培训。培训的内容包括服务意识、岗位职责、沟通技巧、应变能力等。

值得指出的是,随着会展产业的不断发展,展会规模的逐步扩大,展会品牌效益的不断凸显,会展服务的专业化越来越重要。实现会展服务的专业化分工和运作更能提高效率,能带来更大的经济和社会效益,因此,会展组织者通常会把相关的配套管理与服务项目承包给专业的会展服务公司,会展市场将越来越趋于细分化。

6.3 专业观众的组织

6.3.1 展会专业观众的概念

任何一个展会其基本的要素有 4 方面,即展品目标市场、组织者、参展者和参观者,如图 6.1 所示。展会以目标市场为中心,展会的存在以参展商的存在为前提,参展商的存在以参观者的存在为条件,参观者的存在以展品目标市场的存在为背景,4 者构成一个相互联系的完整系统。参展商和参观者是展会的两个助推器,展会需要一定数量和质量的参展商才能成为一个好的展会,同时,拥有一定数量和质量的观众,是每个组展方所竭力追求的目标。国际上衡量展会活动是否成功的重要标志之一,就是它的参展商与专业观众的数量与质量。参展商参加一个会展,是因为专业观众的参加,专业观众就代表了这个生产商的商品的目标市场。也就是说,参展商品目标市场的存在,是吸引参展商前来参展的根本原因。广交会之所以让国内企业趋之若鹜,就在于进场的是十几万海外观众。可以说,会展品牌和观众质量成正比,组展成功的关键在于专业观众的质量。

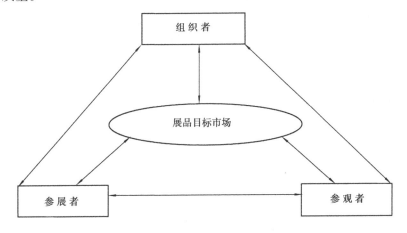

图 6.1　展会关系图

所谓专业观众是指从事展会上所展示的某类展品或服务的设计、开发、生产、销售或服务的专业人士及该产品的用户代表。

对于专业观众的界定有不同的标准。严格的观众的界定是专业观众数据库建立的基础,德国在展览观众的定义及展览统计方面有一套相当成熟的做法。德国展览统计数据自愿控制组织(FKM)只将有兴趣和展商建立商业关系的人算做观众,并明确规定:凡购票入场或是在观众登记处登记了姓名和联系地址的人才被称为观众,记者、参展商、馆内服务人员和没有登记的嘉宾不在观众之列。这个行规在欧洲普遍通用。但在美国,参展公司的工作人员和其他团体被称为"展览参与者",部分也计算在观众数量中。

6.3.2　专业观众组织的基本程序

会展观众是会展活动的最终服务对象,会展的主办者一定要把工作的重点从吸引参展商更多参展转到组织观众更好地参观上来。展会招商从根本上来说就是邀请目标观众前来参观展会。但是,人气旺并不意味着展会的成功,能吸引真正具有商业价值的客户才是组织者最应关心的。专业观众组织的基本程序有:

1)制订专业观众的组织方案

专业观众的组织方案是为了邀请专业观众前来参观而制订的具体工作方案。它需要会展的主办方充分了解展会所涉及的需求市场之后而制订,是针对展会招商工作的总体安排和把握。一份科学合理的专业观众的组织方案应包括以下几个方面:

①展会展品或服务的消费市场分析和研究。

②人员安排方案。

③专业观众邀请函的制作和发送。

④确定组织渠道和方式。

⑤制订专业观众组织的宣传计划。

⑥专业观众组织工作的费用预算。

⑦专业观众组织的进度安排。

2)建立观众信息库

建立专业观众数据库是专业观众组合的基础。采集专业观众样本的主要渠道有:

①现场实施取样。即从展会现场得到的数据进行及时的统计所得。

②登记表登记。即根据专业观众进场前的登记进行统计。

③网络注册取样。即利用展会展业网站开通的网上电子登记系统,将所需取样的内容制成表格,以电子请帖的形式提供给观众填写。

④展会身份识别信息管理软件。

⑤在同类会展信息中寻找专业观众。

⑥根据参展商的期望寻找专业观众。

需要注意的是,在建立目标观众数据库的时候,要科学分类,易于查找和检索,还要注意确保信息准确,及时更新。

3)专业观众分析

在组织专业观众之前,要开展专业观众分析,以便搜寻专业观众的来源。开展分析时可以选择不同的划分标准,如地区、公司经营内容、工作职能、职位等,同时还要结合不同行业展会的实际情况进行分析;也可以通过问卷调查、参展注册、网上注册等方式了解他们的职务、个性特点、年龄以及购买影响力等情况。

4)选择组织手段

展会组织最常见的手段是综合运用电台预告、电视报道、杂志和报纸以及网络媒体等手段展开宣传,吸引专业观众前来参观。例如,2007 年在江西南昌举办的"第四届中国会展节事财富论坛"在组织观众阶段,除了举办新闻发布会、专场会展沙龙外,还综合运用了"中国企业家"、"环球企业家"、"21 世纪商业评论"、"国际商报"、"新财经"、"浙商杂志"、"CCTV-2 博览会"、"南方周末"、"江西卫视"、"南昌电视台"、"新华网"、"搜狐网"等媒体进行宣传报道。

另外,在主办单位的网站上进行观众登记也是较好的一种组织手段。这也是现在比较流行的一种方式。主办方只需要按照登记的地址和所需的门票数直接邮寄门票和 VIP 胸卡以区分直接到现场的观众,他们无需在现场再进行登记。

5)专业观众的现场登记与管理

展会现场服务与管理是观众组织的重要部分。具体内容详见"专业观众的登记方案"等有关章节,此不赘述。

6)展后跟踪工作

展会结束以后,从建立品牌展会的角度来说,算是新一轮专业观众的组织工作的开始。展后的专业观众组织工作主要包括感谢工作、媒体跟踪报道、发布下届展览会信息、发放意见调查表、征询表以及数据库更新等。

6.3.3 专业观众的登记环节

专业观众是一个展会的宝贵资源,展会的主办者往往对专业观众的工作十分重视。展会期间,主办者一般专门安排对到会的专业观众进行登记,其主要环节有:

1)发放展会参观指南

展会参观指南是展会编印的用来指引观众参观展会的一种小册子。它主要是向展会的专业观众、媒体记者以及与会参观的嘉宾发放。

参观指南主要包括 4 个方面的内容:

第一,展会的基本内容简介,包括展会的 LOGO、名称、展览时间、地点、办展机构名称和展品范围等。

第二,展会的简短介绍,主要简单介绍展会的规模、参展企业数量和来源、展品特点、展会相关活动安排等。

第三,展区和展位划分与安排,主要包括展会的展区展位划分图、各展区的位置和范围、各参展企业名单及其展位号一览表等。

第四,其他图表,主要有展馆在该城市中的位置及交通图、展馆内各服务网点的分布图等。

参展指南的编写主要是为了方便观众参观,因此,一定要编写得实用、简单明了、条理清楚、一目了然。

下面是广交会的一份简明"参观指南",供参考。

广交会参观指南

一、简介

中国出口商品交易会,又称广交会,创办于 1957 年春季,每年春秋两季在广州举办,迄今已有 40 余年历史,是中国目前历史最长、层次最高、规模最大、商品种类最全、到会客商最多、成交效果最好的综合性国际贸易盛会。

近年来,广交会由数十个交易团组成,有数千家资信良好、实力雄厚的外贸公司、生产企业、科研院所、外商投资/独资企业、私营企业参展。

图6.2 中国出口商品交易会琶洲展馆

广交会贸易方式灵活多样,除传统的看样成交外,还举办网上交易会。广交会以出口贸易为主,也做进口生意,还可以开展多种形式的经济技术合作与交流,以及商检、保险、运输、广告、咨询等业务活动。来自世界各地的客商云集广州,互通商情,增进友谊。

表6.4 广交会情况

创办年代	1957 年春季
展出周期	一年两届,每届两期
举办时间	春交会:第一期 4 月 15 日至 20 日;第二期 4 月 25 日至 30 日 秋交会:第一期 10 月 15 日至 20 日;第二期 10 月 25 日至 30 日
会　　期	第一期 6 天,第二期 6 天
展览地点	中国出口商品交易会琶洲展馆(广州市海珠区新港东路),如图 6.2 所示 中国出口商品交易会流花路展馆(中国广州市流花路 117 号)
总展览面积	57.6 万 m²
展位数量	31 408 个(2006 年秋交会)
展品种类	超过 15 万种
成交额	340.6 亿美元(2006 年秋交会)
到会国家和地区	212 个(2006 年秋交会)
到会采购商	192 691 人(2006 年秋交会)
参展商数量	14 001 家(2006 年秋交会)

二、咨询处的位置

大会工作人员在广交会流花路展馆 1 号馆序幕大厅东侧、琶洲展馆 25 号馆和 21 号馆对应的珠江散步道设立的咨询处为到会客商提供咨询服务。

三、如何获得《中国出口商品交易会参展商名录大全》

到会客商凭请帖可到广交会流花路展馆 1 号馆序幕大厅东廊会刊资料发放处、琶洲展馆 25 号馆对应的珠江散步道免费领取《中国出口商品交易会参展商名录大全》一本。

四、翻译服务

大会可为客商提供英语、日语、德语、法语、俄语、西班牙语、意大利语、泰语、越南语、印尼语、朝鲜语等语种的翻译服务。客商如需聘请翻译,请事先向中国对外贸易中心对外联络处预订或在报到时与广交会来宾报到处联系。

五、上网服务

电子商务中心在展馆内为与会来宾提供上网服务,具体位置:广交会流花路展馆:1 号馆西廊、4 号馆 2 楼、6 号馆 1 楼、14 号馆 1 楼;广交会琶洲展馆:23 号馆珠江散步道 1 ~2 号柜台、23 号馆珠江散步道 3 ~4 号柜台、21 号馆电子商务中心内、23 号馆电子商务中心内、25 号馆电子商务中心内、27 号馆电子商务中心内、24 号馆二层电子商务中心内。

六、第 101 届广交会展区图示

第一期:2007 年 4 月 15 日至 20 日

家用电器展区	电子及信息产品展区
灯具灯饰展区	工具展区
机械及设备展区	小型车辆及配件展区
五金制品展区	建材展区
化工及矿产展区	车辆及工程机械展区

图 6.3　琶洲展馆

服装展区	家用纺织品展区
地毯及挂毯展区	纺织原料面料展区
抽纱展区	裘革皮羽绒及制品展区
鞋帽展区	医药保健品及医疗器械展区

图 6.4　流花路展馆

第二期:2007 年 4 月 25 日至 30 日

日用品展区	土畜产品展区
家具展区	陶瓷展区
器皿及餐厨用品展区	食品及茶叶展区
箱包展区	铁石制品展区

图 6.5　琶洲展馆

礼品展区	装饰品展区
玩具展区	编织品展区
园艺展区	钟表眼镜展区
办公文具展区	体育及旅游休闲用品展区

图 6.6　流花路展馆

七、安全提示

由于广交会展馆内禁止吸烟,如果有需要可以到设置的吸烟区吸烟。在展馆内请保管好自己的财物,如有物品遗失,请及时联系广交会保卫办展馆保卫科。展馆保卫科地点:流花路展馆 6 号馆 2 楼 6277 号房间;琶洲展馆 23 号馆一层 05 号房间。

如果您遇到有关安全方面的问题,请向广交会保卫办求助。

2) 填写观众登记表

为了搜集专业观众的有关信息,展会一般要对专业观众进行登记,为此,展会要编印观众登记表。观众登记表是用来搜集专业观众信息的一种问卷调查表,专业观众需要填写它才能取得可进入展馆参观展会的"专业观众证"。

观众登记表主要包括两个部分的内容:一是观众的联系办法,一是问卷调查问题。

一张简单的专业观众登记表如表6.5所示。

表6.5 专业观众登记表

×××家居博览会观众登记表

登记说明:

　　×××家居博览会将在××年×月×日至×日举行,请您认真填写登记表后选择:①将此表传真给主办方;②展会开幕时请交到总服务台。我们将为您提供免费门票;凭此登记表到展会上领取免费"专业观众证"。

1.个人资料

姓　　名:_____　　　职　　务:_____

公　　司:_____　　　邮　　编:_____

国　　家:_____　　　省　　份:_____

城　　市:_____　　　电子邮箱:_____

网　　址:_____　　　移动电话:_____

电　　话:_____　　　传　　真:_____

2.经营内容

□政府机关　　　　　□商务机构/协会　　　□公共服务　　　□金融/保险

□科研/高校/教育　　□进/出口　　　　　　□代理/分销　　　□输出中心

□生产企业　　　　　□销售商/批发商　　　□专业协会　　　□厨房家具

□家居家具　　　　　□软体家具　　　　　　□办公家具　　　□酒店家具

□庭院、户外休闲家具 □家具生产设备及原辅材料

□其他_____

3.您感兴趣或者贵公司有需求的产品是:

□整体衣柜　　　　□客厅家具　　　□餐厅家具　　　　□卧室家具

□儿童家具　　　　□床垫　　　　　□卫浴家具　　　　□梳妆台

□餐厅家具　　　　□整体厨房　　　□休息桌椅与摇椅　□扶手椅

□帐篷　　　　　　□单人沙发　　　□多功能沙发　　　□长凳

□长沙发　　　　　□休闲椅与摇椅　□椅　　　　　　　□软体套房家具

□转椅　　　　　　□办公桌　　　　□储藏柜　　　　　□档案柜

□电脑桌　　　　　□屏风　　　　　□办公设备　　　　□机械家具

□学校/图书馆家具 □影院家具　　　□游乐场家具　　　□房产

□二手房　　　　　□家居原材料　　□建材　　　　　　□家纺

□家居设备　　　　□其他_____

续表

4.您参观的目的是:
□采购　　　　　□联络供应商　　　□寻求代理/合资伙伴　　□建立关系 □搜集最新资料　□考虑下次参展　□其他
5.您是通过何种渠道了解到本展会信息的?
□报纸广告　　　□网站　　　　　□电子邮件　　　□传真 □电台广播　　　□杂志　　　　　□家居市场　　　□户外广告 □纸张信件　　　□客户介绍　　　□其他:＿＿＿＿＿＿＿＿＿＿＿
6.您是否曾经参观过往届家居博览会?
□从未　　　　　□一次　　　　　□二次　　　　　□多次

上表中,之所以将观众的所在地域也单列出来,一是便于建立观众信息库的分类,二是清楚地了解观众的来源,有利于更好地调整和执行展会的广告宣传推广、招商策略。

3)展会证件与门票管理

根据实际需要,一般展会需要印制以下证件:

①专业观众证。专业观众证供展会的专业观众进出展馆时使用。专业观众填写并交送"观众登记表"经审核后方可获得。

②贵宾证。贵宾证也叫 VIP 证,供到会的嘉宾使用。

③参展商证。参展商证供参展商进出展馆时使用。

④媒体证。媒体证供新闻媒体的记者、摄影等工作人员使用。

⑤筹(撤)展证。筹(撤)展证供展会在布展和撤展时展会展台搭建商以及参展企业的有关工作人员使用。筹(撤)展证在展会展出期间一般不能使用,搭建商与参展商的相关人员不能再凭此证进出展馆。

⑥工作人员证。工作人员证供办展机构的相关工作人员使用。

⑦停车证。停车证供参展商、观众以及到会嘉宾停车时使用。

专业观众凭"专业观众证"进出场馆,一般观众可凭购买的门票进入场馆参观。如果展会出售门票,要事先与地方税务部门取得联系,在取得地方税务部门的同意后方可印制出售门票。

4)会刊的编印与发放

会刊也可以说是会展活动期间供参展商与专业观众使用的展会活动指南。

编制设计会刊是一项专门的工作,它是整个展会的视觉系统,属于展会的 CIS 设计。设计制作精美的会刊不仅在展会期间方便使用,而且,还可以成为展会的宣传册,长时间使用、留存。

会刊的编制包括会标和海报设计、封面封底设计、会刊的内容以及校样审核、排版印刷等工作。

一般展会会刊内容组成比较固定,最常见的包括:序言/欢迎辞、目录、地区概况、企业简介、领导贺词、展会活动日程安排(时间、地点、主办承办方、活动内容等)、展位分布图(包括标明展位号、所在位置、通道、出入口、洗手间等)、参展商索引、参展企业资讯、行业/地区简讯、参展商名录、展览跟踪调查表等部分。各部分内容应准确无误,表述正确,杜绝错别字。

注意:国际性展会所提供的会刊说明性的文字至少应有中、英两种。

5) 观众登记的注意事项

展会的观众登记工作是一项十分重要的工作。如果展会要向国际展览联盟(UFI)申请入会,就必须提供观众的有关数据。

展会可以在展馆的大厅内设立"持有邀请函的观众登记台"和"无邀请函的观众登记台",设置"专业观众通道"和"一般观众通道"。一般来说,持有邀请函的专业观众往往事先已经填写了展会所需要的有关信息,在展会现场可以不必再填写"专业观众登记表",这样,可以大大地提高展会现场的登记效率,使展会现场不至于拥堵。

在展会现场进行观众登记时要注意以下事项:

①要由专人负责管理观众登记的现场事务,观众登记现场要保持秩序井然,不杂乱。

②观众提交的资料要尽量完整。如果观众没有填写完整有关资料,工作人员应当友情提醒,等填写完毕之后再发放有关进馆手续。

③工作人员现场录入的观众信息要力求准确,少出错误。

④如果现场来不及录入观众的所有信息,可以录入其中的主要信息,其他信息在展会后期录入。

⑤观众提交的填好的观众登记表、邀请函和名片等资料要妥善保管,分类整理,以便以后录入观众资料时核对。

⑥现场工作人员的服务态度要好,动作要迅速,并对展会要有一定的了解,能回答观众提出的一般问题。

本章小结

服务是区别于传统物质产品的一种特殊产品,它不是以物质形态表现出来的一个个具体的有形产品,而是凭借一定物质条件以多种形态表现出来的无形产品。会展活动是一种服务性的活动。服务创造品牌,一流的服务,创造一流的品牌。会展主办者要想在激烈的竞争环境中脱颖而出,除了策划出高品位的会展主题,组织独特新颖的会展活动形式之外,还必须向与会者、参展者提供满意的服务。会展服务包含在会展活动的采访、接待、礼仪、交通、运输、后勤、旅游、文书、通信、金融、展台设计、展具制作、展台搭建等各个方面。尤其是面对参加展会的大多数观众群体,服务的策划与组织工作更为重要。

复习思考题

1. 在会展服务细节上,服务(service)这个词包含了你如何跟顾客接触、保持跟顾客的关系时,所必要的一切组成部分。在国际会展服务中,"服务"一词中的 s,e,r,v,i,c,e 分别被赋予怎样的解释?

2. 身体的某一动作都具有一定的象征意义,这需要会展接待人员深刻领会与把握,试述手部常见基本动作的象征意义。

3. 简述会展商务服务的概念。常见的会展商务服务项目有哪些?

4. 常见的展会安全问题有哪些? 展览期间对突发事件策划与管理的原则是什么?

5. 展会清洁卫生工作的操作流程一般分为几个不同阶段? 试分别叙述。

6. 如何制订展会专业观众的组织方案? 在进行观众登记时有哪些注意事项?

实　训

以下是展会中常见的突发事件,分别该如何处理? 请参照备选方案一一选择合适的解决办法。

突发事件：

1. 断电　　　　　　　　　　　（　　　　　　　　　　　）

2. 人流拥挤　　　　　　　　　（　　　　　　　　　　　）

3. 遇到偷盗、诈骗　　　　　　（　　　　　　　　　　　）

4. 喷淋或水管爆裂　　　　　　（　　　　　　　　　　　）

5. 展商与顾客纠纷　　　　　　（　　　　　　　　　　　）

6. 摊主闹事时　　　　　　　　（　　　　　　　　　　　）

7. 遇到暴雨天气　　　　　　　（　　　　　　　　　　　）

备选方案：

a. 利用广播系统向顾客通知。

b. 做好道歉工作。

c. 做好记录。

d. 主要通道放置防滑垫。

e. 对可疑分子的行为及时制止。

f. 请公安人员予以协助。

g. 向展馆经理汇报，做好记录。

h. 门岗加强控制。

i. 安保迅速赶至现场，控制现场局面，了解情况。

j. 速报展馆电工，派员来查明原因。

k. 速将闹事人带至保安值班室处理。

l. 进门处摆放"小心地滑"警示牌。

m. 对已捉拿的犯罪嫌疑人迅速带离现场，交公安机关处理。

n. 以中间人身份，对双方调解，并请组委会人员给予帮助。

o. 利用近处消防龙带尽可能将水引流。

p. 同展商一起转移展品，避免损失。

q. 门岗保安控制大门，人员只出不进（工作人员除外）。

r. 安保人员密切注意每位顾客，对行为不正常的人跟踪查看。

s. 各楼层安保应在通道上疏散人流，并提醒展商注意自己的展品。

t. 安保人员及时观察进馆人员，若有不正常举动，及时向上级汇报。

u. 若不能马上供电，速启动备电系统。

v. 关闭水开关。

w. 准备一次性雨具，向客户分发（或销售）。

x.及时通知公安人员或展会管理人员,同时带离现场。

y.保安人员马上向各自分管区域客户解释,控制各管理区域局面,防止有人趁火打劫。

z.门岗安保及时疏散通道,防止拥挤,保证门两侧展位不受损害或防止有人趁火打劫。

案例分析

上海新国际博览中心服务质量体系

在当前国内展览业竞争日趋激烈的新形势下,大力抓好服务工作已为许多会展企业所关注,它是一个企业建立和维系核心竞争力的重要因素。作为会展产业链的关键环节,展馆无疑是一个综合服务平台,是一种由固定的有形设施(它覆盖了展览中心各个角落和空位的有形物体,甚至包括了展厅内的温度和湿度)加上无形的服务(展览中心员工向顾客提供服务时所表现出的行为方式,包括员工的服务技巧、服务方式、服务态度、服务效率、职业道德、团队精神、礼节仪表等)所组成的综合体。

上海新国际博览中心(SNIEC)——中国第一个中外合资建立和运营的展馆,它不但吸收了国际先进的展馆设计理念,同时也引进了国际先进的管理模式。自2001年11月开业到2003年底,SNIEC共举办了84场展览会,展览销售面积约达190万平方米,与会参展商和观众分别达到39 070家和300余万人。2004年,SNIEC举办的展览会达60余场,展览销售面积约达170万 m^2。2006年,SNIEC共举办69个展会,产值达4亿多元。SNIEC的成功除了得益于优越的地理位置,更重要的是与其长期奉行的"服务立馆"的理念是分不开的。在实践中,SNIEC的人性化服务常常体现在以下几个方面:

1.以顾客为中心

场馆依存于顾客。顾客是决定场馆生存和发展的最重要因素,服务于顾客并满足他们的需要应该成为场馆生存的前提和决策的基础。为了赢得顾客,场馆必须首先深入了解和掌握顾客当前的和未来的需求,在此基础上才能满足顾客要求并争取超越顾客期望。为了确保场馆的经营以顾客为中心,场馆必须把顾客要求放在第一位。顾客的满意和认同是展馆赢得市场,创造价值的关键。

2.持续改进

　　持续改进应当是组织的一个永恒目标。质量管理的目标是顾客满意。顾客需求在不断提高,因此,场馆必须要持续改进才能持续获得顾客的支持。另一方面,竞争的加剧使得场馆的经营处于一种"逆水行舟,不进则退"的局面,要求场馆必须不断改进才能生存。结合展览过程中出现的问题,SNIEC 长期以来坚持服务质量持续改进计划。例如,曾有位外商提出,展馆南入口大厅与班车停车点距离较远,遇到下雨时,到会客商淋湿了非常尴尬。SNIEC 采纳了他的意见,在停车点的南入口大厅安装了雨棚;还有,考虑到展馆间距离较远,以及观众在参观展会一段时间后大多比较劳累,SNIEC 增设了馆内免费穿梭电动巴士,并在东侧连廊下加装休息座椅,给观众、参展商创造了一个和谐的参观休息环境。此外,在展览的淡季,通常还会针对性地进行一些技术改造项目,包括广场车道路面翻修、空调系统改造、监视系统改造、建造更人性化标志引导系统等。所有这一切的改进措施都是以方便顾客为出发点。

　　3. 质量测评

　　高质量的服务是通过有效的控制过程来实现的。为了能发现服务中的问题和提出改进意见,SNIEC 建立了服务测评机制。例如,以问卷调查的方式对参展商、观众和主办者实施定期的顾客满意度调查,以便能够及时了解他们的需求以及对当前服务的评价。将服务质量测评工作变成提升 SNIEC 服务质量的催化剂和助推器。另一方面,是加强与国际一流会展中心的合作和交流,通过与标杆场馆的对照,来进一步提升自身的服务品质。例如,2003 年 11 月 7日,上海新国际博览中心与新达新加坡国际会议博览中心(Suntec Singa pore)、日本会展中心(Nippon Convention Centre Inc)宣告正式成立亚太会展场馆战略联盟(Asia Pacific Venues Alliance, APVA),目的在于加强三方在客户服务、市场营销、运营管理、设施技术、研究等领域中的合作与交流。从某种意义上说,此次战略合作为上海新国际博览中心提供了一个学习和吸收国际先进服务理念和经验的机会。

　　4. 教育培训

　　优良的硬件设施是客户服务的基础,而优良的服务则能为公司创造更多的利润。亚太地区的一流展馆有很多,例如,香港会展中心、新加坡展览中心等。从硬件设施上来说,几个展馆都不分上下,因此,如何提高软件服务的质量就成了增加展馆竞争力的关键。作为软件服务中人的因素——展馆服务人员所表现出来的思想、行为和意识可以说直接反映了展馆的服务质量,影响着展商和观众的消费心理和对展馆的印象。因此,推行多层次、多种类、多规格的服务培训,充分发挥和保持服务人员的潜力是十分必要的。

上海新国际博览中心教育和培训的目的有两个方面：

第一，加强服务人员的服务和质量意识，牢固树立"顾客为先，质量第一"的思想。

第二，提高服务人员的专业技能，增强服务技巧和效率。

例如，SNIEC 曾多次聘请国际专业管理培训机构并基于展商、观众和主办者的反馈意见，对客户服务第一线的员工进行有针对性的教育和培训，如搭建过程中员工的讲话态度，对那些不理解的客户如何处理等。结合实际和具体事例进行培训，使员工感到仿佛是现场情景的再现，或未来可能遇到情况的假设，实用性很强，同时，增强了员工对场馆文化的理解和认同，最终的目的是让服务人员以他们的精心工作、热情周到的服务、友好和事事相助的态度以及运用娴熟的服务技能和技巧，让每一位与会客商在经历 SNIEC 服务的过程中真正体验到一种宾至如归的感觉。

分析：

在现代会展服务体系中，不同的会展场馆为了体现自己的优势与特色，会为参展商和观众提供个性化服务，这些个性化服务有可能成为场馆经营管理的闪光点，吸引更多的参展商前来参展，也会给公众留下深刻的印象。上海新国际博览中心紧紧抓住中国会展发展的契机，服务理念同国际接轨。SNIEC 的员工"以他们的精心工作、热情周到的服务、友好和事事相助的态度以及运用娴熟的服务技能和技巧"赢得了参展商与观众的信赖。SNIEC 的成功服务经验对会展活动其他环节的服务都有一定的借鉴意义。

第7章
会展宣传推广项目策划

【本章导读】

　　展会宣传推广是会展策划的重要内容,也是展会营销的中心环节之一,展会的宣传推广是吸引目标观众的主要手段,宣传的目的是将展会的有关情况告知现有客户与潜在的客户,欢迎他们前往参加展会。展会宣传推广对于招商、招展、吸引观众到会参观以及提升展会的知名度、美誉度都有很大的作用。展会宣传的具体执行也应全方位、立体化,通过综合运用各种宣传手段实现最佳的宣传推广效果。

【关键词汇】

　　宣传与推广　展会知名度　品质认知度　新闻稿　展会广告　展会公关　广告受众　电波媒体　户外媒体

7.1 会展宣传推广项目策划概述

随着会展业的不断发展,品牌展会的长期影响力和良好的声誉成为展会主办方的重要课题。展会宣传是吸引参加者、推广展会主题、建设展会品牌的重要手段。从国际普遍的做法来看,办展机构一般会将展会收入的10%~20%拿出来作为展会宣传推广的资金投入。在进行实际的会展宣传推广项目策划时,必须要明确宣传推广的目的,抓住宣传推广的特点,掌握其原则。

7.1.1 明确会展宣传与推广的目的

展会的宣传与推广工作是一个长期性、系统性的工作,必须具备整合传播的思路,同时要以实现长期效应为出发点。伴随会展业的长足发展,展会的宣传与推广工作日益受到重视,宣传推广工作的目的性也日益清晰。展会的宣传与推广的主要目的有:

1)提升展会的知名度

展会知名度分为4个层次:

第一,无知名度,即展会的目标参展商和观众根本就不知道该展会及其品牌;第二,提示知名度,就是经过提示后,被问者会记起某个展会及其品牌;第三,未提示知名度,即不必经过提示,被访问者就能够记起某个展会及其品牌;第四,第一提及知名度,就是即使没有任何提示,当一提到某一种题材的展会时,被访问者就立即会记起某个展会及其品牌。

提升展会品牌知名度,就是要使展会品牌逐步从无知名度走向第一提及知名度,这样,展会才会被其目标参展商和观众作为首选的对象。

2)扩大展会的品质认知度

品质认知度是指目标参展商和观众对展会的整体品质或优越性的感知程度,它是参展商和观众对展会的品质做出是"好"还是"坏"的判断;对展会的档次做出是"高"还是"低"的评价。

品质认知度对于展会发展具有重要意义:

首先,它可以为目标参展商和观众提供一个参加展会的充足理由,使本展会能最优先进入他们参展(参观)选择决策考虑的视野。

其次,使展会定位和展会品牌获得目标参展商和观众的认同,提高他们参加展会的积极性。

再次,有助于展会的销售代理展开招展和招商工作,可以增加展会的通路筹码。

第四,可以扩大展会的"性价比",创造竞争优势,促进展会进一步发展。

3) 努力创造积极的展会品牌联想

展会品牌联想是指在目标参展商和观众的记忆中与该展会相关的各种联想,包括他们对展会的类别、展会的品质、展会的服务、展会的价值以及顾客在展会中的利益等的判断和想法。

展会品牌联想有积极的联想和消极的联想之分,积极的展会品牌联想有利于强化展会的差异化竞争优势,使目标参展商和观众对展会的认知更趋于全面,并可帮助目标参展商和观众进行参展(参观)选择决策,促成他们积极参加本展会。展会品牌经营的任务之一,就是要通过营销等各种手段,努力促使目标参展商和观众对展会产生积极的品牌联想,避免使他们对展会产生消极的品牌联想。

4) 不断提升目标参展商和观众对展会品牌的忠诚度

目标参展商和观众对一个展会品牌的忠诚度越高,他们就越倾向于参加该展会,否则,他们就很可能抛弃该展会而去参加其他展会。

品牌忠诚度可以分为5个层次:

第一,无忠诚度。参展商和观众对该展会没有什么感情,他们可能随时抛弃该展会而去参加其他展会。

第二,习惯参加某展会。参展商和观众基于惯性而参加某展会,他们处于一种可以参加该展会也可以参加其他展会的摇摆状态,容易受竞争展会的影响。

第三,对该展会满意。参展商和观众对该展会基本感到满意,他们不太倾向于转而参加其他展会,因为对他们而言,不参加本展会而去参加其他展会存在较高的时间、财务和适应性等方面的转换成本。

第四,情感参加者。参展商和观众真正喜欢本展会,对本展会有一种由衷的赞赏,对本展会产生深厚的感情。

第五,忠贞参加者。参展商和观众不仅积极参加本展会,还以能参加本展会为骄傲,并会积极向其他人推荐本展会。

提升目标参展商和观众的品牌忠诚度,就是要不断增加展会的情感购买者和忠贞购买者队伍,使本展会成为行业的旗帜和方向标。拥有较多具有较高品牌忠诚度的参展商和观众的展会,必将成为该行业中最为著名和最具影响力的展会。

7.1.2　抓住会展宣传与推广的特点

由于展会的宣传推广工作任务多、工作量大,许多展会办展机构都会设立专门的岗位从事展会的宣传推广工作。在进行会展宣传推广项目策划时要注意以下特点:

1)整体性

会展宣传推广具有整体性特点,它是服务于整个展会的,是一种整体的宣传推广工作。宣传推广的主要任务有:促进展会招展、促进展会招商、建立展会良好的形象、创造展会竞争优势、协助业务代表和代理们顺利开展工作、指导内部员工如何对待客户等。宣传推广工作要处处注意展会的整体利益。

2)计划性

展会的宣传推广工作头绪繁多,这就要求开始时必须做好整体的展会宣传推广规划工作。从宣传推广目标的树立到宣传推广内容的确定,从展会的宣传推广手段的选择到宣传推广工作每一环节的落实,都要有通盘的计划。要综合考虑展会筹备工作各方面对展会的宣传推广工作的需要,给展会筹备工作以强有力的支持。

3)阶段性

展会宣传推广工作的阶段性很强,展会发展到什么阶段就应该有相应的宣传推广配套方案跟进。展会宣传推广的目标和任务不是在同一阶段都要实现的,要根据展会自身的规律以及市场的规律循序渐进。

4)服务性

展会本质就是一种服务,参展商和观众之所以参加展会,是因为他们想得到展会所提供的各种服务,如贸易成交、信息、形象展示等,如果得不到这些服务,参展商和观众就会感到不满意。对于主办方来说,成功的展会最重要的标准应该是参展商和观众的认可与满意。因此,从本质上来说,展会的宣传和推广实质上是在宣传和推广各种服务,这是在进行策划时必须要明确的。

7.1.3 掌握会展宣传与推广的原则

服务业具有生产和消费的无形性、多样性、易逝性和不可分割性等特点,在进行展会的宣传和推广时,要注意这些特点,而且要遵循展会宣传和推广的原则:

1)重视口碑沟通

有调查显示,当某一展会知名度不高时,有40%的观众是因为同行或熟人推荐而得知的。口碑传播不论是对参展企业还是对观众来说都有重要意义。因此,在进行会展的宣传和推广工作中,要充分营造气氛和环境,重视口碑传播。

2)承诺能提供的服务

在展会宣传和推广时向参展商与观众进行有关承诺非常重要,它是吸引参展商与观众参加展会的因素之一。一次展会举行之后,如果参展商与观众得到了主办方在宣传和推广时承诺的东西,就会感到满足;反之,会感到失望。因此,在展会宣传和推广时向参展商与观众进行的承诺应当注意力所能及。有的展会事先并没有承诺,但却在展会中向参展商与观众提供了超值服务,有效地提升了展会自身的形象。

3)强化有形展示

展会服务的本身具有无形性,不容易在目标受众的心目中产生实在的印象。这就要求在进行展会的宣传和推广时向参展商与观众描绘有形的形象。让参展商与观众感受到有形展示与服务。例如,对于参展商,可用具体的数据告诉他们将有什么样的观众到会,到会观众的构成是怎样的等;对于观众,可以告诉他们本次展会的参展企业规模、层次以及展品的特色和能得到的信息与服务等。

4)注重连续性

展会的宣传和推广要有一定的连续性。对于展会的主题、定位、优势、特点等的宣传要一如既往,坚持不懈。只有这样,才能在参展商与观众的心目中形成固定的印象,从而达到良好的宣传效果。

除此之外,在进行展会的宣传和推广时,还要注意宣传和推广自身的规律,如使用行业和客户熟悉的语言等。

7.2　会展宣传推广的内容与手段

7.2.1　展会宣传与推广的内容

展会的层次以及展会的主题定位、目的不同,其宣传与推广的内容也有所不同,一般来说,展会宣传与推广的主要内容有:

1)展会基础资讯的宣传与推广

各种展会都需要向参加者详细介绍展会的一切基础资讯,主要包括:
①开展的时间、场馆地点、交通住宿情况、会务组接待事宜、展会时限等。
②参展者情况、往届展会效果、社会评价等。
③参展要求与条件等。
以上宣传内容主要是针对参展方,比较简便的做法是将所有基础资讯编订成册,印发邮寄或进行人员推广。

2)展会相关活动的宣传与推广

展会过程中往往会安排一些活动,一方面增加展会的内容,另一方面也可以有效吸引参观者,这些活动不仅是展会的有效构成部分,对于一些特定主体的展会,甚至可以说是展会的重中之重。

展览会中的活动,所指的是开幕式、闭幕式、民族风格的表演、场内特设舞台上演的节目、表演、音乐会,或者是主题讨论会、研究会等。平时,难以接受邀请的著名音乐家的演奏会、海外艺术表演等,在展览会举办期间都能轻易青睐,这也是展会带来的好处。会期中每天在会场的各处都能欣赏到富有魅力的各种表演活动,这也同演示一样,能够增加整个展会的魅力,成为吸引更多观众前往参观的重要因素之一。

根据活动的类别划分,可将其归纳为:

①正式活动(由主办者举行的前夜典礼、开幕式、闭幕式等正式活动)。

②主题活动(围绕展会主题进行的讨论会、研究会、电影节等活动)。

③交流活动(出展单位主办的活动)。

④一般活动(音乐演奏会、电影、传统艺能、街头表演、盛装游行等)。

⑤市民参加活动(由一般市民资助主办的活动)。

展会期间活动的宣传与推广可以在很大程度上帮助展会聚集人气,突显风格,形成品牌效应。特别是大型展会如世界博览会,都将一些重要活动融入展会过程,不仅在展会场地进行,也可以将活动延展至整个城市,从而实现更大的社会效应和经济效应。

形形色色的活动可以提升展会的人气,打破展会相对沉闷的气氛,为参展方提供更多的宣传途径。因此,展会过程中的各种活动也是展会宣传和推广中的一个重要部分。

3)展会品牌的宣传与推广

将自己举办的展会逐步培育成在国内外有重大影响力的品牌展会,是每一个展会主办单位不懈的追求和执著的梦想。品牌展会都是通过对展会进行卓有成效的品牌经营才培育出来的,展会品牌经营是展会进行市场竞争最有效的手段之一。在形成品牌产权之后就是以经营品牌的观念来经营展会,将展会培育成品牌,并通过展会品牌来加强展会与参展商和观众的关系的一种展会经营策略。展会品牌经营的主要目的,是通过对展会进行品牌化经营来提高展会的影响力和市场占有率,并努力使本展会在该题材的展览市场上形成一种相对垄断。因此,展会品牌的宣传与推广应着力于独特性与排他性,可以在宣传过程中突出品牌展会在行业或领域中的不可替代性。

企业也通过承担举行这类活动的一部分或者全部资金的方式获得向来场观众宣传该企业的商品名称或企业名的好机会。另外,为了设立举行活动的专用舞台,还需舞台装置布景、音响照明等方面的专家的协助。

7.2.2　展会宣传与推广的手段

展会宣传与推广在执行手段上是多种多样的,应根据财力、人力以及展会本身的特性选择组合使用。

一般来说,比较常用的手段有人员推广、广告宣传、新闻媒体宣传、公共活动推广等。

1) 人员推广

人员推广是一种人际交流,是一种直接的宣传方式,会展的主办者通过与目标观众直接联络,告知展会情况,邀请其参加展会。展会人员推广方式主要是直接联系、发函和发电子邮件等。

人员推广,特别是作为展会的组织者,利用现有条件开展与参展方之间的直接人员推广是相当有效的方式。作为展会组织者的政府部门、行业协会等,可以采用人员联系的手段进行相关的宣传与推广工作。

2) 广告宣传

美国专项调查显示,比起未登广告的参展企业,在展前连续登 6 次广告的参展企业要多50%的参观者,登12 次整版广告的参展企业要多70%的参观者。

广告的本意可以解释为"广而告之"。在展会中,广告是展会宣传的重要方式,也是吸引参观者的主要手段之一。广告可以把信息传给很多人,在商业社会中,广告的促销活动是显而易见的,因而,展会宣传一定要充分利用广告这一手段(详见 7.3　展会广告宣传专项策划)。

3) 新闻宣传

新闻宣传费用一般较低,因为通常情况下新闻采访与报道是免费的,同时新闻报道的可信性较大,效果不错。新闻宣传必须在展会之前、期间和之后连续进行。展会主办方一般都在展会期间设有专门的新闻宣传部门,该部门的工作人员应该具有良好的媒体背景,熟悉新闻宣传的手段与一般规律,并能够与专业新闻人员有效沟通,和记者、编辑、摄影师、专栏作家等都能够保持联系。良好的人际关系有助于获得媒体的最大支持并获得最高最正面的报道。

新闻宣传工作的一般流程如下:

①任命新闻负责人或开始联系委托代理,搜集、整理、更新目标新闻媒体和人员名单。

②制订新闻工作计划。

③举办记者招待会,发布展会基本信息。

④搜集媒体报道情况,如果在展会期间对记者做过许诺,一定要尽快予以办理或告知何时办理。

⑤向未能参展的记者寄发资料。

⑥向出席招待会、参观展会的记者发感谢信,向所有记者寄展会新闻工作

报告。

⑦迅速、充分地回答新闻报道引起的读者来信。

⑧与媒体保持联系。

在新闻宣传工作中,会展主办方特别需要注意新闻稿、新闻图片。新闻稿是展出者提供给媒体的主要的新闻资料,质量高、内容新、符合新闻写作要求的新闻稿被广泛应用的可能性就高。好图片可以直观体现展会现场的效果或主体,好图片比好文章更易被采用。

4) 公关活动

为扩大展会影响、吸引观众、促进成交,展会主办方往往也要通过会议、评奖、演出等公关手段对展会进行宣传。这些公关活动通常不是单纯的为展会服务,还兼顾政策宣传、文化交流等社会责任。公关活动不仅可以帮助主办方争取到更多的来自当地政府的支持,同时也可以有效地在参观者中引起共鸣。

报告会、研讨会、交流会、说明会、讲座等会议形式是展会过程中最普遍的公关手段。一般会议中可以吸引行业管理者、决策人物、专家、学者的到来,这些人往往具有相当的影响力,参展商和参观者往往希望通过参加会议获得如国家经济动向、政策发展、法规变动等信息;技术咨询会中不仅可以对新技术、新领域进行专业探讨,同时也能够为技术转化提供平台。

评奖活动的公关效果更为明显。一般由展会组织,参展方参加。评奖团多由专家组成,评奖结果通过媒体宣传。例如每年一度的由《南方日报》集团等举办的广州房地产交易会过程中都会评出当年最佳楼盘、最佳开发商等多个奖项,不仅大大调动了参展商的积极性,同时也使参观者增强了对展会的信赖感。

各种演出活动往往与促销结合,有公关公司负责完成。

值得指出的是,展会宣传推广工作虽然日益受到重视,但在有限的预算安排中花在宣传推广上的费用仍是比较有限的。作为主办方,可以采用集资—回馈的方式吸引社会捐助和商业赞助等。

(1) 集资方式

一般采取社会捐赠和商业赞助等方式。

①社会捐赠。社会捐赠的形式可以是货币捐赠,也可以提供实物或服务等方式捐赠,如可采取捐款,捐赠物品,提供免费住宿、餐饮和交通等接待服务。

②商业赞助。商业赞助主要为资金与实物赞助等。

(2) 回馈方式

①授予赞助商荣誉。将赞助单位作为活动的协办(赞助)单位;授予赞助单

位负责人荣誉称号,并颁发荣誉证书等。

②提供媒体广告。活动期间,媒体赞助商可选择广告媒体和广告方式免费刊播相应数量的广告。

③授权冠名活动。活动期间,把活动的冠名权授予赞助商,在举办活动前与赞助商联合召开新闻发布会,并在媒体上发布祝贺广告;为活动冠名企业提供免费现场广告;在与活动有关的各种宣传资料和票证上、主要活动标志物上标示带有冠名的活动全称;要求各指定媒体在宣传报道活动时必须报道带有冠名的活动全称等。

④提供区域广告。活动期间,根据赞助商的贡献,在指定区域为赞助商制作、放置广告标牌,设置彩虹门,投放空飘气球等。

⑤指定产品。可根据赞助商的要求,将其产品确认为活动指定产品。

⑥标志产品。允许赞助商在其产品和服务中,使用活动的标徽、吉祥物及其他归活动组委会所有的图片、文字和标志。

⑦特约消费场所。可将赞助企业作为特约消费场所,并在相关媒体上公告(活动组委会所需的相关服务原则上由被指定的赞助商提供)。

⑧邀请赞助企业负责人参与活动重要活动。活动组委会邀请赞助单位领导参加活动的开幕式等大型活动,并给予贵宾礼遇。

以上这些方式可以有效解决展会宣传推广的费用问题,从而更好地实现展会的预期目标。

7.3 会展广告专项策划

7.3.1 会展广告策划的原则

展会广告的范围可以覆盖已知的和未知的所有参观者,可以将展会情况传达到直接联络所遗漏的目标观众,也可以加强直接联络的效果,这是覆盖面最广的展会宣传手段,因此,必须目标明确,根据需要、意图和实力有效安排。

广告预算决定广告规模,要根据需要和条件决定预算。选择合适的媒体才是降低成本、提高效率的最好办法。同时,广告的时间也需要安排。在一般情况下,不要将广告集中在展会开幕前几天,而应该在三四个月之前就开始,广告不仅可以安排在展会之前,还可以安排在展会期间和展会之后。

展会广告策划在操作过程中应遵循的原则主要有：

1）市场导向原则

从展会目标参展商和观众的需求出发，通过展会广告来促成目标参展商和观众对展会的认同，促成展会与参展商及观众之间建立起一种共赢共荣的关系。

2）目标性原则

通过展会广告使展会在业界知名，赢得目标参展商和观众对展会品质的认知，提高他们对展会品牌的忠诚，给他们带来积极的展会品牌联想。

3）系统性原则

展会广告执行本身是一个富有层次性的系统工程，要具有全局的视野、多层次的协调、多角度的长远规划。

4）针对性原则

展会广告的主要对象是展会的目标参展商和观众、展会的服务商以及办展机构自己的员工，极富针对性。

5）诚信原则

许多著名展会最终走向没落有一个共同的原因，就是这些展会都没有实现自己最初对市场的"承诺"，不管这种承诺是出自展会对市场的明示，还是来自展会对市场的暗示。一旦市场发现自己被某展会广告所欺骗，市场就会毫不犹豫地抛弃该展会，该展会在市场上就没有了立足之地。

展会广告活动具有相当的专业性，因此，最好的方式是与广告代理公司合作，从而实现广告宣传的最佳效果。

7.3.2 会展广告策划的步骤

一个展会，尤其是大型展会，它要传达给目标受众的信息是多方面的。例如，主（承）办单位，展会时间、地点、规模，展会的主题、内容以及特点、优势等。所有这些都是在制订广告策略时必须考虑的。进行广告策划时应注意以下环节：

1）明确广告受众

展会的广告受众包括潜在受众和目标受众。从目标受众来说，他们是商品交易会或消费品展会的观众，是从参展商那里购买或预订产品、商品或服务的人，或者至少是去展会搜集信息的人。展会主办者应围绕目标受众的需求制订广告策略，因而，对目标受众进行深入的调查与分析，是做好广告的第一步。

2）设计广告内容

有人说，广告是瞬间决定成败的艺术。这一方面是由广告自身的特性所决定的；另一方面，受众也有自身的接受规律。据心理学的实验结果，人们一般只能保留他们所听到的50%的信息，而且在1分钟甚至更少的时间内90%的信息又会被遗忘。因此，广告必须简明扼要、风格独特、主题明确，这对广告商的选择、广告内容设计以及广告文案写作都提出了极高的要求。

3）制订广告目标

广告目标是整个广告活动要达到的最终目的。在展会的广告策略中，制订广告目标是最重要的一环。这个目标实际上就是广告活动在社会上展开以后引起的预期反应，以及由此所产生的促销效果。

广告目标从期限上讲，有长远目标、中程目标、短期目标和具体目标。从内容上又可以分为商品目标、企业目标和观念目标。因此，在具体的展会中，究竟该确定什么样的目标是展会主办者应该花大力气研究决定的。

4）组合运用各种广告手段

从整合传播（又称新广告）的角度来说，广告活动可以涵盖广告、促销、公共关系、CI、包装、新媒体等一切传播活动。整合传播的特性在于将广告扩展到与企业市场营销活动有关的一切信息传播活动中，而且为所有对外信息传播活动提供整体策略。这一概念对所有的展会企业来说并不陌生，展会主办方在具体运用各种媒体的组合时整合传播是有所不同的。

5）策划广告中的互动环节

没有互动，参展商就不能充分地发挥展会的营销作用，单纯地"灌输"信息或一味地强调销售，可能会影响广告的整体效果。如果在策划广告时注重互动环节，如利用注册表、反馈回执或有奖促销等广告手段，则可能收到意想不到的效果。

7.3.3 会展广告的媒体选择

选择媒体主要看媒体的读者、观众、听众是否是参展企业的目标观众。如果是消费性质的展会,可以选择大众传媒,包括大众报纸、电视、电台,人流集中地的招贴、旗帜等;如果是专业性质的展会,就要选择使用生产和流通里只针对专业观众的专业媒体,包括专业报刊、内部刊物、展览刊物等。如果是文化性质的展会,则可以兼用上述各种媒体形式。

媒体选择与组合使用必须考虑媒体特性与使用方式,不同的媒体有着不同的规律。

1)电波媒体

电视和电台是覆盖面最广的媒体,其主要对象是消费者,因此,消费性质的展会可以使用。由于展会本身一般都具有较强的地域性,因此,最好使用当地媒体或区域性媒体,这样也可以降低绝对成本。

在网络技术日益发达的今天,参展商以及会展的主办者应积极借助网络,宣传自己、沟通信息,塑造企业品牌形象。主要的做法有:

(1)链接展会网址

在展会网站上登载展台照片或有关本公司展品的图片,并附上即将参加的展览会列表,从而使得专业观众能更加方便地识别你的公司;还可以围绕公司的展品开发一个电脑演示软件,以供网页的浏览者下载,这样他们就能把有关产品或服务的更多问题反馈到你的展台;还要注意信息分类一定要明确,便于专业观众在展览会网站上搜索。

(2)利用自身的网站

展会主办者利用自身的网站可以把公司简介、服务条款、联系方式等展示给受众。在互联网上发布参加某次展览会的情况应当做到:提供准确无误的公司资料,并公布展台号;向公众介绍本公司所生产的产品以及将要参展的产品,并为他们提供用以更新展前资料的安全密码;在网站的各个分区尤其是产品类型一栏设置非常醒目的动画标记(链接标志),以引起访问者的注意。

(3)合理选用门户网站

在展会开始前夕,展会主办者选择合适的门户网站进行宣传往往能收到意想不到的效果。国际上较流行的做法是加入门户网站所开设的专题,或者采用自动跳出广告。使用时要注意文字或图片简明,能激起人们打开链接的兴趣。

尽管互联网广告费用低、覆盖面广,但它也有些不足:作为"信息海洋"的网络,信息量太大,广告被淹没的可能性很大;权力越大的目标观众,使用电脑的可能性越小,最重要的目标受众不一定能通过网络达到。

发挥网络的作用,无论是在展前、展中还是展后。将展前宣传与网络联系在一起,这样可以增加网站的访问人数,提升企业品牌知名度。在会展中,可以充分利用网络进行投票,这样也可以让更多的人访问你的网站。展后可以在网上发布会场照片(上面充满参观者)。以奖金再次吸引人们访问你的网站,这样人们就会看到你的展会有多成功。

2) 印刷媒体

报纸,特别是综合性报纸是到达消费者和专业人士的理想途径,广告应准确无误地传递展会相关信息。

专业刊物是生产流通领域的专业性杂志或报纸,它是专业展会广告的主要选择。专业报刊瞄准特定的读者群体,如果展商的目标观众也是专业人士,就可以选择在这类刊物上刊登广告,效果好,费用低。专业报刊有时会作为专业展览的组织者之一,因此更便于利用。

某一专业领域往往会有数家报刊,如果预算有限,就要选择影响最大的专业报刊。如果预算充足,可以多选择几家刊物刊登广告。交叉使用行业内的不同专业刊物登广告能使客户加深印象。

内部刊物是政府有关部门、贸促机构、工商会、行业协会等内部发行的报纸、杂志。发行对象多是特定的专业读者,读者专、收费低、效果好。如能在内部刊物上同时安排新闻性质的报道,以加强宣传的可信性,则效果更好。

有些报刊为展会编印专刊,因此,可以利用专刊做新闻宣传并刊登广告。专刊的读者是对展会有兴趣的人士。

还有一些如广告夹页、分类广告、展览会目录等形式的印刷媒体也不要忽视,有时能收到事半功倍的效果。

3) 户外媒体

户外广告方式成本相对较低,效果却不错。它不仅可以实现宣传效果,同时还可以制造氛围。

海报或招贴是广告的一种形式,比较适合面向大众的宣传,如果在专业人士聚集地区张贴海报也可以做专业宣传。张贴海报要注意时间、地点等管理规定和手续。海报多由展会组织者使用,可以从机场、车站、市中心沿路一直贴到展会现场甚至展台中心。

广告牌是广告形式之一。广告牌分为场外广告牌和场内广告牌。场外广告牌主要用于吸引激发参观者兴趣;场内广告牌的主要作用不是推销而是吸引观众参观展台。

另外,数量众多、颜色缤纷的横幅、气球可以制造出热闹的气氛。

本章小结

本章在对会展进行宣传推广的意义和目的分析的基础上,介绍了会展宣传与推广工作的基本内容,说明了几种常见的宣传推广手段。在会展的宣传推广活动中,广告起着十分重要的作用,广告是会展产生效果的助推器。会展广告项目策划要明确策划的步骤以及媒体的选择策略,并且要在把握好专业媒体、大众媒体以及新闻发布会、专项宣传活动等的规划上下工夫。

复习思考题

1. 展会宣传与推广的基本目的包括哪些?

2. 试述展会宣传和推广的原则。

3. 一般的会展广告宣传策划主要有哪些步骤?

4. 电视和电台是覆盖面最广的媒体,为什么展会在媒体选择时一般对此采取谨慎态度,而主要是使用当地媒体或区域性媒体?

5. 展会宣传与推广还有哪些新颖的手段和方法?试加以叙述。

6. 对待世博会这样的大型展会,应如何将展会宣传与推广工作与城市品牌塑造工作相结合?

实 训

阅读下列材料作题:

2010 年上海世博会的主题"城市,让生活更美好",是世博会历史上首次引

入"城市"概念,表达了全人类追求未来更加美好生活的共同愿望。世博会品牌与城市形象之间的关系可以从以下几个方面表达:

1)市民形象

城市形象是通过市民形象集中表现出来的。市民形象与城市形象密不可分,城市的精、气、神是以市民的综合素质、精神状态、创新能力为核心、为支撑,并通过市民的各种参与凸现出来。

2)文化形象

文化是城市之魂,也是世博会活动的支柱之一。2010年上海世博会既是一个多元文化交流和交融的舞台,也是展示上海优秀文化传统和文化发展成就的重要窗口。上海作为一座历史文化名城和现代化国际大都市,通过举办世博会可以促进东西文化交流,丰富世界博览会精神的内涵,将世博会"理解、沟通、欢聚、合作"的理念化为实践。

3)政府形象

作为负责城市规划、布局和管理的政府,十分需要运用各种方法来塑造自身的良好形象。能否做到这点,将取决于政府与公众之间能否真诚沟通、坦率交流、仔细倾听、及时反馈,取决于双方能否互相理解并建立信任。政府将实施新闻发言人制度,及时向社会发布新闻,将向媒体和公众宣传、解释上海世博会各项重要工作进展情况,进一步树立政府执政为民的良好形象。

4)开放形象

开放的形象是城市的气度和品质。上海的城市精神"海纳百川,追求卓越",倡导的就是营造开放向上的城市形象。这一精神也将贯穿于宣传和推广世博会的各项工作。2010年上海世博会既是属于上海的,也是属于中国的,更是属于世界的。它将密切中国与世界经济的联系、推动全球一体化进程,为谋求各国共同发展和普遍繁荣搭建起广阔的舞台。通过举办世博会,上海将直接、广泛地学习吸收世界各国在文化、科技、产业发展中的最新经验、最新技术和最新成果;世界将通过上海,更清晰、全面地了解、体验一个开放、现代化中国的蓬勃生机和广阔前景。

请选择"市民形象"、"文化形象"、"政府形象"、"开放形象"中的一个方面,以"世博会品牌与城市形象之间的关系"作为总的宣传推广主题,设计一份宣传推广方案,主要包括宣传推广时间、推广形式(预备采用的宣传媒体、宣传方式渠道等)、宣传推广的侧重点以及可能达到的宣传推广预期目标等内容。

案例分析

'99 昆明世界园艺博览会宣传推广方案

1）国内宣传

①充分利用通信站、报刊、广播、电视等新闻媒体,宣传我国政府主办世博会的目的、意义和有关情况;宣传我国政府要把'99世博会办成一个世界各国、我国各地、各界踊跃参加的世纪之交的全球性盛会。

②选择适当时机,在北京、上海、广州等城市举办'99昆明世博会宣传周活动。在云南,为使世博会家喻户晓,要举办形式多样的园艺、文化和宣传活动。通过上述活动,扩大世博会的影响力和辐射力。

③重视世博会的环境宣传,选择适当时机张贴、散发世博会宣传画和宣传品,并做好公益广告的宣传。

④中央及各地新闻单位根据自己的特点,在'99昆明世博会开幕前200天、100天、50天时进行较为集中的宣传,形成迎接世博会的热烈气氛;世博会期间,开辟专栏,制作专题节目,报道世博会情况。

⑤中央新闻单位根据自己的实际情况,制订相应的宣传报道计划;各省、自治区、直辖市的主要新闻单位也可以派记者采访报道世博会;组委会和云南省政府将设立新闻中心,负责新闻记者的接待工作。

⑥《人民日报》、《光明日报》、《经济日报》和《云南日报》的报刊在'99昆明世博会开、闭幕当天发表社论或评论;中央电视台、中央人民广播电台、中国国际广播电台现场直播开幕式,并对开幕式当晚的大型文艺晚会和闭幕式安排录像或制作专题节目播出。

云南省从1998年1月1日启动世博会倒计时(485天)宣传活动,并在昆明东风广场设立倒计时钟,各有关部门分别举办迎接世博会演讲比赛、知识竞赛和专题文艺晚会等活动。中央电视台自1998年7月5日起开始世博会300天倒计时宣传和世博会公益广告播出。国内各主要报刊相继以专版、专栏形式开展对'99昆明世博会的全方位报道,组委会和云南省政府先后在北京、上海举办宣传周活动,形成立体交叉、有密度、有深度、有力度的宣传格局,使'99昆明世博会逐步为社会各界和广大群众所知晓、了解,达到较好的宣传效果。

2）对外宣传

①利用世博会的机会,通过各种方式大力宣传介绍改革开放以来我国经济建设取得的巨大成就以及社会各方面发生的重大变化,反映我国社会文明程度和国民素质不断提高的情况。

②围绕"人与自然——迈向 21 世纪"这一主题,积极宣传我国可持续发展战略和根据这一战略而高度重视保护自然环境,以及为保护环境付出的艰巨努力并取得显著成效,21 世纪中国将更加美好。

③宣传我国政府和社会各界对'99 昆明世博会的高度重视,世博会各项筹备工作顺利进行,介绍世博会场馆建设、布展、绿化、环境整治方面的进展,说明我国有决心也有条件办好世博会这样大型的国际活动。

④宣传我国历史悠久、博大精深的园林园艺文化,及其在改革开放新的历史条件下得以发扬光大的情况。

对外宣传工作分以下 4 个阶段组织实施:

第一阶段,从 1998 年 7 月上旬至 10 月中旬

——由云南省委外宣办同中央电视台、中国国际广播电台、《人民日报》海外版协商,建议在中央电视台第四套节目中开办宣传报道世博会的专题节目,在中国国际广播电台开辟世博会专题报道,在《人民日报》海外版开辟世博会专栏。同时请新华社、中新社和《中国日报》、《北京周报》、《今日中国》和《中国画报》等对外宣传媒体加强对世博会的宣传报道,使对外宣传工作形成一定的声势。

——请香港地区和澳门地区的《大公报》、《文汇报》、《香港商报》、《中国日报香港版》、《澳门日报》以及《紫荆》、《经济导报》等报纸杂志,根据各自特点,进行有关世博会的宣传报道。

——由中国国际广播电台举办世博会环球知识问答活动。

——由有关部门协商,在香港举办'99 昆明世博会宣传周活动。

——由国务院新闻办协调,利用我国在海外的舆论阵地、外宣窗口开展世博会的宣传工作。

第二阶段,从 1998 年 10 月中旬至 1999 年 1 月下旬

——由有关部门组织宣传小组赴西欧、美国、日本等国家和地区举办中国'99昆明世博会宣传周活动。

——邀请外国常驻中国记者赴滇考察采访世博会准备情况。

——请外交部、文化部在我国主要驻外使领馆积极开展对世博会的宣传工作。

第三阶段,从 1999 年 1 月下旬至 1999 年 4 月底

——请中国国际广播电台举行环球知识问答评选授奖活动,并请中央电视台第四套节目播出活动情况。

——向港、澳、台地区新闻媒体,各国常驻北京、上海新闻机构,国外主要新闻媒体发出参加采访'99 昆明世博会的邀请函,做好接待港澳台地区记者及国外记者的各项准备工作。

第四阶段,从 1999 年 5 月 1 日至 1999 年 10 月 31 日

——中央电视台第四套节目、中国国际广播电台向海外直播世博会开幕式和大型迎宾文艺晚会盛况。

——邀请中央对外新闻宣传单位记者,港澳台记者及国外记者刊登报道世博会开幕式及各项重大活动。

——请中央对外新闻宣传单位在开幕式期间组织记者采写一批各参展国和参展国际组织的专稿,通过我国对外宣传媒体向国外播发。

——搞好世博会会期各项活动、闭幕活动以及世博会取得成功的新闻发布会的对外宣传报道。

3)会歌歌词

永恒的家园

茫茫星河灿烂

回荡着宇宙神秘的召唤

星云翻转着波涛

汇聚成生命的摇篮

一颗蓝色的星球

飘在滚滚银河之间

它是亲爱的地球母亲

我们永恒的家园

噢,呼唤蓝天的交响

拨动大海的琴弦

唱一只浪漫的歌谣

诉说蓝色的爱恋

分析:

会展宣传推广是一项多方式、多媒体、多渠道的工作。在具体策划时,各媒

体和渠道的宣传推广安排,要求时间上要协调、口径上要统一、内容上要各有侧重、效果上要互相补充。'99昆明世博会的主办者做了"立体交叉、有密度、有深度、有力度的宣传"策划,从整合传播的角度看,其宣传推广策划有效地运用媒体组合传播,抓住了会展宣传推广的本质,重点突出、创意新颖(尤其体现在会歌上),取得了良好的效果。

第8章
会展相关活动策划与组织

【本章导读】

现代会展的主办者为了更进一步丰富和实现会展的贸易、展示、信息发布等功能,为了给展会创造更好的气氛,越来越讲究在展会期间举办一系列相关活动,这些活动已经成为现代展会不可分割的一部分。常见的活动有与展会同时举办的技术交流会、专业研讨会、产品发布会、行业会议、会展旅游及其他活动。展会相关活动的举行可增强展会的影响力、知名度。在进行展会相关活动的策划时,要掌握有关原则,注意策划的要点。

【关键词汇】

会展相关活动 专题会议 行业会议 表演、比赛活动策划 商务旅游 会展旅游 会议旅游 展览旅游

8.1 会展相关活动策划的作用与原则

8.1.1 举办会展相关活动的作用

1)丰富展会信息作用

从本质上来说,会展是为信息交流而进行的传播活动。会展的最大特点在于信息的"集中"。从"会"的角度讲,会议的每一个参加者,既是本人信息的传播者,又是他人信息的接收者;从"展"的角度来说,展览是以展馆场所为媒介进行社会信息系统的运行。从目标受众的角度来说,观众参观展会,大都为了能在展会中搜集各种有用的信息。因而,展会本身应该是信息的总汇。举办会展相关活动正是为了极大地丰富展会的信息。

2)强化展会发布作用

专业展览会常常会有系列研讨会、讲座、产品发布会等活动,主讲单位一般都是行业内的领先者。由于展会上行业人员集聚,信息传播很快,许多企业都选择展会作为发布信息的场所。有些展会专门组织产品发布会供企业选择,还有些展会将新产品发布与表演、比赛等活动结合起来,以此来强化展会的发布功能。

3)扩展展会展示作用

展会的价值与展出目标主要是在展台上得以实现的。展台工作包括展会开幕期间的展台接待、展台推销、贸易洽谈、情况记录、市场调研等。如果将筹展工作比做"搭台",展台工作比做"唱戏",那么,展会的相关活动就好比"配乐、配器"。在展会期间举办相关的活动如产品展示会、有关表演和比赛等能使企业和产品的形象更好地展现,使观众对其产生更加深刻的影响。

4)延伸展会贸易作用

在大多数交易会、展览会和贸易洽谈会上都能签署一定金额的购销合同,以及投资、转让和合资意向书。据统计,法国博览会和其他专业展览会每年展商的交易额高达1 500亿法郎。在" '99 深圳高交会"上,成交项目1 459个,成交金额6 494亿美元。因此可以说,展会是一个重要的贸易平台。举办会展相关活动能够延伸展会贸易的这种功能。例如,产品订货会、产品推介会、项目招标活动等都可以使展会取得良好的效果。

5) 活跃展会现场气氛作用

举办富有观赏性和趣味性的相关活动能极大地调动现场观众的积极性。在设计相关活动时,策划者应当选参与性强、互动效果好的项目,这样不仅能给观众留下深刻的印象,而且可以使展会现场气氛活跃,为参展企业创造良好的现场气氛。

8.1.2　举办会展相关活动的原则

策划展会的相关活动是为展会服务的,因此,举办展会活动的原则应该是"锦上添花"而不应当是"画蛇添足"。

一般来说,举办展会的相关活动应遵循的原则有:

1) 要切合展会的主题

举办展会的相关活动一定要与展会的主题相得益彰。

展会相关活动的策划不能漫无边际、空穴来风,如果举办的相关活动与展会主题不相干,活动的形式脱离展会的实际,那么,相关活动不仅与展会脱节,而且还会扰乱展会的现场秩序,甚至造成一些安全隐患。

2) 有助于吸引目标受众

策划得当、组织完善、丰富多彩的展会相关活动对展会观众有很大的吸引力。能吸引目标受众是举办展会相关活动的重要原则。

展会不能没有一定数量的参展企业和观众,有一定数量与质量的企业参展是展会赖以存在的基础,有一定数量与质量的观众参观是展会赖以发展的根本。举办展会的相关活动一定要充分考虑到目标受众的因素。

3) 有助于提高展会效果

企业参展的目标是多种多样的,取得经济效益也好,社会效益也好,不论参展商设立怎样的目标,总是希望能够达到预期的目的,获得良好的展览效果。

展会相关活动的策划要组织有力,秩序井然,要为人们所喜闻乐见,为获取展会总体效果服务。

如果可以把展会比做一个大舞台的话,那么,展会所举办的相关活动都可以看做是展会大舞台上的道具,道具的设置一定是剧情发展所需要的,如果可有可无,那最好是不要安排该道具登台亮相。

8.2 会展相关活动的种类与策划

展会的主流活动是展位中的展示、宣传、营销活动,不过,展会相关活动如礼宾活动(开幕式、招待酒会、领导会见等)、交流活动(技术交流、技术讲座、学术报告、经济论坛)、表演活动(产品演示、设备操作、技术表演)、贸易活动(贸易洽谈、项目介绍、合同协议、意向签约仪式)、娱乐活动(参观访问、观看文艺节目、品尝风味小吃)等也都是不可缺少的内容。以下介绍其主要的活动及其策划。

8.2.1 会展专题会议策划

在会展的相关活动中,专业研讨会、技术交流会、行业会议以及产品发布会等是最常见的会议活动。在策划专题会议时关键要掌握其策划要点。

1)专业研讨会

专业研讨会是以研究行业发展动态为主要内容的会议。其策划要点有:
①会前简明扼要地向主要发言人与主持人介绍相关情况。
②事先设计好会议议程。
③邀请知名人士主持讨论会。
④使主要发言人明白你希望他们做什么。
⑤明确讨论会的性质。
⑥合理安排讨论会的时间。
⑦与主持人讨论议程要求。
⑧请演讲者告诉你他们演讲的大致内容,并为你提供适当细节。
⑨预先与主持人讨论多少人来参加专题讨论会最合适。
⑩计划最多的互动人数,准备分会场。

⑪预计要用到的演示设备。

⑫关于分发材料,要让他们知道你能做到什么,以及无法做到什么。

⑬如果可能,为专业研讨会安排一位会议主席。

有些专业讨论会,通过围绕中心议题的互动式讨论,可以收到良好的研讨效果。不过,这种专业讨论会对组织者的要求较高,在策划上需注意的要点有:

①在整个会议中最恰当的时候安排讨论。

②确保这个议程的时间长度合适。

③考虑多少人参加合适。

④明确会议目标。

⑤提供必需的设备。

⑥安排一位主席或是总结发言人来掌控全程。

⑦用一些刺激手段来引发议论,例如一小段录像。

⑧房间布置要保证能够进行最大规模的讨论。

⑨使讨论的结果有机会得以反馈。

2) 技术交流会

技术交流会是以技术的交流和传播为主要内容的会议。这类会议是与会者就大家共同关心的领域和能引领合作事业,或是未来伙伴关系的框架进行研讨。其策划的要点有:

①考虑合理安排会议时间。

②不要强挤时间来安排活动。

③事前当众宣传会议,要知道这个机会也许还有利于会议登记。

④考虑设立"交流会"布告牌。

⑤如果合适,与会议主席或主持人一起为会议构建框架,推进会议的进行。

⑥考虑提供茶点。

⑦不要强迫人们参加讨论交流会。

⑧要考虑到那些也许不属于交流范围内的人。

3) 行业会议

行业会议一般是由行业协会或者政府主管部门组织举办、行业协会会员或者该行业有关企业参加的会议。

行业会议在策划上有3个方面的中心任务,即会议的主题、会议的议题和会议的筹备方案。

值得注意的是,行业会议的筹备方案有一些自己的特点,如有些会议举办时间、规模、场所固定,召开方式灵活等。

4)产品发布会

产品发布会是以发布新产品或者是有关新产品信息为主要内容的会议活动。在发布形式上可采取新闻发布会,记者招待会,情况通报会,记者通气会,政策说明会,技术、产品推介会以及成果发布会等类型,这些类型在内容和形式上常常互相交叉,又各具特点。

产品发布会的策划要点有:

①明确目的。

②确定口径和发布方式。

③选择时机。

④确定对象。

⑤发出邀请和接受报名。

⑥确定主持人和发言人。

⑦准备有关材料。

⑧布置会场。

⑨安排翻译。

⑩收集媒体的报道。

8.2.2 表演、比赛、评奖活动策划

在展会期间,为了活跃现场气氛,更好地吸引企业参展和观众参观,办展机构往往会结合展会的需要,举办一些与展会与一定关联的表演、比赛,这些活动策划得好,可以提高展会的效果。

1)表演

表演是一项观赏性比较强的公众性活动,它吸引的观众一般较多,现场气氛也比较热烈。表演可以是参展企业为自己组织的为提高其展出效果的表演,也可以是由办展机构组织的为整个展会和所有参展商及观众服务的表演,还有一些是行业协会和当地政府组织的表演。

从办展机构来说,可以组织策划的表演有两种:一种是与展览题材无关的表演,如演唱会和其他娱乐性表演活动等;另一种是与展览题材有关的表演,如

某项展品的制作演示和操作演示等。

从参展商的角度来说,最具实质意义的表演是展示现场演示。现场演示的好处是可以帮助你成为会场谈论的话题。但是,在进行该项活动策划时必须注意:所有的演示都必须珍惜参观者的时间,紧紧抓住两个或 3 个要点。曾有专家推荐每场演示花大约七分钟的时间为宜,然后不断重复(大约每小时 4 次)。为了避免中间空闲时段现场限于冷清,可在大屏幕上不停地放映一些围绕主题的吸引注意力的相关活动内容。

在表演和演示的活动策划中,还可以请一位名人或是体育明星到现场与观众互动,签名或与参观者合影。请名人会引来很多根本就不会成为你客户的人,但也要注意一些相关的细节问题,如出场费、冠名、宣传材料上的照片等的使用等。对于由名人所吸引来的观众,也要充分考虑到如何安排、筛选,做足文章。

一般来说,在策划表演活动时要注意以下几点:

(1)提前策划

主办单位一定要明确所策划的表演是什么性质的表演。是与展会有密切关系的还是纯娱乐性的表演?是开幕式表演还是欢迎晚宴表演?不同性质的表演在策划上有不同的要求。

(2)选择场地

除了开幕、闭幕式上的活动之外,各类与展会主题有关的表演安排在展出现场比较合适,具体选择什么地点,要根据实际情况而定。

(3)现场协调

为确保表演活动的顺利进行,展会主办者对表演现场的调度与服务十分重要。参展商与参展商之间有时会因对方的表演影响自己而发生纠纷,这时,主办方要及时出面协调。

(4)安全防卫

由于是现场表演,往往会吸引大量的观众驻足观看,可能会带来一些安全隐患,这就要求展会的主办方做好预案,确保表演活动顺利进行。

2)比赛、评奖

为了吸引参观者的"眼球",展会期间常常举办各种各样的比赛、评奖。展会期间的比赛、评奖活动有很多种,概括起来有 3 种类型:一是与展会现场表现有关,如评选最佳展台设计奖等;二是关于展会参展产品的比赛最为常见,这种比赛通常被称为"评奖"。例如现在很多企业在宣传自己产品时,往往会提到曾获"某某博览会金奖"等;还有一种是较为独立的活动,如论坛与颁奖晚会等。

组织策划比赛评奖活动要注意以下要点:

①要成立评审委员会,指导评选工作,审定评选结果。

②评审团成员要有代表性,并且要向所有参赛者公开。

③要先制订比赛、评奖范围和一个公平合理的规则,并且要向所有参赛者公开发布活动方案。

④发动参展商与专业观众参加。评奖方案可以在邀请函中一起寄发给参展商与专业观众,有些主办单位还将评奖活动作为展会的亮点来宣传。

⑤邀请有关媒体参加报道会更有影响力。

⑥比赛评比的揭晓时间一般安排在展会结束的前一天。

⑦比赛评奖揭晓时一般需要组织一个公开的颁奖仪式。奖励的形式较灵活,可以是奖杯、奖状或获奖证书。

⑧比赛资金来源于展会利润或企业赞助。

⑨比赛是公众参与性较高的项目,策划时要做好所能预测到的危机管理方案,以便使展会比赛顺利进行。

展会的比赛评奖活动有一些常用的技巧:

①确保权威公正。展会主办单位必须首先确保评奖活动的权威公正,并通过评审委员会等表现出来,以取得参展商与观众的信任。

②合理控制时间。从发布评奖方案到评奖结果的揭晓,一般需要 3～6 个月,评奖过程中有许多细节问题,要有充裕的时间准备,以免匆匆收场。

③制造新闻事件。一般说来,颁奖仪式上总会有一些行业专家或者政府官员参加,展会主办者要充分利用颁奖的契机,适当制造新闻事件,以提升展会在业内和公众心目中的地位。

8.2.3 其他相关活动策划

展会期间,往往要举行一些如会展旅游、明星与大众见面活动以及群众参与的各种活动。因会展旅游很有特殊性,将专门介绍(详见 8.3——会展旅游活动策划与组织),此不赘述。

约瑟夫·派恩在《体验经济》一书中说过:当一个公司留给参观者深刻的印象时,才可以说他们为参观者创造了一种体验……体验不是说给他们一种娱乐,而是牢牢地吸引他们。举办相关活动的主要目的正是为了使展会更专业、更有吸引力。

从某种意义上可以说,活动是吸引注意力的工具。现代展会用以吸引观众的活动形式多样,主要有:

①虚拟现实/多媒体;

②现场展示;

③魔术师的出场;

④记者招待会/媒体庆典;

⑤款待宴请;

⑥特色餐饮;

⑦展台赠品;

⑧拍照机会;

⑨名人或像名人的人;

⑩会展现场特惠;

⑪互动活动;

⑫赞助;

⑬按摩;

⑭演示/模拟。

不管什么相关活动,一项活动对展会最终究竟会产生什么影响,可以说,办展机构、参展商对该活动的策划和把握起着关键的作用。因而,重视策划工作,策划到每一个细节,是十分必要的。

一般来说,策划展会相关活动必须要注意的问题有:

①初步策划与预算。筹办活动像在策划一场现场直播的表演。要事先计划,做好准备工作。记住:可能会出错的事情一定会出错。在开始策划之前,首先应决定是否举办这次活动。如果决定举办,那么就要决定活动的规模,活动的规模决定于两个因素:资金和目标。

②组织和时间安排。有条不紊和注重细节是举办一次活动成功的两个关键。决定承担某项活动,接下来应当立即制订关键任务时间表。在活动过程中,要注意更新时间表、成本表和支付计划,应确保这些表格没有任何遗漏。给每件事情都加以简单说明,比方说由谁具体负责,最后期限是哪一天。

③位置。举办活动的地址选择至关重要,它可以决定活动的成败。

④交通。举办活动可能会有不少的贵宾前来,他们的用车、停车等都要有所考虑。

⑤客人抵达。举办活动在客人抵达的时候,包括天气状况、客人通行与票

券领取、登记等细节问题都要有所考虑。

⑥活动场地对舞台、视听、灯光有没有要求。

⑦其他事项：

A.摄影。你需要多少位摄影师？你是要拍摄一些传统照片（摆好姿势拍照），还是要拍摄一些新闻风格（抓拍）的照片？或者是否需要对活动进行录像？你是否安排一名摄影师待在某一中心点不动，为名流客人拍照，同时又安排另一名摄影师抓拍活动过程中的镜头？

B.中心摆饰。在挑选中心摆饰的时候要考虑两点：一是人们能越过摆饰互相看得见；二是客人可能无意中会顺手把它们带走。中心摆饰可以朴实简约，也可以奢侈精致。

C.特效。特效是强调展会活动要产生特殊效果。活动可以是超越时空的，可以是被感知的——视觉、听觉、嗅觉、味觉和触觉。要试着去调动各种感觉。

D.临别赠礼。临别赠礼通常是把特殊活动推向高潮的一种很好的方式。临别赠礼要选那些有意义的东西，让它们变成可带走的回忆。物品不必很珍贵，但应该令人回味。

E.最后完善与结束工作。当活动的各主要环节都考虑好之后，还需要对装饰和娱乐活动等问题做最后的完善。结束工作主要有对活动进行客观的评估与总结以及安排感谢等。

8.3　会展旅游活动策划与组织

会展和旅游似乎是一对天生的"孪生姐妹"，每一次大型的展会活动，都给旅游业带来巨大的商机，而没有餐饮、住宿、服务、娱乐等与旅游相关方面的支撑，会展活动也难以开展。在会展活动中，主办方往往组织参观、考察、游览等活动，以丰富会展活动期间的业余生活，既做到劳逸结合，同时也可以带动旅游消费。

8.3.1　会展旅游的概念

一般认为，会展旅游的概念有广义和狭义之分。广义的概念是把会议、展览作为旅游活动的一种特殊类型，而狭义的概念是指会议、展览之余所伴随的观光、休闲活动。本书所说的会展旅游活动是指狭义的概念。

　　确切地说,会展旅游是为会议和展览活动举办提供会场之外的且与旅游业相关的服务并从中获取一定收益的经济活动。

　　会展旅游是会展产业链的一个重要组成部分,是会展的发展和延伸。举办展会时,参展商和观众参加展会是主要目的,参加会展旅游只是参加展会活动的一种延伸和补充。办展机构在安排和策划会展旅游时,一定要注意会展旅游不能脱离展会而存在,它只是依托展会并服务于展会的。

　　会展旅游主要有两方面的目的:一是商务考察;二是观光休闲。

1)商务考察

　　早期的旅游研究者提出商务旅游的概念,他们认为,商务旅游是以经商为目的,是把商业经营与旅游、游览结合起来的一种旅游形式。据统计,全球商务旅游约占旅游者总数的1/30。

　　所谓商务考察,就是以搜集有关商品的市场信息,了解有关市场行情为主要目的的商务活动。

　　据调查,参加展会的参展商和观众有90%以上是商务人士,这些商务人士对展会具有贸易、展示、信息和发布的四大功能各不相同。如果参展商和观众觉得在展会上获取的东西还未达到他参加此次展会的全部目的,那么,他就有亲自去市场看一看的愿望,商务考察的需求就产生了。

　　参展商和观众进行商务考察的主要目的是搜集市场信息和了解市场行情,一般来说,商务考察活动安排在展会前或展会中为宜。

2)观光休闲

　　以观光休息为主要目的的会展旅游主要集中在会展结束之后,在展会前和展会中比较少见。这种会展旅游主要是为了在游览风景名胜古迹等旅游景点的过程中放松身心、增长见识。

　　观光休闲可以说是展会的一种延伸,尤其是在一些国际性的展会中,有许多参展商和观众来自不同的国家、地区,他们对当地的风土人情可能是有所耳闻但没有目睹,展会结束后的观光休闲活动恰好迎合了他们的心理需求。

　　随着我国会展经济的发展,会议和展览旅游活动迅速发展。目前我国作为举办国际会议、展览旅游的目的地已逐渐被人们了解,在亚洲乃至在世界已具备了一定的知名度,并形成了一些会展旅游中心城市。

　　会展中心分为地区性会展旅游中心、全国性会展旅游中心以及国际性会展旅游中心。目前我国尚未形成国际性会展旅游中心,北京、上海、广州已成为公认的全国性会展旅游中心。地区性会展旅游中心其辐射范围仅限于城市的周边地区,体现为某一特定产业服务功能,如大连服装展、珠海的航空展、哈尔滨的边境地方经济贸易洽谈会等。

8.3.2 会展旅游活动策划

1)会议旅游

会议旅游是指会议接待者利用召开会议的机会,组织与会者参加的旅游活动。会议旅游不同于一般单纯的旅游,属于商务旅游的范畴,它所涉及的旅游往往带有与会议、工作相关的目的。

现在,一个国家或城市召开国际会议的数量已成为该国家城市发展水平的标志之一。按国别分,美国最多,占8%以上,其次是英国、德国、澳大利亚、西班牙、法国、新西兰、意大利、日本和加拿大,中国排名第二十六位。按城市分,据国际协会联合会调查,世界排名在前的会议城市有巴黎、伦敦、维也纳、布鲁塞尔、哥本哈根、纽约等。

国际会议能给承办国或城市带来包括旅游业在内的巨大经济效益是不言而喻的。

有资料显示:2001年在上海举办的APEC会议期间,旅游行业约有2万名员工直接参加了APEC会议的接待服务工作,上海的26家指定星级饭店接待与会者代表和记者约3.2万人次。

2)展览旅游

举办大型商业活动,可以扩大举办国的影响,提高举办城市的知名度,吸引成千上万的游人前来旅游,促进举办城市的市政建设,给旅游业、饮食业等带来巨大的商机。展览旅游主要指因展会而产生的外出商务活动。从展览举办方来说,它是展会的有机组成部分。

在展览旅游市场中,主办单位将展览产品(创意、主题或品牌)出售给展览公司,展览公司组织参展商(展览的买家)购买产品。为了更好地吸引展商,主办单位还要帮助组织观众,这中间的接待工作由目的地管理公司(DMC)去完成。DMC最初是从事会展活动过程中的具有后勤管理的机构,后来逐渐发展为直接与主办单位接触,甚至自行办展、销售展览产品的专门机构。

会议旅游与展览旅游有一定差异,主要表现在:

①先决条件不同。会议的先决条件是设施,是否决定在某个城市举行会议,要看这个城市有没有好的会议展览中心,住房够不够、租金多少、通信设备怎么样等。而展会的先决条件是市场,有展览的市场,才会有展览会。

②场地要求不同。会议的场地要求分散且时间较短。展览会则要求场地面积较大,使用时间也较长。

③服务范围不同。会议需要场馆提供包括音响、通信、信息系统、场地布置等在内的全面服务;展会的服务如展台搭建、运输等,一般由展览承办商负责,展馆只提供基础设施。在餐饮服务方面,展会一般要求简单,有基本餐饮即可;会议则要求全面,通常有早餐、午餐、晚宴,会议期间还要有茶点等。

④参与人数不同。会议参加人数有限,上千人就算是很大规模的会议了;展览则不同,参与人数较多,上万人也不足为奇。

正因为会议与展览存在着差别,所以,会议旅游和展览旅游在策划运作、经营管理上也是有所差异的。

3)会展旅游活动策划

(1)策划项目及路线

一般来说,策划会展旅游项目及线路要考虑以下几方面:

①切合会展主题。参观、考察、游览的项目要尽可能与会展活动的目标和主题相适应。如召开展览搭建方面的专题研讨会应该组织参观知名的展示材料生产工厂、基地等相关地方。

②照顾对象的兴趣。参加旅游的对象可能会有不同的兴趣、擅长和要求,在具体会展旅游项目和线路策划时应当充分考虑到。要尽可能地安排大部分参加对象感兴趣的项目。参加对象兴趣不大或毫无兴趣,则策划该旅游参观项目就没有意义了。

③接待能力。要考虑参观、考察、旅游的当地是否具有足够的接待能力。如果接待能力有问题,则应改变或取消该项活动,以免效果不好,事倍功半。

④内外有别。有的项目不宜组织外国人参观游览,有的项目参观时有一定的限制要求。策划安排时应了解有关规定,做到内外有别,注意做好保密工作。有些项目则需要报经有关部门批准。

(2)安排落实

会展旅游项目确定之后,应及时与接待单位取得联系,以保证会展旅游项目的顺利实施。

制订详细计划,安排参观游览的线路、具体日程和时间表,并明确告知参加对象,让他们做好思想准备和物质准备。大型会展活动安排应当在会议通知、邀请函中加以说明,并列明各条观光项目和线路的报价,以便参加对象选择。

落实好车辆,安排好食宿。安排车辆时,细到座位数都必须考虑到,细节决定成败。

准备必要的资金和物品,如摄像机、摄影机、对讲机、团队标志、卫生急救药品等。

人数较多时应事先编组并确定组长,明确责任。

旅游项目也可委托旅行社实施,但必须选择信誉好、价格合理的旅行社,并签订合同。

（3）陪同

组织会展旅游项目一般应当派有相当身份的领导人陪同。除必要的工作人员外,其他陪同人员不宜过多。每到一处,被考察、参观单位应派有一定身份的领导人出面接待欢迎并做概况介绍。游览名胜一定要配备导游。陪同外宾参观游览,还应配备翻译人员。

（4）介绍情况

每参观游览一处,应由解说员或导游人员做具体解说和介绍。介绍情况时,数字、材料要确切。向外宾介绍情况时,要避开敏感的政治、宗教问题,保密内容不能介绍。对外宾不宜用"汇报"、"请示"、"指示"、"指导"、"检查工作"等词语。

（5）摄影

为扩大宣传或为以后的会展活动留下珍贵的历史资料,会展旅游活动的主办方应注意影像资料的收集。遇到不让摄影的项目或场所,应当事先向客人说明,现场应树有"禁止摄影"的标志。

（6）安全

参观游览,安全第一。如参观施工现场、实验室等要事先宣布注意事项,如在有一定危险的旅游景区游览,一定要告知每一个参加者,确保安全。每到一处参观旅游,开车前要仔细清点人数,避免遗漏。

8.3.3　会展旅游策划书

编写会展旅游策划书是会展旅游活动策划的重要内容,一份完整的会展旅游策划书包括封面、目录、正文、落款、附件等。

1）工作实施

①明确会展旅游活动的基本目标和策划思路。
②依据策划流程做好编写工作。

2）工作步骤

①拟订会展旅游策划书提纲，报有关领导批准，补充、修改。
②完成会展旅游策划书正文内容。
③制作所需附件。主要附件包括通信录、旅游线路、景点介绍、合同样本、满意度调查等。
④制作策划时目录。
⑤制作策划书封面。要求主题突出、设计新颖、图文并茂。
⑥装订成册。

3）会展旅游策划书的主要内容

（1）封面

会展旅游策划书的封面应包含以下信息：标题、会展旅游的组织者、策划机构或策划小组名单、策划完成日期、策划书编号。

（2）目录

目录是策划书的简要提纲。目录应列出各部分的标题及对应页码，方便读者阅读。

（3）正文

会展旅游策划书的正文主要有：
①策划书的标题。有两种：策划书的标题一是由主办单位名称、活动内容、活动方式和文种组成；一是由正副标题组成。
②前言。前言主要是对市场环境的分析与总结性的介绍，如本次活动的背景、目的、意义、可行性的结论等。
③组办单位。组办单位包括主办单位、承办单位、协办单位、支持单位或赞助单位等，要一一列出。
④主题词。在举办会展旅游活动时，一般需要用一段简短、新颖、独特、有

感染力的文字或口号来描述主题,主题词可以起到形象定位和宣传导向的作用。

⑤确定时间、地点、参加人员及其邀请方式。

⑥工作班子和传播媒介。策划书中应写明活动的负责人以及工作人员的具体分工;同时,还要写明传播媒介的分类以及所需器材设备等。

⑦子项目和实施步骤。会展旅游活动可能会有很多的子项目活动,为避免混乱,要将各子项目安排的时间、场地、人员、方式、物品等要素写清楚。

⑧合同的签订。会展旅游中牵涉到的合同方较多,如与旅行社签订委托代理合同,与参展商签订参展合同,与酒店、宾馆签订餐饮、住宿合同等,在策划书中必须写明。

⑨财务收支预算。

⑩紧急情况处理。

4) 落款

正文的右下方署明策划书制作机构名称或策划人员名单;最后写明策划完成日期,加盖公章。

5) 附件

附件内容应在落款前一一注明,在盖章后逐项列出。

本章小结

本章介绍了会展相关活动的作用与原则、会展主要相关活动的种类及策划、会展旅游的概念以及会展旅游活动的策划等内容。企业参展的目的更多的是要展示企业和产品形象、获取行业最新信息或者是将展会作为自己发布新产品的一个重要场所。在展会举办期间策划一些相关活动,不仅可以给展会创造更好的气氛,更能丰富、完善展会的贸易、展示、信息和发布功能。会展旅游所运用的手段是根据参会者的不同需求,为其提供旅游企业擅长的服务,服务对象应该落实到具体参加会议和展览的人。

复习思考题

1. 举办会展相关活动有哪些作用?
2. 举办会展相关活动应遵循哪些原则?
3. 产品发布会一般可采取哪些类型?
4. 会展比赛活动策划的要点是什么?
5. 会议旅游与展览旅游的差异性主要表现在哪些方面?
6. 简述会展旅游策划书的具体内容。

实 训

工作单是举办展会相关活动的工作指南,它包括对工作人员的要求、对供应商的要求以及需要协商的费用等内容。工作单的核心部分之一是联系表。联系表必须对潜在的联系人以及每个供应商(部门)的全部联系方式进行详细填写,以便在紧急时联系使用。下面是一份"工作单(联系表)"的样本,请试为一个200人规模的展会颁奖晚会活动项目做简要的程序策划、安排并尽可能详细地填写一份联系表。

潜在联系人:

(1)豪华轿车(列出所有司机)

(2)媒体(列出所有媒体)

(3)饮品供应人员

(4)摄影师

(5)安保人员(列出全部人员)

(6)印刷公司

(7)道路通行证

(8)绳和支架

(9)空中跟踪装置

(10)扬声器技术支持

(11)特效人员

(12)撰稿人

(13)舞台/灯光/视听(列出所有关键的工作人员)

(14)交通(大巴)

(15)对讲机

(16)其他潜在供应商

联系表:

(1)活动制作公司

公司全称:

地址全称:

联系人(列出所有联系人,如创意指导、制片人等):

职位:

电话:

传真:

电子邮件:

手机:

住宅电话:

(2)现场工作人员

地址全称:

联系人(列出所有相关人员):

职位:

电话:

传真:

电子邮件:

手机:

住宅电话:

(3)场地

公司全称:

地址全称:

联系人(列出所有关键工作人员):

职位:

电话:

传真:

电子邮件:

手机:

住宅电话：

（4）视听

公司全称：

地址全称：

联系人（列出所有关键工作人员）：

职位：

电话：

传真：

电子邮件：

手机：

住宅电话：

（5）装饰

公司全称：

地址全称：

联系人（列出所有关键工作人员）：

职位：

电话：

传真：

电子邮件：

手机：

住宅电话：

（6）娱乐活动

公司全称：

地址全称：

联系人（列出所有关键工作人员）：

职位：

电话：

传真：

电子邮件：

手机：

住宅电话：

（7）摆花

公司全称：

地址全称:

联系人(列出所有关键工作人员):

职位:

电话:

传真:

电子邮件:

手机:

住宅电话:

(8)灯光

公司全称:

地址全称:

联系人(列出所有关键工作人员):

职位:

电话:

传真:

电子邮件:

手机:

住宅电话:

案例分析

2006 年上海旅游节活动策划

以"走进美好与欢乐"为主题的 2006 年上海旅游节于 2006 年 9 月 16 日至 10 月 6 日隆重举行。上海旅游节期间,将举行各种节庆活动,遍及浦江两岸。主要活动有:

(1)开幕大狂欢

时间:9 月 16 日 21:00 ~ 24:00

地点:南京路步行街世纪广场

内容:这是上海旅游节开幕的又一重头戏。紧接着淮海路上的花车表演方队的大巡游,21:00 在南京路步行街上举行开幕大狂欢活动。整个活动由港台内地以及国外的著名乐队组合、歌手等组成 4 个小时配合焰火的连续"狂欢

party"，台上与台下互动、狂欢与旅游结合，与海内外游客着力打造激情之都、魅力之夜。南京路步行街上音乐、烟花和激光织成狂欢夜的背景，近万平方米街区成为巨型的天然舞池。一流的舞台、明亮的大屏幕、高档的音响，打造了现代、靓丽的欢乐场景。

（2）花车巡游暨评比大奖赛

时间：9月17日至29日

地点：全市10多个区县繁华地段

内容：开幕大巡游结束后，参加大巡游的20余辆花车分别到全市10个区县繁华街头停留表演，游客可前往观看并通过投票竞猜花车获得出境旅游大奖。

9月17日长宁区；9月25日静安区；9月19日闸北区；9月26日虹口区；9月22日黄浦区；9月27日徐汇区；9月23日崇明县；9月28日杨浦区；9月24日普陀区；9月29日金山区。

（3）浦江彩船大巡游

时间：9月28日晚

地点：黄浦江外滩

内容：如同七彩珍珠般的20余艘游轮张灯结彩在黄浦江列队巡游，鳞次栉比的高楼犹如座座水晶宝塔，彩船、灯景邀你共享水上盛装音乐大餐，感受妩媚的浦江风情，让您欣赏到外滩古典的外国建筑与陆家嘴现代高楼的绚丽彩图。

（4）上海旅游节旅游形象大使评选（决赛）

时间：9月30日

地点：上海

内容：通过公开、公平、公正的比赛，选出一位外表出众、亲和力强，并且热爱上海，能充分代表上海旅游形象的青年作为上海旅游形象大使，向世界展示上海的风采。

（5）上海旅游纪念品、礼品博览会

时间：9月23日至10月6日

地点：上海旅游纪念品展示中心

内容：位于成都南路101号的展示中心集中展示来自海内外引领时尚的旅游纪念品礼品，把上海的历史变迁、景物风貌、风土人情浓缩于一件件小小的旅游"信物"中，让人回味无穷。

（6）2006年中国石化F1中国大奖赛

时间：9 月 29 日至 10 月 1 日

地点：上海国际赛车场

内容：体验 F1 精彩刺激极速世界。

（7）上海民俗游戏（九子）大赛（决赛）

时间：9 月 17 日

地点：九子公园

内容：这是一种上海传统弄堂游戏，包括造房子、惯结子、打弹子、滚轮子、跳筋子、套圈子、顶核子、抽陀子和扯柃子，可以让你在参与中感受上海民俗文化的内涵。

（8）上海国际音乐烟花节

时间：9 月 30 日、10 月 3 日、10 月 6 日晚

地点：世纪公园

内容：世纪公园得天独厚的燃放场地，全球知名烟花商的逐一登场。来自意大利、新西兰、法国的音乐烟花燃放大师演绎音乐烟花的神奇魅力，为游客编织出 3 个不同国家文化的音乐烟花组成的美妙梦境，献上一道丰盛的国庆文化大餐。

（9）上海国际立体花坛大赛

时间：9 月 15 日至 11 月 30 日

地点：世纪公园

内容：各国设计师用巧妙的构思，精湛的园艺，将生机盎然的草本植物混合搭配，创作出一尊尊栩栩如生、惟妙惟肖的立体植物作品。各种大型花卉立体造型依据"都市音符"、"温馨家园"和"人类的朋友"3 个分主题进行组合，规划布展范围 24 万 m^2，参展城市（地区）约 80 个。

（10）上海桂花节—唐韵中秋

时间：9 月 30 日至 10 月 7 日

地点：桂林公园

内容：大型舞台唐装秀、经典游戏嘉年华、茶艺表演、中秋灯谜或中秋祝福词汇展等具有中国传统文化特色的内容，配以梦公园造景，使游客感受"亲历神话"的独特游园气氛，体验中国传统文化习俗。

（11）龙华吉祥游

时间：9 月 21 日至 10 月 7 日

地点：龙华旅游区

内容：届时龙华古塔开放 5 天（9 月 21 日至 22 日 13：00～16：00、10 月 1 日

至 3 日 9:00~16:00)、"千年龙华"百扇书画展、龙华鼓园看世界第一大鼓龙华皋鼓、击龙华古越铜鼓。

（12）小主人迎世博绘画游

时间:9 月中旬至 10 月 2 日

地点:全市范围

内容:分为"小主人迎世博绘画游"和"小主人迎世博绘画展"两大板块。游客参观路线:小主人迎世博绘画展、龙之梦购物中心（龙强书城）、参观宋庆龄陵园、上海儿童博物馆、上海城市雕塑艺术中心。其中绘画作品将于 9 月 28 日至 10 月 2 日在中山公园展出。

（13）一家欢（上海国际家庭日）

时间:10 月 1~2 日

地点:中山公园

内容:各种亲子趣味游戏以家庭形式参与,包括摸鱼大赛、背妻大赛、拔河比赛、太公钓鱼、坐花轿以及滚铁圈、踩高跷等民俗游戏,此外还有很多传统美食与现代美食。

（14）2006 上海国际赛车文化周

时间:9 月 28 日至 10 月 7 日

地点:长风公园

内容:有赛车文化嘉年华、赛车知识大赛、青年才艺大赛,赛车周形象大使选拔,让参与者体验赛车的魅力。另外还有卡丁车上海飙车赛,F1 赛车模拟游戏大赛,线上 F1 赛车网游大赛等。

（15）"空中芭蕾"——中美划水精英对抗赛

时间:10 月初

地点:大宁灵石公园

内容:中美划水对抗赛、低空跳伞等特技表演以其宏大的气势让市民游客感受前所未有的动感心跳。

（16）"欢天喜地"音乐烟花晚会

时间:10 月 2 日、10 月 5 日晚

地点:大宁灵石公园

内容:"欢天喜地——蝶恋花"音乐烟花晚会盛妆上演,台湾、澳门地区烟花将首次在上海亮相。两天四场的表演巧妙地把燃放编排与燃放场地条件合理结合,采用传统和现代技术相结合的手法,无论是音乐乐章的编排、礼花弹的色彩和造型,还是燃放安全性上都较往年有新的突破,多层次、多角度营造出

远、近和声,光立体合成的综合效果。

(17)四川北路欢乐节

时间:9月29日

地点:四川北路沿线

内容:"中外青年歌手擂台赛"、绚丽的花车巡游、群众文艺汇演等大型活动让市民大饱眼福。

(18)都市森林狂欢

时间:9月28日至10月7日白天

地点:共青森林公园

内容:围绕"狂欢地带"和"吉尼斯竞技大擂台"两大主题区域,来自南美、非洲的世界风情音乐和舞蹈将协同吉尼斯、中华硬功、妙趣的魔术杂耍、舞龙舞狮、街舞组合等10多支国内外演出队伍。通过游行、草地互动等轻松的活动形式,让游客尽享绿色狂欢的激情和快乐。

(19)SMP——国际极限运动日

时间:10月5日

地点:新江湾城滑板公园

内容:整个活动以"挑战极限,挑战自我"为主题,将举办一个世界顶级水平的极限运动挑战赛和极限音乐晚会。比赛项目包括滑板、直排轮滑、特级单车、自由式摩托车表演。来自美国、加拿大、澳大利亚、日本、巴西等国和地区的世界排名前10位的极限高手汇聚杨浦,进行最高水平的对决。现场观众不仅有视觉、听觉感官上的享受,更能领略到极限运动的魅力。

(20)南京路欢乐周

时间:9月17~23日每天10:30~11:30,15:30~16:30

地点:南京路步行街

内容:海内外风情展演、花车巡游、商旅文欢乐展示、旅游大世界等各类特色精彩旅游节目。

(21)豫园中国日

时间:9月22日至10月7日

地点:豫园商城

内容:包括豫园中心广场上的走马灯、猜灯谜、中秋花灯扎灯现场演示展销,中秋名家月饼展以及黄金广场的祈福求心愿好运树等游园活动。

(22)玫瑰婚典

时间:10月5日

地点:淮海中路世纪公园

内容:中午时分,在华狮购物中心将进行新人化妆祈福仪式,随后新人坐上豪华的彩车,由淮海路出发前往世纪公园参加证婚仪式,一路上接受路人最真诚的祝福。证婚仪式后新人换上华丽的晚礼服盛装登场,在上海城参加新婚晚宴。最终来到绿谷别墅,洞房花烛,欢度良宵。

(23)上海弄堂风情游

时间:9月中旬至10月初

地点:静安寺街道、瑞金街道

内容:上海老城厢的传统文化弄堂游展示石库门居住区的独特人文风采,让海内外游客感受浓郁朴素的上海民俗风情。

(24)七宝老街民俗风情游

时间:9月中旬至10月初

地点:闵行区七宝镇

内容:看蟋蟀相斗、制酒过程、棉布织造的传统工艺、古镇百业兴旺景象及老街戏剧演出。

(25)东方假日田园风光游

时间:9月17日至10月7日

地点:宝山区联杨路3888号

内容:"奇趣逗乐"的动物表演、"争妍斗奇"的奇异瓜果观赏、"田园风情"的时尚才艺秀、"龙舟劲舞"的水上龙船表演、"款款争鲜"的农家宴展示、"民风雅韵"的行进式民俗表演让游客们畅游田园风光。

(26)精彩嘉定游(家庭趣味垂钓比赛)

时间:10月1~7日(10月6日上午)

地点:嘉定区华亭人家

内容:推出的古城嘉定游、古镇南翔游、汽车嘉定游、马陆葡萄区、华亭人家游等5条主题游线路,让你感受"汽车嘉定、古城嘉定、田园嘉定"的不同旅游特色。10月2,3,5日每天两场民俗表演;10月1~7日嘉定竹刻和黄草编织的展销。10月6日上午家庭垂钓比赛。

(27)"吴根越角"枫泾水乡婚典

时间:9月25日

地点:金山区枫泾古镇旅游区

内容:以"传承民间文化,相拥幸福时光"为主题,融入古典江南水乡民间传统婚俗。数十对新婚佳人身着民间婚礼服装,各自登上古装婚庆船,沿着枫泾市河前行,在体验江南水乡民间婚礼中接受亲友们的美好祝愿。

(28)"上海之根"文艺晚会

时间:9 月 23 日

地点:市民广场或申越广场

内容:内容丰富、形式多样的文艺演出向松江百姓展示如古曲、历史、名人等松江地方文化。

(29)松江浦南农业观光游

时间:9 月 27 日至 10 月 6 日

地点:五厍农业园区

内容:松江浦南"农业观光游—时尚购物游"、"上海轻松(青松)游"线路,组织游客乘坐大巴开往五厍农业园区等景点。

(30)朱家角民俗风情游

时间:9 月 23 日至 10 月 30 日

地点:青浦区朱家角镇

内容:"金秋之旅、水都青浦"为主题的看花、赏月、美食、购物和游古镇等系列活动,大观园和东方绿舟的赏桂、奥斯来斯品牌直销广场,打响以民俗、生态、时尚和休闲为特色的青浦旅游品牌。

(31)第四届全国动物运动会

时间:9 月中旬至 11 月 30 日

地点:上海野生动物园

内容:由 20 余种 300 多位动物选手参加,包括田径、体操、球类、水上运动等 40 多项竞赛的第四届全国动物运动会上演了动物唱主角的好戏。

(32)欢乐南汇乡野游

时间:9 月 16 日至 10 月 7 日

地点:南汇桃花村、滨海森林公园、浦东射击俱乐部等

内容:南汇桃花村的农家乐,让游客们体验到野餐、烧烤、垂钓、挖山芋、摘毛豆的野趣。书院人家品尝农家菜。另外还可以参观东海大桥、洋山深水港、滴水湖环湖景观、临港新城展示中心、南汇嘴观海公园等。

(33)第九届上海旅游风筝会

时间:10 月 1 ~ 7 日

地点:奉贤海湾旅游区

内容:在"绿色、氧气、阳光和休闲"的氛围中,来自海内外的风筝队进行放飞比赛。风筝会开幕式、风筝锦标赛、滩涂沙滩游及美食节等一系列活动将让

游客在放飞风筝的同时放飞心情。

(34)崇明森林旅游节

时间:9月20日至10月10日

地点:崇明东平国家森林公园等

内容:崇明岛上的湿地文化游、森林嘉年华、全新农家乐、崇明风采美术作品展示、环岛驾车游、长兴岛上的金秋柑橘节等活动让您尽情享受回归自然的乐趣。

(35)东方绿舟2006中华鼓文化周

时间:9月30日至10月6日

地点:东方绿舟、青浦镇白玉兰广场

内容:中华鼓文化源远流长,丰富多彩。本次活动将邀请国内外鼓队在东方绿舟进行表演和比赛,使中华鼓文化进一步走近群众,既使群众能更多地从中了解到中华鼓文化的精髓,又能使鼓走进日常生活,成为群众强身健体、舒缓压力的时代奏鸣曲。

(36)第五届德国周

时间:9月22日至10月2日

地点:大上海时代广场

内容:开放式展出德国最先进的工业技术和家电商品,介绍德国传统文化、风土人情和最新款车型,给观众留下最真实的德国印象。

(37)"亚洲风情日"秋之旅

时间:9月22~24日

地点:瑞安广场、中环广场、淮海公园、雁荡路、华狮广场

内容:瑞安广场和中环广场集中展示韩国、日本、泰国、新加坡及中国等相关旅游、观光机构、各亲水景点和旅游项目;雁荡路美食街可以品尝到各色美味,领略大厨的高超技艺,更可以在厨师指导下亲自动手制作异国料理;淮海公园将构建成网络游戏和动漫爱好者以及孩子们的乐园;华狮广场将展示亚洲民众的生活态度与方式的差异与相似;各分会场还将有和服秀、各国传统文化表演。

(38)万盏鱼灯耀海洋

时间:9月27日至10月31日

地点:海洋水族馆

内容:馆内亚马逊展区改建完成,新引进了近万条不同品种的灯科鱼,并有7 m长的特色鱼缸展示,将中国人赏灯过中秋的传统习俗和即将推出的灯科鱼

两者结合。

(39)上海菜展示周

时间:9月16日至10月6日

地点:全市有关饭店

内容:上海经典风味小吃展示展销,吃上海菜有奖旅游刮卡活动,爱森杯家庭主妇烹饪上海菜大赛,上海菜名宴、名店展示认定以及到市郊"吃农家菜、享农家乐"等活动。

(40)上海扬子江万丽德国啤酒节

时间:9月13～23日18:30～23:00

地点:上海扬子江万丽大酒店(延安西路)

内容:围兜、背带、毡帽、马克杯和啤酒盖,将把浓郁的巴伐利亚节庆气氛带到上海。宾客们可以边品尝融合德国和世界风味美食的丰盛自助餐,边欣赏来自慕尼黑乐队带来的精彩表演,与"Muenchner Musikanten"乐队的成员一起尽兴娱乐。擅长活跃气氛的乐手们将和来宾一起参与互动游戏,并演绎绝妙的舞曲。

(41)2006上海异域风情美食秀

时间:9月22～24日

地点:正大广场

内容:70个摊位的各国餐厅、酒店现场烹饪;国际厨师厨艺表演,并协同电视烹饪栏目主持人举行现场观众烹饪比赛;此外还有"美酒教室"和乐队精彩演奏。

(42)烹饪技艺展评

时间:9月中旬至10月上旬

地点:杨浦区

内容:这是杨浦区近年来连续第五届为弘扬餐饮文化、交流烹饪技艺而举行的专业技术性活动。期间参展商家将营造浓浓的节庆氛围,20余家门店在门口广场搭建临时秀台进行烹饪技艺展评。

(43)台湾食品周

时间:9月28日至10月2日

地点:雁荡路、复兴公园

内容:这是上海、台湾两地首次联办、展示台湾饮食文化的大型活动。开幕活动特别邀请台湾民俗"八家将"表演,同时还有水果、食品企业的现场走秀。

(44)舟山海鲜美食周

时间:9月21日至10月7日

地点:龙华旅游城及部分酒店

内容:第四届中国舟山海鲜美食文化节将再次在龙华美食街举办原汁原味的舟山海鲜美食周活动,以海鲜排挡展示强化"中国海鲜,吃在舟山"的理念。

(45)长三角"赏桂之旅"

时间:9月中旬至10月7日

地点:上海徐汇、青浦;浙江绍兴;江苏南通

内容:徐家汇—东方绿舟—淀山湖—朱家角百人环湖骑游;桂香狼山花卉展;桂花茶、桂花糕等食品展示;绍兴大香林景区品茶、棋牌、垂钓;上海植物园规划展;桂林公园唐韵中秋。

分析:

会展相关活动类型多种多样,活动目的也各有侧重。活动举办得恰当有助于提升展会本身的形象。在举行展会相关活动时,活动的主题与活动的创意都是十分重要的。2006年上海旅游节活动策划,以浦江彩船巡游扮靓了时尚浦江之夜,展现出上海国际大都市的宏伟气派;把浪漫典雅的玫瑰婚典变成新人们记忆中永不褪色的篇章;小主人生日游给中外小朋友带来了乐趣;大宁绿地的航空跳伞和激光烟花表演让人们大开眼界;扬子江德国啤酒节使中外朋友们沉浸于浓郁的德国风情;旅游纪念品消费品博览会汇集了世界各地的旅游纪念品;在唐韵中秋游园会中品月饼、赏明月、闻桂香……形式多样的节庆活动使金秋的上海处处洋溢着美好与欢乐。

2006年上海旅游节活动策划既延续了以往"人民大众的节日"主题,又围绕"走进美好与欢乐"的新主题,活动纷呈,45个主要活动个个有创意,特色鲜明,令人难忘。

第9章
会展设计与展会品牌策划

【本章导读】

　　会展设计与品牌形象策划在整个会展活动中起着至关重要的作用。设计是筹办展会的主要业务工作。设计是一项技术工作,设计为展台搭建服务。做好展台的设计、搭建将有利于参展企业树立良好的形象,激发参观者的兴趣并吸引参观者走进展台参观、洽谈。良好的展会品牌是消费者区分产品的基础,品牌是产品或服务的质量和信誉的象征。怎样进行会展设计的立体策划? 会展设计具体有哪些策略? 如何进行展会品牌形象的策划与营造? 将在本章予以介绍。

【关键词汇】

　　立体策划　文化维度　系统设计　设计流程
大众空间　信息空间　时序与动线　展会品牌
品牌展会

9.1 会展设计的立体策划

9.1.1 展会立体策划的概念

设计,从根本上来说是一种通过把艺术与人们的物质性生活联系起来,创造一个既是物质的也是艺术的文化世界的实践活动,人们通过这种创造性的活动为人类的整个生活世界开创一个审美化和诗意化的生存空间。

会展是一种立体的展示,在会展设计过程中,要给展览"开创一个审美化和诗意化的生存空间"则要对展览会的设计进行精心的立体策划。

所谓立体策划是指一种带有全局性和长期性的策划方法。它是站在战略角度所进行的策划,它不仅考虑到策划对象的现在,还考虑到策划对象的将来。它有别于通常所说的在某一点、线或面上的单一策划。立体策划要求把策划过程看成一个"体",从总体出发,推进到"面",再由"面"出发,推进到"线",最后到"点"。

会展设计的立体策划落实到具体的方案中包含总体设计方案以及局部设计方案等。

在总体设计方案中,首先是对展览的环境、场地空间进行规划,在平面、立体规划处理的基础上,结合展示内容和表现形式以及展出场地现存的建筑结构、风格,确定采光形式,整体空间的组织施工,考虑协调空间的环境等。其次,要确立展示的基调,主要包括展出形式的色彩基调、文风基调和动势基调。在色彩基调的策划方面,要根据展出内容的特性、展出场地的环境特色、展出的时间季节、采光效果及功能区域划分等因素,分别选择适宜的色彩基调,提出相关的色谱,画出色彩效果图;在展出形式的动势基调方面,策划者要注意对韵律、节奏起伏的控制,要尽量给人以舒适的动势感。

会展设计的总体设计方案还包括设计实施进度的安排、制作,施工材料的计划,设计实施的经费预算等,这些都必须由总体设计人员进行精细的组织策划。

会展的局部设计方案包括:布展陈列中的会标屏风、展架、展台、道具、栏杆、展品组合等;版面设计中的版式、图片、灯箱、声像、字体、色彩等;公关服务中的广告、请柬、参观券、会刊、纪念章、样本等。这些都应在总体设计思想的指导下设计完成。

9.1.2 展会设计的立体策划特点

会展设计的实施是一项庞大而繁杂的艺术创作系统工程,展示设计师充当着导演的角色。会展设计艺术的立体策划要求策划者必须掌握立体策划的特点,高瞻远瞩,视野开阔,全面而细致地考虑到策划过程的每一个步骤、环节,使整个策划达到完美的境地。

会展设计的立体策划主要有以下特点:

1)时代性

会展设计策划的时代性是由会展自身发展的特点决定的。欧洲是世界会展业的发源地,经过 150 多年的积累和发展,无论是会展场馆设施,还是大型会展的组织、策划、设计都已相当成熟。近年来,中国会展业的发展也以年均近 20% 的速度递增,尤其是信息技术、网络技术的快速发展使得新建专业场馆的配套设施日臻完善。可以说,会展是一个与时代发展紧密相连的产业,时代性是它的鲜明特性。会展设计的策划必须站在时代的高度,及时掌握全球会展业的最新动态,实现会展设备的智能化以及会展理念的前瞻性。

在会展设计中,要能够体现时代的人本观念、时空观念、生态观念、系统观念、信息观念、高科技观念等。具体地说,会展设计中的立体策划要注意:空间环境的开放性、通透流动性、可塑性和有机性,给人以自由,给人以亲切,让人可感、可知;实现商品信息经典性原则,严格要求少而精;实现固有色的统合色彩效果,重视对无色彩系列的运用;尽量采用新产品、新材料、新构造、新技术和新工艺,积极运用现代光电传输技术、现代屏幕影像技术、现代人工智能技术等高科技成果;重视对软材料的自由曲线、自由曲面的运用,追求展示环境的有机化效果。

2)目的性

任何一项会展设计的策划都必须是为实现一定的意图和目标而服务的,这是策划的目的性。策划的目的性要求策划者应有明确的策划目标,然后围绕目标进行策划。对于展会设计来说,参展目的是通过展会这一特殊途径,力争在有限的时间、有限的空间使自己展示和期望展示的内容为有限的参观者尽可能多地发现、注意、了解和接受,并力争这一展示效果在更大的范围、更长的时间内得以实现。

紧紧围绕参展目的进行设计策划是会展设计立体策划的必然要求。在实际的策划过程中,一般来说,围绕会展的主题、体现会展的核心思想、核心理念进行设计构思是关键,策划者必须充分了解展览者的展示意图,才能决定展示的总主题及其风格。

3)创新性

一项成功的会展设计策划方案应该具有创新性,它既出人意料又在情理之中,这样才能新奇诱人,吸引观众,获得赞赏。会展设计策划的创新性涉及形式的定位、空间的想象、材料的选择、构造的奇特、色彩的处理、方式的新颖等多个方面。

4)统一性

整齐而统一是展示艺术的首要标准,在会展设计策划中,要力求达到展示形态的统一、色彩的统一、工艺的统一、格调的统一以及整体基调的和谐统一。这种统一性是建立在对整个会展策划体系的宏观把握上的,它要求各种设计方案之间要有统一性,各种设计策略在内在本质上要有统一性。会展设计策划的统一性表现为内、外两个层面。

"内"是指整个展览设计过程的统一,它包括选择展览设计师,明确展台设计要求,了解参展产品以及展台位置、条件,策划展台设计进程以及整个设计策划方案等;"外"是指会展设计策划要与整个会展策划的要求相统一。一般的会展策划包括会展的调查与分析、会展的决策与计划、会展的运作与模式、会展的费用预算、媒体策略、效果评估与测定等环节,会展设计的策略不能与整个会展策划的思想相违背,协调统一、相得益彰是会展设计立体策划统一性的基本要求。

9.1.3 会展设计策划的一般方法

展会发展到一定阶段,虽说本质上还是推广产品与服务,但是,由于会展设计者的精心立体策划,使得会展提升了境界,宾主之间在不知不觉中实现了各自的理想目标,这就是会展设计艺术的文化维度。在会展设计中,渗透文化因素的策划是现代会展的必然要求。

会展设计策划文化因素的表现是多种多样的,而创新求异是最根本的。只有用新的视角、新的创意、新的表现来设计才能做到出奇制胜、赏心悦目。在实际设计策划的过程中一般采取选择、突破、重构3种方法:

1)选择

选择是对事物本质和非本质的鉴别,即对事物特点、亮点的发现,对其中不必要部分的舍弃。

例如,展览门票的设计、印刷和制作方式有许多:简单的单色(彩色)纸单色(套色)印刷、铜版纸彩色印刷、美术摄影作品进入门票、烫金、烫银、过塑、镭射图案;各种几何形状、联票、套票、凹凸纹图案;书签形式、邮票形式、金卡形式;条形码、磁卡、电子卡……。如何进行创新选择,就要求展览门票的设计者能够画龙点睛地在不同的门票上体现展览会的不同风格与特色。在展览会门票的内容设计方面,除了必须包含的五大要素(展览会名称、举办时间、地点、主办单位及价值)之外,还必须考虑是否公布组委会的联系方式(如电话、传真、电子信箱、网址等),是否设计观众信息栏,如何印展览会标志?若是国际展不仅要求中英文对照,而且设计人员还必须考虑个别国家和地区、宗教和种族对某些色彩与图案的禁忌。至于门票的背面,是用来刊登广告?还是做展会介绍、参观须知、展览预告、导览图等都需要进行选择。一张小小的门票,是设计水平艺术性的体现,也是信息化、现代化、国际化的体现,有着深刻的文化蕴含。

2)突破

突破是创造性思维的根本手段。会展设计是否新颖独到,最根本的就看是否对常规有所突破。突破主要包括两个方面:一是传统思维方式的突破;二是表现方法的突破。例如北京润得展览有限公司为增强企业文化内涵、打造企业品牌,提出了中国会展文化四字真经"文行忠信"的理念,其核心是:视客户为亲朋,不计一时得失,但求宏图共展,创意策划前卫,运作快捷现代,质量一流列位。创新性的会展策划理念给该公司的发展带来勃勃生机。

3)重构

重新构建是会展设计中的一种基本方式,它通过不断构建或寻找设计环境以及设计元素之间的关系,然后将这些关系重新组合,重新设计,从而创造出新的构思、新的意向。现代会展设计在发展趋势上不断趋于专业化、国际化和科技化,不少展会已成为主要的国际盛事,一些会展的主办者不惜重金创新设计来扩大影响。

近年来,为创展会品牌,会展的设计者纷纷采取整合营销策略对会展设计进行立体策划,大到设计理念的制订,小到安排展台清洁工以及展位维护的细节处理,都作为一个整体来考虑。

9.2 展台设计与搭建策划

9.2.1 系统设计的概念

系统的观念源远流长,英文"system"一词,来源于古希腊语,是由部分组成整体的意思。今天人们从各种角度研究系统,对系统下的定义不下几十种。中文对 system 解释也有许多,诸如:体系、系统、体制、制度、方式、秩序、机构、组织等。通常把系统定义为:由若干要素以一定结构形式联结构成的具有某种功能的有机整体。在这个定义中包括了系统、要素、结构、功能 4 个概念,表明了要素与要素、要素与系统、系统与环境 3 方面的关系。

系统概念真正作为一个科学概念进入到各学科领域,还是在 20 世纪 20 年代以后。20 世纪 40 年代,美国在工程设计中应用了这一概念,到了 20 世纪 50 年代以后,才把系统概念的科学内涵逐步明确,让不同实践目的、思维方式、认识角度和专业学科领域等,可以从整体上、实质上去把握它,并且有一个比较确定的内涵。

我国著名科学家钱学森曾经引用恩格斯的一句话:"一个伟大的基本思想,即认为世界不是一成不变的事物的集合体,而是过程的集合体。"并指出"集合体"就是系统,"过程"就是系统中各个组成部分的相互作用和整体的发展变化。钱学森指出:"把极其复杂的研究对象称为系统,即由相互作用和相互依赖的若干组成部分结合成具有特定功能的有机体,而这个系统本身又是它们从属的更大系统的组成部分。"

系统论的核心思想是系统的整体观念。任何系统都是一个有机的整体,它不是各个部分的机械组合或简单相加,系统的整体功能是各要素在孤立状态下所没有的新质。

将"系统"的观念引入会展设计即为会展系统设计。从系统设计的观念出发,在进行会展相关设计之前,不仅需要知道展会、企业以及展品的有关信息,还必须明确展区展台的设计要求,不仅要对展台面积、展台数、展台开放面、展架规格等了如指掌,还必须掌握展会所需要的电、水、气的要求,音像设备、通信设备、招待设备、贸易洽谈设备、招待品、办公或会议桌椅、文件柜、电话、计算机等设施,展品展示、演示、操作、品尝、赠送等安排要求。

由于不同的展会或当地政府对展台材料以及宽、高、重、尺寸、通道、紧急出口、防火、安全等方面可能会有所规定、限制,这些也必须有所了解。

9.2.2 展示设计的设计流程

展示设计不是简单的设计一个展台,它是一个系统工程。设计本身位于系统的中下游,设计人员在进行设计策划时需重点关注除自身设计以外的链的关系和互动。

1)接受项目订单,明确设计内容

项目是展示设计公司生存和发展的源泉。接单的同时,项目负责人和设计总监必须明确设计的内容、实现的目标,因此,同客户良好的沟通、交流、互动是重要的第一步。

2)制订设计计划

制订正确而合适的设计计划往往会提升设计的效率和服务的品质。以下几点需注意:

①明确设计内容,客户是否有特殊的要求,是否有限定的条件。如,展馆的限高和设计方案是否冲突。

②确认项目过程的节点,需同预算和施工要求同步计算。

③充分估计每个节点所需的时间,包括不可抗拒力所花的时间,需在合同中注明。

④充分认知每个节点、要点设计的重点,是否有不可操作性。

⑤在完成设计计划后,应将设计的全过程的内容、时间、各段目标制成计划表,在客户确认后,按计划执行,遇未尽事宜,应及时与客户协商解决。

3)提出目标问题,发现设计问题

设计是一个系统工程,涉及客户需求、行业特征、企业文化、审美、技术、材料等一系列的问题,以上因素因客户而异。因此,设计师的判断力尤为重要,设计师的阅历和知识结构同样会影响服务的品质。

4)提出目标提案,分析目标问题

提案是客户审核设计公司的设计意图最初的评价载体,也是设计师对客户意图的初步定位和设想。针对提案本身,双方应对方案进行深入的分析和评估,为下一步提交草案做好准备。

5)展开设计研究,加减设计方案

作为展示设计师研究的对象,展示的构成不单是由某个单一因素决定的,而是一个系统。在充分分析目标问题的基础上,对目标项目展开设计研究决定了项目服务的品质。

通常情况下,应遵照以下要求:

①目的明确。不同行业、不同客户市场研究的内容是不同的,设计开展前,针对性强的研究内容可以大大提高工作效率。

②内容完整。设计调研是设计的依据,有效的内容可以帮助设计师正确地判断设计的方向。

③适时性。研究的内容要适时、可行。

6)提交设计草图,集中方案评估

(1)提交设计草图

设计草图是设计师将自己的想法和对目标项目认识展开的一种过程,是创造性思维由抽象到具象的具体体现。它是设计师对目标项目认知、推敲、思考的过程,也是发现问题、分析问题、解决问题的有效手段。

在设计草图的画面上常常会出现文字的注释、尺寸的标定、材料的选择、颜色的推敲、结构的展示等,这种理解和推敲的过程是设计草图的主要功能。

(2)集中方案评估

方案评估的基本手段在最初时往往是大量的草图。尤其是思考类的草图凝聚着设计师对方案的理解和认识,从草图中可以发现设计师思考的过程和创意。同时,委托方可以通过草图和设计师进行充分的沟通和互动,提出对方案的建议和改进的方向,使方案在评估的过程中得以明确。

在评估过程中,应注意安全性、创造性、经济性以及人机要素等原则。

7) 明确设计方案,深入优化设计

明确方案后,设计师可以在较小的范围内将一些概念进一步深化、发展。可以通过草图细分,对某些细部单独做多项设计,也可根据某项要求,做多种设计方案,或在原方案的基础上优化改良。

8) 提交效果展示,制作三维草模

在设计范围基本确认以后,用较为正式的设计效果图给予表达,目的是直观地表现设计结果。效果图是快速表达方案近乎真实、实际的一种方法。

展示设计效果图分为方案效果图、展示效果图以及三视效果图3种。

三维草模是在方案的基础上进行立体表现的一种方法,通常按比例、尺度制作。制作的材料可根据具体设计挑选。

9) 集中方案评估,人机色彩分析

在这一阶段,效果图和草模具备了初步评估的条件,这一阶段的评估重点在于设计的形态、材料的合理性、空间尺度的科学性。在这一基础上,需对人机、色彩设计在实施中的应用予以考虑。

10) 确定设计材料,方案可行评估

二次评估后,材料的选择是体现设计和施工开始前预算必不可少的重要步骤。材料的选择需考虑以下因素:

①材料对设计方案的形态和结构产生多大程度的影响。

②设计提出的功能和结构的技术性材料能否满足。

③有无制造上的问题。

④制造成本。

⑤安全上有无隐患。

考虑设计方案时,功能和材料的问题不容忽视,通常展示的功能和材料直接影响到设计方案。这就要求设计师需重视材料的性能、加工工艺、成本的性价比等因素,在施工方面反复考虑,寻求最佳的材料进行实施。

11) 修改设计细节,确认设计方案

细节体现设计的品质。细节体现在两方面:设计细节和施工细节。设计上又分为功能和形态,对人—展示—展示环境3者在功能上体现设计的人性化、

细节化提升设计的品质,对方案的施工在设计执行阶段的严格把关同样也大大提升设计的品质。

12)绘制展示图,模型沙盘展示

设计方案最终确定后,就可进入设计制图阶段。设计制图包括三视图、施工图等。图的制作需严格按照国家标准执行。以上步骤都完成之后,即可提交设计方案,进行实施。

9.2.3 展示空间的分类及设计准则

1)展示空间的分类

(1)大众空间

大众空间也可称之为"共享空间",是供大众使用和活动的区域。应该有足够的空间让人们谈话和交流看法而不影响其他参观者,还应当有提供资讯、信息、餐饮的空间,并注意边界效应的视觉处理、公共空间的空间尺度等。例如:应当为人们的安坐小憩做出适当的安排,否则,这个展示活动就会缺少人性化。

(2)信息空间

这是事实上的展示空间,是陈列展品、模型、图片、音像、展示柜、展架、展板、展台等物品的地方,展厅里是实现展示功能的场所,处理好展品与人、人与人、人与空间的关系是十分重要的,因此必须注意人机工程和大小尺寸。信息空间是为参观者设计的,对参观者来说,途径和目标是最重要的。

(3)辅助功能空间

这种空间是指参观者看不到、摸不到的地方。具备以下功能:

①储藏空间。许多临时性的展示活动都发放一些简介性的小册子、样本和样品给参观者带走,考虑它们的储藏地方是很重要的。

②工作人员空间。很多展示会都设有为管理人员准备的小房间,他们可以在这里放松一下,整理衣服,喝杯咖啡。不管这个空间有多大都没关系,但是绝对不可缺少。总的要求是区位要合理,出入口要隐蔽。

③接待空间。这个特别的空间是为接待一些很重要的参观者而设,往往招待一些饮料或者放映一些录像片等。在正规的博物馆里,这往往作为展示建筑功能的一部分而被固定。但是在大多数临时性展示会里,特别是在经贸展示会

里,一般需要临时搭建,被用做接待贵宾和贸易洽谈之处,常被安排在信息空间的结尾处,用与展示活动相统一的道具搭建,要求与展厅风格和谐统一。

2)展示设计的准则

(1)空间配置与场地分配

空间配置与场地分配是具体设计实践首先遇到的问题,同一个展示会中的不同展品或不同的参展单位在整个空间中所占的空间位置、大小是按照什么原则进行配置的呢?

通常展会按照展品的内容进行场地划分。在空间配置上同一场馆也会根据特性和标准展的空间进行安排和划分。例如:第七届上海国际工业技术博览会分为7个馆,每个馆都是不同的主题。在每个馆中又根据内容分割成不同的大小空间、交叉空间、共通空间、相邻空间、分离空间。

(2)时序与动线

所谓动线,就是观众在展示空间中的运行轨迹。而时序则是总的动线,即决定经过各大展示空间时间顺序的线路。观众空间移动的前后次序的经验可当做时序空间关系的基础,体验展示空间的前后次序,是从展示建筑物入口之前开始的。无论是博物馆还是展览馆,一般是按照动线去组织展示空间的。依据有3点:一是根据展品内容相关性;二是尊重展示建筑的空间关系并尽量与之保持和谐;三是空间配置、动线计划、平面规划、空间构成在操作实践上是分不开的,是同时考虑一并处理的。动线计划的要求也有3项:一是明确顺序性;二是短而便捷;三是灵活性。

由点产生动线。在动线的构成中,有端点和节点之分。所谓端点,即出口、入口之处;所谓节点,即观众移动中需做选择、判断之分歧路径的连接处,围绕端点或者节点去安排动线,会有很多变化,会产生许多动线造型,如放射状、多核型等。

9.2.4 展示照明设计

1)照明方式

对于现代展览而言,照明设计的重要性不言而喻。同传统的博物馆、展览馆相比,不仅仅依靠预留的天窗和自然光取得照明,人工照明占据了重要的位置。光的运用,同展位形态两者虚实交互,形成了很好的视觉效果。在照明方式上,通常分为自然照明和人工照明。

2)照明类型

根据展示的目标,展示照明的对象分为展品、展示场景、展示环境,展品在展示环境当中属于核心位置,属于照明的重点。对于空间展示环境而言,场景和环境是照明的重点。

通常,照明的类型分为以下几种:

(1)基础照明

基础照明是指对整个场所的全面基本的照明,包括公共空间、走廊、通道、休息室等。其特点是光线均匀,注重整体空间的照明。

(2)局部照明

目的在于突出重点展品或展位。其照明方式灵活、便利,可移动,便于调整位置,在特展、博物馆、画廊等展示空间环境中被广泛地采用。其特点是:

①局部照明亮度和光影效果能很好地表现细节。

②光的方向性强烈,体现出物品的体感和空间感。

③突出展品的位置,引起人的注意。

(3)装饰照明

目的在于提升空间的层次感。合理的材料、形态、灯光的应用,使虚实空间完美地结合,营造奇妙的氛围。

3)照明设计的程序

①提出照明方案。对展览的性质、展览的目标产品做出准确的定位,根据展位所处位置、环境提出相应的照明方案。

②对光位的设计。依据环境、明度、光色、光性进行设计。

③照明条件的评估。空间的照明、动态路线的分析、照明分布。

④照明手段和方法。照明器材的选定、展品照明、光源选择、相关配置。

⑤照明成本分析。计算光位、光数,以及展位灯光数的相关管理费用。

⑥施工。安全、调整、控制。

9.2.5 展示道具设计

展示道具在现代展示展览中扮演着重要的角色,是现代材料、工艺、技术的集中体现。科学地利用展示道具进行展位的搭建可快速地完成既定目标,反之,如设计师对道具没有直接的认知,可能会在实际施工中遇到不必要的麻烦。因此,道具设计应引起足够的重视。

现代道具设计应遵循安全、模块化和经济性的原则。

展示道具由于展览的短期性、临时性,而道具的制作在经济上的投入又是可观的,因此,按照标准化、通用化、互换性强,可重复使用的原则进行道具的设计开发是努力的方向。这样的道具不仅美观、耐用,而且易保存、易运输、便携、高效。

9.2.6　布展施工的相关规定

一般来说,在进行展位的施工搭建时,设计、施工人员必须对各展馆的具体管理规定和限制等予以了解,并遵照执行,以免工作被动、失误。常见的相关规定有:

①展场及展馆的公共场所均由主办方、组委会负责统一规划、总体设计、布置,欲在展位外或室外做宣传广告的单位请提前与会展中心联系。

②展位特装修参展企业,应保持柱子、地面、顶棚、墙面等完好无损。

③各展团的布展必须在本展团的展位面积内进行,不得占用公共通道进行粘贴广告,拉横幅,摆放桌椅、展品,散发宣传资料等。

④在展馆内布展,最高点一层不超过8 m,二层不超过6 m。

⑤严禁在展板、展架、原建筑物及原有设施上钉钉子、凿洞、刻画、粘贴、油漆和使用不干胶,如有损坏照价赔偿。

⑥展厅内所有立柱灯箱广告位不能随意遮挡,否则按广告发布价格收取费用。

⑦特装展位须向主办方、组委会缴纳"展台特殊装修施工管理费"。

⑧主办方、组委会搭建的标准展位及内部设施不得擅自变动拆除挪作他用,不得随意搬拉展位外桌椅设施为己用,如有变更须报展览部批准。

⑨参展团的布展方案(含平面图、立面图、电位图和效果图)应按主办方、组委会规定时限报送展览部审核后方可实施。需改动标准展位者,须提前通知展览部,不可自行改动,过期改动收取相应的费用。

⑩租用道具,须在会前向展览部申请。展位需另增加电器设施及电视、录像机、冰箱、照明等电器,费用另计。

⑪提前进场施工、布展期间加班须提前到会展中心展览部办理加班手续。

⑫展馆展场进出口、安全通道及消防设备电源开关前,严禁停放车辆、放置广告、宣传、参展物品等。

⑬展馆一楼展厅地面负荷不得超过 1.5 t/m^2。

⑭展品由参展商在起卸区内的货梯保证垂直运输,严禁用客梯和自动扶梯载运展品。

⑮展馆内严禁吸烟、明火作业,不可携带易燃、易爆、腐烂变质、放射性和有毒物品进入展馆。

⑯回运展品包装物,可向展览部申请办理临时寄存手续。

除此之外,在展览设计、施工前,设计、施工人员还必须明确有关人流、消防、展品、色彩、音量等方面的规定与限制。很多国家(尤其是发达国家)规定,展场员工必须是工会注册工人,不允许参展企业自己动手。还有的展览会要求参展企业将设计送审,并要求参展企业在施工前办理有关手续等。

9.3　展会品牌项目策划

9.3.1　展会品牌理论

品牌既是办展机构的一面旗帜,也是展会竞争优势的重要来源。品牌展会正受到越来越多的重视。

1)展会品牌与品牌展会

展会品牌是能使一个展会与其他展会相区别的某种特定的标志,它通常是由某种名称、图案、记号、其他识别符号或设计及其组合构成的。

一个展会经过营造,具有自己的品牌定位、内容、优势与个性,得到目标受众的一致认可,那就成为品牌展会了。

所谓品牌展会是指具有一定规模,能代表这个行业内的发展动态,能反映这个行业发展的趋势,能对该行业有指导意义并具有较强影响力的展览会。

2)展会品牌形象

展会品牌形象是指参展商和观众所得到和理解的有关展会品牌的全部信息的总和。展会品牌所包含的各种信息经过参展商和观众的感知、体验和选择,形成了展会在他们心目中的品牌形象。

可见,展会品牌是展会品牌形象的基础,展会品牌形象是对展会品牌的诠释,是对展会品牌意义的体验,是对展会品牌符号的理解。

展会品牌的有形展示主要集中在品牌名称、展会 LOGO 和标志语 3 个方面。它们是一个有机整体。

9.3.2 建立品牌展会的要素

品牌既是办展机构的一面旗帜,也是展会竞争优势的重要来源。品牌展会正受到越来越多的重视。

品牌展会具有超常的价值,拥有品牌展览会是一个展览企业赖以生存和发展的根本。有没有品牌展,有多少品牌展,是衡量一个城市展览水平高低的标志之一。

建立品牌展会的要素有以下几点:

1) 坚持长期的品牌战略

有代表性的展览会并非短期行为,培育一个品牌展览会并不容易,不能祈求通过办一两次展览会就能达到目的。要建立一个品牌展会需要经过十年、二十年乃至更长的时间,品牌展会不能只追求短期经济效益,而应在知识、经验、能力、社会资源诸多方面逐步积累,形成长期稳定的增长。展览公司必须要有长远眼光,敢于投资,敢于承担风险,精心呵护,耐心培育,急功近利只能适得其反。

2) 代表行业的发展方向

代表行业的发展方向是品牌化的重要标志,它体现展会的专业性和前瞻性。能代表行业的发展方向的展览会就会有明确的目标市场和目标客户,就能提供几乎涵盖这个专业市场的所有信息,展会提供的信息越全面、越专业,观众就越积极,参展企业也越踊跃。

3) 权威协会与代表企业的支持

国际上,政府一般不干预企业办展,展览会的成功与否,多取决于行业协会和各行业内主要企业的支持合作。权威行业协会的参与,一方面可以增加展会的声誉和可信度;另一方面,对于整个展览会的招展、宣传和组织以及保证展会的高质量都会带来很大的好处。

4)引进现代的管理经验

会展业要向国际市场进行开拓,在管理方面要积极吸取国外的先进管理经验,他山之石可以攻玉。在引进国外管理经验的时候,应该考虑到它的实用性和可持续性、可移植性。工程技术和自然科学可以说是没有国界的,但管理科学不仅有共性还有它的特殊性,要考虑到中国特色,考虑到时代的发展。

5)配合强势的媒体宣传

新闻媒体宣传是建造品牌的一个重要环节。在国外,有些展览会即使是已经很火暴,甚至展位已满,他们也会继续做宣传,以强化品牌。如德国慕尼黑的许多大型展览会的组织者,他们不断在世界各地进行宣传,吸引参展商和专业观众。对于参展潜力比较大的国家,都专门派代表前去宣传、介绍相关展览。很多宣传资料都是一本小册子或一本书,内容包括历年展会的回顾,而且会介绍整个欧洲甚至整个世界某一行业的发展趋势与动态。不少的展览企业有自己的商业网站,有的还同时经营商业出版社,各自拥有数百种专业期刊,不断地为品牌的维持做强有力的宣传。

9.3.3 建立品牌展会的途径

如何建立品牌展会,一般说来有以下3种途径:

1)自我培育

选择能代表某一行业先进水平或某一领域发展方向的展览题目,充分体现展览会具有前瞻性、专业性强和涵盖面广的特点,对这种展览会经过数年培育,使之成为品牌展览会。例如,深圳的"高交会"和珠海的"航空展",虽然举办的历史较短,但是"政府搭台,企业唱戏"的运作方法已使展会的名声大增。再如,"大连国际服装博览会"目前已成为国内举办时间最长、国际化程度最高的服装交易会,然而,与国际同类展会仍存在一定的差距。对于"服博会"来说,努力改进不足,精心培育,争取几年内加入国际展览联盟(UFI),成为国际知名的展会品牌是有关部门亟待研究的课题。

2)走联合之路

品牌展的一大特征是规模,它要求尽量把同类或相类似的展览会进行整合,实行同一主题或相关主题展会的联合。如北京的"中国国际机床展览会"、"中国制冷展览会""北京国际印刷技术展览会"等由分散到联合,均被国际展览联盟认可,这些展会无论在国际化、专业化还是品牌化方面都已初露端倪。

3)品牌移植

我国的展览事业发展时间不长,品牌展览并不多。我国入世后,国际知名展览公司进入国内市场是必然趋势,将国际知名的展览会办到国内来,借帆出海,不失为国内展会品牌化的一种方法。如中国国际展览中心的"世界计算机博览会"(COM DEX),就是引入了美国在其行业中影响和水平最高的展览会,形成一定的品牌效应。

9.3.4 建立品牌展会的基本策略

1)制订品牌发展战略

要建立品牌展会,最重要的一点是展会的经营者与管理者要有牢固的品牌观念,要制订长期的品牌发展战略。这其中,制定相关的措施、法规,提高会展市场的规范化水平十分重要。欧美国家会展业的规范化发展离不开政府和行业协会,尤其是行业协会起着突出的作用。举办会展,国际上通行的是备案规则,主办者提出申请,在展览协会备案即可。我国目前尚没有统一的展览管理部门和行业自律组织,有关展会的各项规范化程度都很低,因而,借鉴国外经验,应尽快制定相关的法律法规,组建全国性的行业协会,充分行使行业协会"服务、代表、协调、自律"的职能,为展会的品牌建设铺平道路。

2)走专业化、集团化发展之路

目前我国会展企业的基本特点是规模较小,专业性不强,这对引进高科技手段和修建先进的场馆设施是一个阻碍,因而造成组展范围受到限制、办展质量不高、竞争力和市场占有率较低。经济全球化对会展产业的发展模式,特别是管理模式提出了更高的要求。从会展经济发达的国家来看,越来越多的行业协会开始寻求与专业公司合作,有的甚至把展会业完全移交给专业的展览公司,专业化程度越来越高。

随着我国加入世界贸易组织和对外开放的进一步扩大,会展企业面临的国内外市场竞争日益激烈,集中力量发展大型会展企业集团,对推进会展业改革和促进展会品牌化具有重要意义。我国会展企业应采取诸如资产重组、上市经营、参股控股、兼并收购等多样化的资本经营战略,跳出仅靠内部积累成长的圈子,实现快速扩张,成就我国的展会名牌。

3)加快国际化进程

展会的国际化是建立品牌展会的重要保证。例如在国际展会界,UFI(国际博览会联盟)资格认可与"UFI"使用标记就成为名牌展览会的重要标志。目前全球得到 UFI 资格认可的展览会有近 600 个,而中国只有 6 个。

展会的国际化主要表现在两个方面:一是展会的国际化程度,即展会、展商的国际化;二是展会运作的国际化。

按国际公认的标准,在商业展览会中,要有 20%以上的展出者、观众来自国外,广告宣传费要有 20%以上用在国外。因此,招展、招商的国际化是展会组织者需要精心策划的问题。在展会运作国际化方面,展览题目的出售与收购以及通过展览企业的合作共同开拓展览市场是一种趋势。我国入世后,国际展览公司进入中国市场,这种国际化的运作方式将会得到加强。

4)提升经营服务理念

要建立品牌展会,提升会展企业的经营服务理念是一项根本性的基础工作,展览服务是否专业化也是品牌展的另一个标志。根据客户的需求量体裁衣是服务营销的最高境界。专业的展会服务包括展览公司的整个运作过程,从市场调研、题目立项、营销手段、观众组织、会议安排和展览现场服务的迅速高效直到展后的后续跟踪服务,服务的内容应有尽有。对会展企业来说,不仅要转变经营观念,而且要树立明确的企业服务目标,将企业所提供的服务组合起来形成独特的"产品",运用到服务的每一个环节中去。

5)打造网络品牌

因特网为展会提供了附加值,它延长了展会的生命,使人们在展前和展后都可以对展会进行研究。因特网使得展会的组织者能够向观众提供所需要的各个阶段不同的信息,能向观众进行互动式的宣传。

目前,网上会展在国际上成为新亮点。它将传统的商务流程电子化、数字化,以电子流代替了物流,大大减少了人力、物力,降低了成本,提高了效率。网展将组织者、参加者和观众通过网络联系起来,摆脱了时空限制,为会展带来了更大的发展空间。我国的会展业应该充分利用网络的信息资源优势,在现实世界之外打造知名的中国会展网络品牌。

本章小结

任何系统都是一个有机的整体,会展设计也是一个系统。会展设计的立体策划要求策划者必须掌握立体策划的特点,高瞻远瞩,视野开阔,全面而细致地考虑到策划过程的每一个步骤、环节,使整个策划达到完美的境地。在展会立项通过可行性分析进入实际筹备阶段后,接着要进行的一项重要的工作就是进行展会的品牌形象策划。在品牌展会的建立中,最重要的一点是展会的经营者与管理者要有牢固的品牌观念,要制订长期的品牌发展战略。会展设计的立体策划和会展的品牌战略也是有机的统一体,立体策划为品牌建设服务,品牌展会对会展策划不断提出新的要求。

复习思考题

1. 简述系统设计的概念。
2. 展示设计的流程是怎样的?
3. 简述展示空间的分类及设计准则。
4. 建立品牌展会的要素有哪些?
5. 试述在展会品牌的创建中,提升经营服务理念的地位与作用。

实　训

阅读下文后请回答:在会展设计中,将企业标志作为设计元素融入展台设计主要从哪几方面来考虑?

一个展台的设计效果如何,关键是看能否吸引观众特别是专业观众的目光。优秀的展台设计应具有很强的视觉吸引力,只有这样,观众才会对展台产生兴趣,并直接加深观众对参展企业的识别度和记忆度。其结果是,他们会对该展台产生一种亲和力,自然而然地进入展台参观、咨询、贸易。在这一过程中无论最终是否达成协议,产生经济效益,参展商都已实现了参展目的——实现了有效信息传递。

如何在众多的展位中突出自己以取得良好的视觉效果,关键是看设计中有无区别于其他展台的个性化设计。而个性化设计的实现手段应该与企业性质、产品功能、发展方向相结合,通过一切视觉符号对外传达企业的经营理念与情报信息,而不是一味盲目地追求特异效果。这里,企业标志为寻求个性的展台设计提供了丰富的设计元素与设计依据。因为,在很大程度上,企业标志就是企业的象征,是企业品牌的形式体现。企业标志一般由标准图形、标准色彩、标准字体等部分组成,无论哪一部分的设计都必须以企业性质、产品功能用途、经营理念、企业信条等为设计依据并积极地来加以体现。只有它能够将企业识别的基本精神及其差异性充分表达出来,以使观众识别并认识。因此,将企业标志在展台设计中合理、规范运用,必能很好地体现企业的特性,同时又能取得特色鲜明的展台设计效果。

展台基本造型是展台的骨架所在,是一个展台大效果形成的关键,对远视效果的影响尤为重要。据调查,参观者对参展商的第一印象总是从处于较远位置的展台设计外观得来,这一印象可能会持续很久,并直接影响参观者对参展商的态度、行为,最终影响参展效果。

那么,如何使观众一进入展场最初的视觉识别时期便能从众多的展台当中注意到你的展台呢?目前,一些展台设计特别是大型特装展台设计中,设计师将企业标志的图形部分作为基本的造型元素,对它进行抽象、概括、立体化处理,从而形成有别于其他展台造型、完全体现企业自身特点的设计效果。这样的处理不仅突出了视觉效果,吸引了观众目光,同时也有助于观众加深对企业的记忆。企业标志的图形部分是整个标志的主体部分,是企业、商家为了便于信息传递而采取的图形符号,通过含义明确、造型单纯的符号形象将企业精神面貌、行业特征等充分体现出来,便于相关者识别。当然,企业标志各不相同,有的较适合,有些不太适合作为设计元素。但至少可以把其中的部分元素拿出来进行处理,达到或基本达到通过企业标志来宣传企业的目的。特别是一些建筑类、机械类企业的标志大多采用或粗或细的"线"来作为基本的构成元素,而线之类的元素在概括、立体化处理中相对是较为合适的,也是较易把握的。

色彩在所有艺术表现形态中是最易感染人的心理,使之产生"好、恶"判断。展台的设计观赏对象是观众,设计师应该从各个方面想方设法让观众产生"好"的感觉,色彩也不例外。色彩设计是展台设计中的重要一环,是成败的重要因素。如何体现展品,如何吸引观众,如何投其所好,以求得观众感情上的共鸣,都是值得设计师进行仔细推敲、把握的。

色彩设计在考虑展出时间(季节)、展出地点、灯光照明调配等因素的同时,必须考虑到企业及展品,应根据展品来选择、使用色彩。因为参观者往往将展品与特定的色彩联系起来,两者相配,使用相联系的色彩来装饰展台表现展品就会使人产生一种"符合逻辑"的感觉,有助于记忆。相反,如果色彩与展品之间严重脱节,两者不配套,需要观众去生硬的记忆那是不现实的。此外,展台色彩设计还有一个简洁性的原则,色彩变化过多则容易引起视觉疲劳而达不到突出醒目的效果。运用企业标志中的标准色及其近似色,则能非常便捷地解决以上问题。标志的色彩设计具有极强的精确性和简洁性。从精确性方面讲,标志对于色彩的选用是一切艺术形态中最苛刻、最严谨的,必须符合企业产品的性质,什么样的产品就有什么样的特性,就必须用什么样的色彩去体现它;从简洁性方面讲,标志对于色彩选用的另一个原则便是简洁,一般不超过 3 种色彩。国际上许多大型企业的展台色彩设计总是以标志色为基本面貌出现,如可口可乐、美能达、柯达等。这样的色彩设计总能让观众留下非常深刻的印象。

展台设计中的文字说明、图解、照片背景有着与展品同样重要的作用,特别是一些小型展品的展台设计,图文的重要性更显得突出。它起着传递企业产品相关信息,并促使其留下深刻印象的作用。设计师总是千方百计地运用各种手段增加传递信息的力度,主要是采用直接、简洁、易懂、易识别、易意会的画面、文字来实现。

在具体设计中,应根据展台所处位置、参观者流动方向来确定图文大小、朝向。这里需要"开门见山"的效果,而不是用含蓄的表达方式。通过最简单、最直接的方式把信息传递给观众,首先是对企业标志整体形象的直接运用,应足够大、足够高以吸引远处特别是刚进入展观还没形成"优劣"感的观众,也必须安排内容相同但尺寸较小的图文,以利于近处观众知道是哪个企业的展台。

文字方面。文字是最具说服力的内容,通过文字视听的直接诉求来准确传达企业形象,但文字也往往是最容易被忽视的部分。特别是冗长的句子,观众根本不愿花太多的时间来细细地观看,有业内人士曾指出,如果要用超过 3 秒钟的时间去阅读那就太长了。相反,对于简短的文字,可能会边走边看,在这一短暂的时间内进行理解、消化。因而,文字必须是简练易懂,同时有足够的说明力度,对字体、字形、色彩、尺寸都有一定的讲究。因而,在展台文字设计上,将标准字体直接拿来使用不失为一个既方便又实用的方法。

资料来源:《中国会展》

案例分析

科博会的变迁

中国北京国际科技产业博览会(简称科博会)自1988年开始举办第一届以来,至今已经举办了9届,科博会由小到大,影响不断扩大,已经成为北京乃至全国具有国际影响的科技博览会。

一、"科博会"名称由来

科博会是经国务院批准,每年定期举办的国家级高新技术产业国际交流与合作的盛会。它由一系列相对独立的展览、论坛、会议、洽谈等活动组成,每一项活动都有自己的组织机构,承办各自的活动内容。

科博会(原称"北京高新技术产业国际周",简称"国际周")创办于1998年,由国家科技部和北京市政府联合主办,北京市贸促会承办。每年5月定期在北京举办的国家级高新技术产业国际交流与合作盛会,是北京市每年举办的最为重要的品牌会展活动。

1999年该活动的名称改为"中国北京高新技术产业国际周",主办单位增加到3家,即:国家科技部、外经贸部、北京市人民政府联合主办,由北京市贸促会承办。

2001年该活动的名称改为"中国北京高新技术产业国际周暨中国北京国际科技产业博览会",主办单位增加到5家,即:国家科技部、外经贸部、教育部、信息产业部、北京市人民政府联合主办,由北京市贸促会承办。

2002年该活动的名称改为"中国北京国际科技产业博览会(中国北京高新技术产业国际周)",主办单位增加到7家,即:国家科技部、外经贸部、教育部、信息产业部、中国贸促会、国家知识产权局、北京市人民政府,由北京市贸促会承办。

2003年该活动的名称修订为"中国北京国际科技产业博览会",主办单位仍为7家,即:国家科技部、外经贸部、教育部、信息产业部、中国贸促会、国家知识产权局、北京市人民政府,由北京市贸促会承办。

科博会的名称不断变化,外延不断缩小,内涵逐步丰富,至2003年,名称确定为"中国北京国际科技产业博览会",由国家科技部、外经贸部、教育部、信息产业部、中国贸促会、国家知识产权局、北京市人民政府等7个单位共同举办,成为有广泛影响的国际盛会。

二、从数字看科博会的发展历程

科博会的发展缩影反映了中国经济的快速发展,也客观地体现了北京会展业的快速发展,经过8届的培育和精心策划,科博会以其庞大的会展规模、丰富的内容、广泛的国际、国内参与和所取得的丰硕成果,在国内外高新技术及相关产业产生了强烈反响,已成为中国进行国际科技经贸交流与合作的重要平台。

科博会的举办,全面宣传推介了我国的发展政策和环境,为科技成果转化为产品、进入市场创造了机会和条件,为技术、人才、信息、资本、管理等高新技术产业链众多要素的对接提供了市场空间,推动了高新技术的商品化、产业化、国际化进程,促进了中国与世界各国的经济技术交流与合作,推动了高新技术发展的新观念、新思维的交流和碰撞,带动了区域经济的发展。

前7届科博会累计签约项目近2 000个,协议总金额达300多亿美元;参会外国政府和代表团近400个,参会人数近200万人次;参展中外机构和企业8 000多家;中外演讲人2 400余人,如表9.1所示。

从表9.1中可以看出:

①参会国家和地区、参会总人数、展馆面积、经贸洽谈、成交额等逐步趋于稳定,表明了北京科博会经历了初期的"小"到突然的"大",走向"中",这是一种理性回归,成为一种经常性的活动。

表9.1 历届科博会的有关数据

指标 \ 届次	第1届	第2届	第3届	第4届	第5届	第6届	第7届	第8届	第9届
参会国家和地区	15	53	51	56	68	45	33	31	35
外国政府、专业代表团	10	18	65	70	70	85	83	139	200
参会总人数/万人次	6	10	20	80	60	40	34	16	23
展览面积/m^2	10 000	12 000	28 000	100 000	120 000	60 000	60 000	60 000	60 000
参展中外机构和企业/家	309	350	510	2 138	2 545	2 006	2 100	2 100	3 000

指　标 ＼ 届　次	第1届	第2届	第3届	第4届	第5届	第6届	第7届	第8届	第9届
论　坛/个	3	5	16	25	18	22	25	18	10
论坛场次/场	19	25	55	95	83	81	93	100	
演讲人/人	41	85	190	400	416	518	580	500	323
经贸洽谈/场次	1	7	9	15	10	6	5	10	7
参展中外客商/人次	500	3 000	4 000	4 000	14 600	7 000	10 000	16 000	
签约项目/个	32	27	636	823	397	224	252		149
成交额/亿美元	6.3	6.8	60.23	79.22	75.3	46.82	39.6	120	

②论坛、演讲人、外国政府和专业代表团组依然呈增长的态势,表明科博会的"会中会"越来越成为热点,吸引演讲人的参与和加入,说明科博会的影响力越来越大。

③参展中外机构和企业、参展中外客商、签约项目等波动幅度不大,并趋向平稳。

三、科博会的地位和影响

1)国家领导重视科博会

每一届科博会都有国家有关领导人参加,胡锦涛、温家宝、贾庆林、黄菊、吴仪等党和国家领导人以及原中央领导李鹏、朱镕基、尉健行、李岚清、迟浩田、姜春云等,还有全国人大、全国政协、国务院各部委领导,多次参观科博会的展览会、接见参加科博会的国外贵宾、在科博会的重要活动上发表主题演讲,显示出对科博会的高度重视与支持。

2)各界参与"固定化"

国内31个省、自治区、直辖市和绝大多数计划单列市,以及香港、澳门特别行政区,每年都组织政府和经贸代表团,利用科博会搭建的综合性、国际化的平台,开展大规模、多领域的招商和项目推介活动。国内外著名企业也积极利用科博会推广、宣传高科技产品。爱立信、西门子、诺基亚、美国通用电气、佳能、爱普生、LG 电子、日本京瓷等国际知名高科技企业,以及联想、四通、海尔、海信、长城、首钢、航天科技集团等国内高科技骨干都参加了历届展览会。

此外,已有超过 20 000 人次境外来宾参加历届科博会的展览会、论坛会议和洽谈会等各项活动,而且参会的国外来宾和企业逐年增加。境外来宾中包括外国政府高层官员,如阿根廷前总统梅内姆、日本前首相海部俊树、西班牙前首相冈萨雷斯、德国前总统施密特、韩国前总理李寿成、意大利前副总理德米凯利斯等。国际组织的代表,如联合国工发组织总干事、世贸组织副总干事、联合国环境规划署署长、国际科技园协会主席、总干事等。世界 500 强企业首脑,如美国证券交易所、IBM、通用电气、摩根斯坦利、爱立信、西门子、诺基亚、ABB、家乐福、松下电器等公司的总裁、首席执行官。诺贝尔奖获得者在内的世界著名科学家,如 1999 年诺贝尔经济学奖获得者罗伯特·蒙代尔、2000 年诺贝尔医学奖获得者格林伽德、2001 年诺贝尔经济学奖获得者思朋斯和斯蒂格利茨等。

3)内容趋向"精品化"

科博会以展览、论坛会议、经贸洽谈、大型活动及互联网为活动载体,目前已形成电子信息与现代通信技术展览会、生物医药工程展览会、环保技术展览会、北京市市长企业家顾问会议、中国经济高峰会、国际投资项目洽谈会、政府采购项目洽谈会、中国海外留学人员及国际科技项目交流会及网上人才招聘洽谈会等每年举办的精品活动。

4)年年都有新"热点"

每一届科博会都有自己的热点,这已成为科博会的一大特色。

5)媒体关注,形成科博会的亮点

科博会得到了包括电视、广播、报刊、杂志等境内广大新闻媒体的热情关注与支持,吸引了全世界的目光。科博会 9 年成功举办,在海内外产生着广泛影响,形成了巨大的品牌优势。

6)趋于理性,内容精练,主题突出

"十一五"规划、循环经济、奥运经济、文化创意产业成为第九届科博会活动的主线。

科博会已成为了解中国高新技术产业最新发展动态的一个重要渠道,同样也是在北京举办的会展行业的品牌活动,对北京的发展,乃至中国的发展起到越来越重要的作用。

资料来源:《中国会展》

分析:

会展品牌经营是一个完整的系统工程,是环环相扣、彼此关联的完整系统。它不是只涉及和强调品牌的某个方面,而是涉及构成品牌的各个方面、各个环节,这些方面要统筹安排,协调发展,才能提高品牌竞争力。科博会在政府和组织机构的大力支持下,依托产业支撑,借用社会力量,实行开放式运作,明确定位,借势广泛的媒体宣传,采用现代化科技运作手段,不断进行创新,强化品牌保护意识,取得了巨大的成功。科博会由小到大,影响不断扩大,已经成为北京乃至全国具有国际影响的品牌科技博览会。科博会的品牌营造经验对展会品牌的构建很有借鉴意义。

第10章
出国展览项目策划与组织

【本章导读】

本章主要介绍出国展的概念、构成体系、组织程序与参展项目策划;通过学习能对出国参展项目的内容和基本操作流程有一个较全面的认识与了解。出国展是国际商贸活动的一种重要形式,对于企业开阔视野,增加商机,加强海外交流起着非常重要的作用。本章将从出国展的基本概念出发,来对出国参展项目策划的相关问题有一个整体的把握。

【关键词汇】

出国展　组展单位　组织程序　参展项目策划

10.1 出国展览的界定

随着我国对外经济贸易交往的逐步扩大,各地区、各行业都大力加强同海外的交流,特别是以外向型经济为主的地区和企业。为了增加同海外的贸易与合作的机会,他们主动走出国门,参加海外展会或独自在海外举办展览,这也使得出国展览逐渐成为国际商贸活动的一种重要形式。出国展览不但为国内企业扩大了商务接触面,开阔了视野,而且也成为企业寻求最佳供货厂商与合作对象的最佳机会。业内曾有专家称出国展览会为"第三方展览会",它不同于国内相关组织或展览公司在境内主办的展览会,有其自身的特征和独特的运作方式。

10.1.1 出国展览的概念

严格来说,从字面意思上看,出国展览应包括国内企业参加在国外举办的展览会和企业直接在境外主办的展览会,也就是通常所说的企业出国参展和出国办展。

在国外,出国展览叫"Official Participation Fair",它是一个协会或公司组织相关企业去国外参加知名的展览会,在展会上形成一个"Official Pavilion"。

通常,在国外(如德国)参展一般都是由政府补贴的行为,因此,通常也是利润很薄的商业活动(或者叫做"瘦狗业务")。

因此,从企业出国参展这个意义上,认为所谓出国展览指的是某个协会、政府机构或公司组织相关企业去国外参加的展览会,简称为"出国展"。

企业参加出国展主要采用租用摊位或者租用整个场馆或部分场馆来自设专馆的方式来进行产品展示。对广大企业而言,参加出国展览会是企业进入和争取国际市场的重要途径。为增强本国企业的国际竞争力,许多国家都积极鼓励本国企业参加各种展览会。

另外,在 2006 年 5 月 14 日我国新修订的《出国举办经济贸易展览会审批管理办法》(简称《办法》)中,对于企业的出国办展也有相应的界定。《办法》中认为出国办展是指符合本办法规定的境内法人向国外经济贸易展览会主办者或展览场地经营者租赁展览场地,并按已签租赁协议有组织地招收其他境内企业和组织派出人员在该展览场地上展出商品和服务的经营活动。

境内企业和其他组织独自赴国外参加经济贸易展览会,赴我国香港(特别行政区)、澳门(特别行政区)、台湾地区举办、参加经济贸易展览会等活动,不适用本办法。

从目前状况而言,通常所讲的出国展览会主要指的是国内企业参加国外举办的展览会,因此,本章中介绍的出国展的相关内容主要围绕企业出国参展开展的。

10.1.2 出国展览会的构成体系

出国展和境内举办的各种展览会有着明显的不同,但归根到底两者的基本原理是相似的,只不过对于大多数出国展而言,组展单位扮演了一个中间商的角色。出国展的不同利益主体包括组展单位、国内参展企业、海外展览会以及相关的服务供应商,他们之间的关系表示如图 10.1 所示。

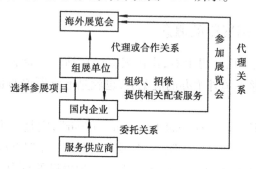

图 10.1　出国展览的构成体系

10.1.3 出国展览的特点与意义

与来华展相比,出国展是营销"人家的产品",而来华展是营销"自己的产品",这一差别使得出国展览的营销相比于来华展有很多易于操作而又得天独厚的条件。出国展一般都是在当地甚至世界范围内较知名的行业内领先的展览会。这些展览会有明确的主题、较大的规模、较强的国际性和已经独成系统的宣传推广活动,这使出国展比来华展在吸引客户方面要容易一些。

而作为国际商贸活动的一种重要形式,参加出国展对于国内企业而言,也有着很多的好处,主要包括:

①扩大商务接触面,开阔视野,启发思路。

②货比三家,寻求最佳的供货厂商与合作对象。

③直接面对客户,便于寻求客户和商贸机会,开拓国际市场。

④可直接订货,免去寻求海外客户与市场的中间环节,花费最少,时效最高。

10.2 出国展览的组织

从出国展的构成体系中可以看出,出国展的组织工作主要是由组展单位来负责。它和海外展览会的主办方进行联系,招徕、组织国内相关企业参加展会,并为他们提供相关的配套服务。

10.2.1 出国参展的基本组织程序

一般而言,出国展的组织程序主要包括国内组织程序和对外联系程序两个部分,具体分析如下:

(1)国内程序

①选择项目。

②报批项目。

③招展。

④汇总参展公司名单。

⑤发参展确认及工作安排函。

⑥征集展品。

⑦联系国内运输代理。

⑧准备清册、衡量单。

⑨运输展品。

⑩汇齐人员名单。

⑪报批人员。

⑫办理签证。

⑬赴国外参展。

⑭进行展后总结。

⑮提供展后服务。

（2）对外联系程序

①向国外使领馆发征求意见函。

②向主办单位联系参展和洽谈租用场地问题。

③整理参展公司材料刊登博览会目录。

④设计展位并联系国外施工单位。

⑤联系国外运输代理、联系国外地面服务事宜。

⑥索取展览会邀请函。

⑦组织国内企业出国参展。

⑧展期调查问询。

⑨展品回运事宜。

在外参展要合理安排展商食、宿、行，确认摊位施工搭建符合展商要求，确认每个展商的展品都已准确到位，展会期间为展商提供尽可能的协助（翻译、传真、E-mail、生活方面），展会结束后组织市场考察或观光。

10.2.2 出国展览会的具体操作过程

以下是以参加中国国际贸易促进委员会联合组团或单独组团的海外展览会为例而撰写的一份《出国展览工作细则》，基本上比较详细地说明了组织出国展览会的国内和对外联系程序的具体工作内容，可以为相关部门组织出国展提供一些借鉴。

1）选项阶段

（1）市场调研

①面向行业和企业的市场调研。

②海外展览会项目选择（国家地区、行业、时间、地点、主办单位、规模、性质、观众构成等）。

③向展览会举办国驻华使领馆商务处了解。

④向已参展的企业了解。

（2）中国驻外使领馆商务处同意函

（3）报中国国际贸易促进委员会项目审批（提前半年）

①全国范围招展。

②本地范围招展。

(4)项目立项

2)招展阶段

(1)制订《招展计划书》

计划书的具体内容如下：

①先进行市场分析,提出项目的整体规划及把握方向。

②根据展览会的展品分类,分行业类别拟订重点招展对象。

③制订招展工作时间表。

④对展览会招展的对外宣传及有关活动提出设想。

⑤拟订费用预算。

⑥其他招展计划方案。

⑦准备招展所需的背景材料及《招展书》。

(2)在招展过程中

①对招展对象要登记造册,落实跟踪,做好每个招展对象的反馈记录,并进行分类整理。

②根据参展公司的情况,为参展公司设计展出方案。

③阶段性小结招展情况,根据市场及招展情况,及时采取应变措施。

(3)准备《参展申请书》

要求参展公司填写《参展申请书》,并加盖公章;先传真,后寄出原件。

(4)需要在收到《参展申请书》后落实的事宜

①与参展公司联系,落实联系人。

②搜集参展公司资料及样本。

③下发《摊位费收费通知》。

④如果是与其他单位联合组团的展览会,请参展公司填写统一的《参展申请表》。

⑤摊位费收费清单。

一般来说,在招展工作中,对工作节奏及时间的掌握如下:拟订《招展计划书》需1周,统一信函需1周,电话跟踪需2～3周,给企业一个决定的时间需3周(自统一信函发出时计起),选择重点、登门拜访需1周。以上工作控制在30～45天内完成,并估计组展的基本规模。

3）组展阶段

（1）登记组团单位下发的组展材料

①《出国任务通知书》。该通知书原件不下发，如参展公司在办理《同意函》中确实需要，可提供复印件；如组团规模较大，计算总人数后，报组团单位，请组团单位提供一张《任务通知书》。但必须注意，不可为了工作方便，向组团单位要求提供空白《任务通知书》，如确有特殊需要，可事先报告项目主管及部门负责人，同意后方可索取。

②《费用预算表》。根据组团单位的《费用预算表》核算项目费用。展品运费、关税、保险费、商检等费用根据组团单位《费用预算表》标准计算；人员在外生活费标准根据国家财政部标准计算。

③《筹展工作确认》。认真学习，注意材料中的关键时间点，包括公司简介集中时间、展品集中时间以及护照签证材料的集中时间等。

④《展品注意事项及运输事宜》。注意展品箱号、编号、集中地点及时间、清册单、衡量单等。

⑤签证表及其他材料等。

（2）制作组展材料

①《邀请函》。

②《筹展工作日程》。

③《人员登记表》。

④《公司简介表》。

⑤《展品注意事项及运输事宜》。

⑥《摊位费收费通知》（或在招展阶段收到企业参展申请表后即下发）。

⑦《对外宣传计划》。

⑧《道具清单》。

⑨草拟《人员在外生活费用》。

⑩签证表及其他有关组展材料等。

组展事宜应在收到组团单位确认件后即开始实施，并在1周内下发有关组展材料，在两周内收齐所有报批需要的材料。

4）项目报批阶段

（1）项目报批所需要的材料

①《应公出国或赴港澳任务申请表》。

②《组团任务通知书》。

③《同意函》原件。

④人员资料清单（姓名、性别、出生年月日、工作单位、职务及职称）。

⑤团组在外期间日程安排。

⑥身份证复印件。

⑦全国参展公司名录一览表。

需注意，有关材料要保留复印件。

（2）材料报批时间流程

一般来说，在时间安排方面，准备材料及填写有关表格 2 天，部门审核 1 天，材料报单位办公室审核 3 天，材料报上级主管部门审批 3 天，材料报外事办公室审批 3 天。注意，在实际工作安排中，应留有一定的时间，但项目报批时间应严格控制在 3 周以内。

5）落实相关安排阶段

在报批材料报送单位办公室后，项目员即开始准备落实以下工作，主要有：

①确定地面服务接待计划（可在项目立项后即开始准备有关地面服务的询价、费用预算等准备工作）。

②核算团组人员费用，下发费用通知，收取费用。

③收费清单报财务部，同时报项目主管和部门负责人。

④落实对外宣传计划。

⑤落实摊位图、道具及展出方案。

⑥准备有关后阶段将要下发的材料及通知（政审通知、填写签证表、预防针通知、会议通知等）。

6）政审、护照、签证阶段

（1）收到《批件》或《确认件》后，如签证在本地办理

下发《办理政审通知书》（附样本），政审一般安排 7 ~ 10 天（不超过 10

天）。

办理护照、签证需提供的材料：《出国任务通知书》原件、《批件》或《确认件》原件、外方邀请信、照片 3 张（小 2 寸）、《护照登记表》（新做护照填写）、《政审批件》或《再次出国政审备案表》原件、《签证申请表》（贴照片、本人亲笔签名）、国外邀请人详细情况（邀请人姓名、公司、地址、电话、传真）、出访日程安排、出访人员情况表。

备齐以上材料并报项目主管和部门负责人审核，审核后报组团单位外事专管员。由外事专管员填写《申请出国护照签证事项表》。

（2）如签证在北京办理

签证申请表不报本地外事办公室，其他事项同上。

在本地外事部门办理完护照后（护照签名），准备以下材料报北京：护照原件、《任务确认件》、《政审批件》复印件或《备案表》原件、签证申请表、照片 2 张（根据总会《任务通知书》规定）。需注意事项："外事无小事，事事要汇报"；对外材料仔细审核、校对，不得出现错误；如遇突发事件，先请示，不得擅做决定或以任何名义直接或间接同有关外事部门联系。

7）后期工作

①预防针通知。
②费用收支表。
③核外汇。

临行会议（会议时间一般在出发前 1 周召开）。在举行临行会议时，要下发《临行会议通知》等材料。主要包括团组在外注意事项；日程安排表；团组成员名单（明确团长、副团长、联络员）以及常用电话号码（各公司、贸易促进会、驻外使领馆、接待方、团组住宿地、总团联络地等）。

团长补充材料：费用签收单（零用金、生活补助）、详细日程安排、团长注意事项。

8）团组归国后

①收齐护照。
②项目员写好项目小结，报项目主管和部门负责人。
③在 15 天内，协助团长写好《展团归国小结》，经项目主管和部门负责人审阅后，报组团单位办公室，交外事办公室。
④整理项目档案（1 个月内完成）。

⑤核销有关费用。

10.3 出国参展项目策划

按前面内容所述,组展单位可根据一定的程序进行出国展的招徕与组织等工作,但仅了解这些内容,对于组织出国展而言是远远不够的。与在境内举办的展览会相比,出国展在展会项目的选择、市场细分和渠道划分、价格的制订、特色服务的提供、宣传推广方式、展位搭建等方面的工作更加复杂,需要进行更为详细的分析与策划,从而保证企业出国参展的效果。

10.3.1 出国参展项目的选择

对出国展来讲,项目的选择至关重要,选择了好的项目等于成功了一半。

目前,组展单位的立项有几种情况:一种情况是听说某个展览会不错,便组织参加;另外一种情况是看到别的组展单位在组织(列入计划),那他们也要列入计划;还有的情况是查阅某某展会大全或上网,直接拿来组织。其实出国展的立项是一项系统工程,即是客户需求、外部经济环境、行业发展现状、组展单位内部资源及竞争对手情况的一个综合平衡研究考察的结果,几方面缺一不可。

例如,1996年8月京慕公司第一次组织慕尼黑体育用品展只有8个摊位,当初的立项一方面基于和慕尼黑博览会的代理关系,另一方面认真深入地研究了这一展览会,并特意到展会上参观以及直接和项目组了解情况,发现这一展会在性质、主题、产品内容等诸方面比较适合中国企业参加。事实上早在中国内地展商参展之前,香港地区、台湾地区的许多展商已经连续定期参加这一展会了,而许多产品都是内地加工生产的。第二次1997年我方组织了10个摊位,参展的公司有3家,因当时从博览会拿场地十分困难,也曾动摇过是否连续参展,但综合平衡各方面,又与方方面面的有关人员多方了解情况,决定还是努力招展。结果越来越火,达到150个摊位的规模。

但是,慕尼黑的轻工手工艺品展览会的立项却是一个失败的例子。当初看到这个展览会的宣传册,其中大部分内容是有关轻工业和手工艺方面的产品,就觉得应该适合中国公司参展,于是就开始通过各种渠道招展。最后招来10家公司。参展后发现,展览会整体上来讲观众很多,但我国的展位上却门可罗雀,大部分我国展商甚至连有价值的名片都没有交换到。根据了解发现,这一展会实际上是为中小企业举办的展览会,即包括欧洲大陆为数众多的零售商,展品范围主要是装饰装修用的建材及各种电动工具,同时也包括档次很高的手工艺品和珠宝首饰,他们在展览会上的订货量都很小,我国公司很难和他们做生意。再者由于我国产品的质量又难以达到博览会的水平和档次,因此,我国公司参展收效甚微。

因此,在选择展览会项目时应努力遵循一个原则,那就是深入研究市场,综合考察国内行业发展情况、展览会性质和主题、我国企业的需求、组展单位自身的资源和能力等相关方面的情况。根据这些情况来决定是否要组团参加某一展览会,这样才能更好地使国内企业通过出国参展获得更多的商机,推动自身的发展。

10.3.2　市场细分和渠道划分

历史上,出国展览的目标市场为各外贸进出口公司和有进出口权的工贸企业。随着我国外贸体制的改革及加入WTO,传统的外贸公司已经逐渐不是出国展的主力军了,而民营、合营企业正在以迅猛的速度发展并将触角伸向全球的各个角落。由于参加国际知名展览会是走出国门进入国际市场的最为行之有效的途径之一,许多企业纷纷走入出展的队伍。

据不完全统计,目前的出展展团中,民营、合营或名为国有外贸公司实则挂靠企业参展的占参展企业总数的70%左右,而这一比例还会随着入世后的政策宽松和改革的深化而提高。

现在大部分组展单位以直接的客户销售作为招展的主要手段,但是渠道推广仍然是非常重要的手段。目前,贸促分会、各行业协会等仍是主要的渠道,中展海外推行的独家代理招展方式值得借鉴。独家代理招展简言之就是在保证一定摊位数的基础上,一个地区选择一家作为独家代理,所有来自这一地区的摊位不管是否由代理直接招来,都计入代理的摊位中,统一支付代理佣金,且不管以后该公司是否通过代理或直接报名,都仍算为代理的名下,作为代理的永久客户。对于一些专业性很强的展会做法是和一个专业的协会或公司全方位合作,利润对分。另外,值得一提的是与媒体(报刊、杂志、网站)的合作。

10.3.3　价格的制订

业内有不少专家认为,作为一种服务型产品,出国展项目在"质量"上一般比较过硬,但在价格上却有先天的"缺陷"。组展单位只有在原场地租价的基础上加价才会产生自己的利润。

因此,一方面组展单位需增加客户收益,即提高参展企业的满意度。增加收益有两方面的内容:一是功能性收益,指直接给展商带来的收益(如贸易成交等)。第二为情感性收益,如展期内与客户的愉快谈判和交流,展后休闲后心情的愉悦,公司品牌得以宣传推广而产生的满足感、成就感等,从而使参展的企业感到物有所值,使组展单位获取相应的利润。另一方面,组展单位应和海外展览会主办方、商旅服务公司等建立良好的合作关系,尽可能在场地租价方面取得优惠的价格,从而增加自身利润。

10.3.4 特色服务的提供

对于出展业来说,出展项目是产品,辅以大量的相关服务内容,产品、服务同等重要,从某种意义上讲,服务比产品更重要。在出展组展单位中,一些企业采用了低价竞争、薄利多销的策略;另外一些公司采取高质量、高服务标准、高价格的策略。比如慕尼黑体育用品展,在设计施工上都由德国人负责,对整体设计和施工质量要求非常高,已经达到甚至超过了香港、台湾馆的质量;从现场服务上更是想尽办法,如为参展公司租用传真、国际电话、电脑、上网、休息室、会谈区、热水间等;从后勤服务上,展会期间一律住在市中心火车站旁的四星级酒店。酒店边上就是地铁站,组展单位仍每天租用大巴接送,以满足客户的不同需求。特色服务并不是说你有很多新鲜的招数,更多是指能够提供的一整套的高标准服务以及高素质的员工队伍。

谈到其他的服务特色,值得一提的是展后服务这一块。多数组展单位以展览会结束作为项目的终结,回国写个总结,交给领导则"万事大吉",其实展后的跟踪和后续服务对于组展来说同样非常重要。这些服务包括:

①展会效果调查。

②展后跟踪反馈。

③信息服务。

④客户关系。

大多数组展单位展后都要给各个参展公司发一张调查表,调查表的内容包括一些与参展有关的选择题和问答题。这是搜集信息和了解客户意见和需求的有效途径。

但是应当注意,调查表的设计应当具体,且具有导向性,一方面能够获取有用的信息以切实对今后组展起到指导借鉴作用,另一方面能够引导展商通过填写调查表思考或意识到参展的益处,同时能够通过填写调查表真正传递出自己的意见和想法。展后跟踪是指组展单位对展会期间及展会调查表中反映的问题意见进行追踪跟进,取得解决方案后反馈给客户的过程。信息服务包括展会期间组展单位搜集到贸易信息,展会前后,展览会当局定期发出的有关行业动态,展览会组织情况等方面的新闻稿件。这一做法使与客户的联系不光局限在组展过程中,这些后续服务为客户创造了附加值,同时树立了公司的服务形象。

10.3.5　宣传推广方式

在宣传推广上,出国展更多地依赖于关系直销、直邮和电话营销,较少采用广告、公关活动以及其他成本较高的推广活动。换句话讲,组展单位在宣传出展项目时具有明显的集中性。例如,采用直接邮寄时,应详细介绍展览项目的主题、特色、专业观众结构等情况,从而使潜在参展企业对产品有深入的了解;采用广告方式进行推广时,应主要在行业的专业杂志/报纸上刊登广告等。

同时出国展如能够合理利用来华展的资源和渠道,以及直接在来华展会上做适当的宣传推广,相信会取得事半功倍的作用。

10.3.6　展位搭建

随着我国企业越来越多地走出国门参加国际展览,随着参展企业对展览服务要求的逐步提高,也因为要面对业内各个层面的竞争,我国的出国参展商提高展位搭建水平已经是非常紧迫的话题。而在这其中,组展单位要起到非常重要的作用。

从具体措施上来讲,首先,我国的组织者必须在平时的展览组织过程中,在国际展会现场持续不断地给参展企业一种良性的引导,使企业认识到一个好的展位搭建的确能对他们的公司形象起到良好的帮助,从而帮助他们成交业务。如果企业真正认识到这一点,那么组展单位即使在收费上比其他的展览公司高一些,企业也是愿意在展位搭建上增加投入的。也就是说,组展单位最终将走到以服务为竞争优势的道路上来。只是大多数中国企业在到达参展现场之前通常不知道展位搭建的效果是怎么样的,因此,在招展联系的时候,企业只能简单地进行展位价格的比较。

其次,有远见的组展单位也会在不向参展商增加收费的情况下,通过减少自身的利润,来加大对展位搭建的投入。思诺博商展公司就是一个例子,该公司为把我国展位的搭建水平提高到一个新的高度,高价购买了德国的设计和搭建材料,通过集装箱海运至迪拜参加展览,力求在展会上一炮打响我国展位形象。

另外,有些国家可以在一年时间里,在全球都使用统一的搭建。我国的展览组织单位非常多,同一个展览组织机构在不同的时间、不同的地方可能使用不同的展览搭建。要所有的展览公司进行统一的搭建几乎是不可能的事情。但是我国参展企业保持自身展位内部布置的持续性、统一性还是有可能做到的,比如使用统一的公司宣传画以及相近的布置格局等,就会使同类的国际买家加深对公司的印象。我国的组展单位和企业在展览搭建和展位布置上还有很长的路要走。只要双方不断地提高认识,加强合作、沟通,达成共识,就会慢慢地改变我国展位搭建和布置水平在国际上比较落后的局面,真正提高我国企业和产品的国际形象,从而也带来相应的业务增长。

当然,除此之外,出国参展项目的策划还需要注意其他相关方面的内容,包括展品报关与运输、参展中需要注意的一些细节问题等。例如,组展单位需特别注意目的地国家或地区对产品的进口限制,明确告知拟参展的企业并协助处理相关问题。同时为了确保给参展企业提供优质的旅行和商旅服务,组展单位要选择那些经验丰富、信誉良好、在目的地国家和地区有分公司或网络销售的商旅服务公司。

最后,还要注意出国参展人员滞留不归的情况,可以通过收取押金等方式,防止此类现象的发生。

因此,要策划一项出国参展项目,需要考虑方方面面的问题。只有对这些内容进行深入细致的分析,并结合自身的实际情况,尽量减少相关问题的发生,才能保证出国展的顺利完成,真正实现企业出国参展的目的。

本章小结

出国展览指的是某个协会、政府机构或公司组织相关企业去国外参加的展览会,是营销"人家的产品",具有比来华展易于操作而又得天独厚的条件。出国参加的展览会一般都是在当地甚至世界范围内较知名的行业内领先的展览会。这些展览会有明确的主题、较大的规模、较强的国际性和已经独成系统的宣传推广活动,这使出国展比较之来华展在吸引客户方面要容易一些。本章通过对企业去国外参加展览会的分析,对出国展览的构成体系、组织程序和项目策划做了细致的分析,从而为组展单位和国内企业在出国展览项目方面提供了一定的借鉴和帮助作用。

复习思考题

1. 出国展览有哪些部分来构成?
2. 出国展览可以为国内企业带来哪些好处?
3. 出国展览的基本组织程序是怎样的?
4. 在选择出国参展项目时,需要考虑哪些方面的因素?
5. 结合所学相关内容,你认为在策划出国参展项目时,需重点考虑哪些方面的内容,为什么?

实 训

出国展的组织工作千头万绪,请根据所学相关内容将下列工作进行分配并进行排序:

赴国外参展;选择项目;向国外使领馆发征求意见函;设计展位并联系国外施工单位;汇总参展公司名单;运输展品;向主办单位联系参展和洽谈租用场地问题;报批项目;联系国内运输代理;联系国外运输代理;联系国外地面服务事宜;招展;汇齐人员名单;索取展览会邀请函;发参展确认及工作安排函;展品回运事宜;准备清册、衡量单;进行展后总结;办理签证;提供展后服务;整理参展公司材料刊登博览会目录;组织国内企业出国参展;征集展品;展期调查问询;报批人员。

案例分析

德国科隆体育、露营及庭园家具博览会(Spoga + gafa)从 2006 年 9 月 3 日开始至 5 日顺利闭幕。Spoga + gafa 包含有两个展,其中 Spoga 全称叫 Spoga-International Trade Fair for Sport,Camping and Garden Lifestyle,Gafa 全称为 International Garden Trade Fair。Spoga 展每年举办,而 Gafa 展是隔年和 Spoga 展同期举行。

相比 2004 年展会,尽管 2006 届展会的展出总面积有所减少,但是展商的热度未减,参展商数量有所增加,达到 2 550 家。观众人数也达到 50 000 人次左右。根据组委会资料,其中中国参展商就有 454 家。

在这次展会上,中国企业充分显示了实力,依靠优惠的价格、较高的质量,吸引了很多顾客,给到场的观众留下了深刻的印象。纵观我国企业的参展情况,很多企业一改往日朴素面貌,显示出宏大的气魄。很多展商都单独申请了比较大的面积做展位特装参展,效果显著。一家年初跟随思诺博参加法国家具展的宁波企业本次就拿了大面积展位,陈列了大量产品。据负责人介绍,两天不到就接了超过 40 个货柜的单子。

但同时,有些企业的效果也因为展位位置而受到影响。参加 Spoga 展的中国企业分布在 4.1,5.2,11.3,Rh3 馆,参加 Gafa 展的在 6,7,10.2 和 Rh2 号馆。11.3 号馆的主要产品是展示户外休闲家具,效果较好。而 Rh 馆的位置明显独立于其他展馆,而且这个馆和其他展馆通过很长的一个通道相连接,只有一个出入口。一些中国参展商直接就在通道里搭建展台参展。总体来说不是很理想,客流量明显偏少。

总的来看,中国企业参展意识普遍提升,不仅仅在展会上露面,还开始考虑如何参展,以取得更好的效果。中国企业以低于欧美产品的价格优势吸引了顾客,对其他企业购成了一定的竞争,以至于一些国外客户表示,中国产品的低廉价格对整个欧洲市场都造成了冲击。这也提醒国内的企业,在保持优惠价格的同时,还要保证产品质量;以避免使中国的产品陷入低价竞销的局面,对产品的长远发展带来不利影响。合理的价格,再加上过硬的质量,才能让中国的产品在出口道路上越走越好。

资料来源:思诺博在线

分析:

从以上案例可以看出:首先,我国企业参加出国展的意识逐渐增强,并且在国际上的影响力不断得以提升;第二,企业参展不仅注重过程,更注意效果,重视产品质量来吸引买家;第三,企业参加出国展过程中仍存在一定的问题,包括展位位置的选择和价格等问题;第四,企业参展时既要保持优惠的价格,同时还要保证产品的质量,不能通过降低价格来吸引客商,这是在出国展览项目策划与组织中所必须重视的问题。

参考文献

[1] 许传宏.会展策划[M].上海:复旦大学出版社,2005.

[2] 马勇,王春雷.会展管理的理论、方法与案例[M].北京:高等教育出版社,2003.

[3] 刘大可,陈刚,王起静.会展经济理论与实务[M].北京:首都经济贸易大学出版社,2006.

[4] 俞华,朱立文.会展学原理[M].北京:机械工业出版社,2005.

[5] 丁萍萍.会展营销与服务[M].北京:高等教育出版社,2006.

[6] 华谦生.会展策划与营销[M].广州:广东经济出版社,2004.

[7] 王春雷,陈震.展览会策划与管理[M].北京:中国旅游出版社,2006.

[8] 丁霞.会展策划与管理[M].北京:高等教育出版社,2006.

[9] 阎蓓,贺学良.会展策划[M].北京:高等教育出版社,2005.

[10] 毛金凤,韩福文.会展营销[M].北京:机械工业出版社,2006.

[11] 李莉.会展服务礼仪规范[M].长沙:湖南科学技术出版社,2005.

[12] 王保伦.会展经营与管理[M].北京:北京大学出版社,2006.

[13] [美国]朱迪·艾伦.活动策划完全手册[M].北京:旅游教育出版社,2006.

[14] MiltonT. Astroff,JamesR. Abbey.会展管理与服务[M].宿荣江译.北京:中国旅游出版社,2002.

[15] 刘松萍.会展营销与策划[M].北京:首都经济贸易大学出版社,2006.

[16] 刘大可,王起静.会展活动概论[M].北京:清华大学出版社,2004.

[17] 刘大可.会展经济学[M].北京:中国商务出版社,2004.

[18] 金辉.会展营销与服务[M].上海:上海交通大学出版社,2003.

[19] Leonard Nadler.成功的会议管理——从策划到评估[M].刘祥亚译.北京:机械工业出版社,2003.

[20] Robinson,A.会议与活动策划专家[M].沈志强译.北京:中国水利水电出版社,2004.

[21] Arnold,M.K.展会形象策划专家[M].周新,等,译.北京:中国水利水电出版社,2004.

[22] [美]JeAnna Abbott,[美]Agnes DeFranco,王向宁.会展管理[M].北京:清华大学出版社,2004.

[23] 金辉.会展概论[M].上海:上海人民出版社,2004.

[23] 王起静.会展项目管理[M].北京:中国商务出版社,2004.

[24] Deborah Robbe.如何进行成功的会展管理[M].张黎译.北京:高等教育出版社,2004.

[25] 胡平.会展管理[M].北京:高等教育出版社[M],2004.

[26] 向国敏.会展实务[M].上海:上海财经大学出版社,2005.

[27] 万后芬.绿色营销[M].北京:高等教育出版社,2001.

[28] 余明阳,陈先红.广告策划创意学[M].上海:复旦大学出版社,1999.

[29] 潘哲初.现代广告策划[M].上海:复旦大学出版社,1999.

[30] 纪宁,巫宁.体育赛事的经营与管理[M].北京:电子工业出版社,2004.

[31] 向洪.会展资本[M].北京:中国水利水电出版社,2003.

[32] 魏中龙.我为会展狂[M].北京:机械工业出版社,2002.

[33] 胡平.会展旅游概论[M].上海:立信会计出版社,2003.

[34] 龙泽.如何进行会议管理[M].北京:北京大学出版社,2004.

[35] 刘松萍,郭牧,毛大奔.参展商实务[M].北京:机械工业出版社,2005.

[36] 邓玲.会展旅游实务[M].北京:中国劳动社会保障出版社,2006.

[37] 谭红翔.会展营销与筹办实训[M].北京:中国劳动社会保障出版社,2006.

[38] 卢晓.节事活动策划与管理[M].上海:上海人民出版社,2006.

[39] 周彬.会展策划与实务[M].上海:立信会计出版社,2006.

[40] 江帆.广告媒体策略[M].杭州:浙江大学出版社,2004.

[41] [美]杰·康瑞德·李文森等.游击展销[M].北京:首都经济贸易大学出版社,2006.

[42] [荷兰]戴丝瑞·奥瓦内尔.会展一门特殊的艺术[M].上海:上海教育出版社,2004.

[43] 雷鸣雏.中国策划教程[M].北京:企业管理出版社,2004.

后 记

会展有经济的"风向标"和"晴雨表"之称。2005 年 7 月，联合国国际经济和社会分类专家小组在法国巴黎正式将会议与展览业确定为一个"独立的产业"，会展产业在全球经济中的地位越来越重要。

近年来，中国会展经济迅速发展，行业规模急剧扩大，从业人员大幅度上升。有数据显示，到 2006 年底，中国展馆的数量已跃居全球首位，中国作为全球会展大国的地位已基本确立。

中国会展超常规、跨越式的发展也带来了许多新的问题，如展会定位不准确、主题不鲜明、策划不完善、会展企业整体实力不强、会展专业人才匮乏等。这在一定程度上影响了中国会展经济的国际竞争水平。

在会展专业人才的素质构成中，会展项目的策划与组织能力是必不可少的最基本的能力。本书的最大特点是将会展项目策划与组织的理论体系与技能应用训练相融合，理论阐述简明精要，案例选择新颖典型，每一专题的实训题目针对性强。通过扎实学习、训练可以显著提高会展项目策划与组织的能力。

本书作为高职高专会展策划与管理专业教材使用，也适合于会展相关专业、会展各类人才培训以及会展从业人员做参考用书。

全书由上海工程技术大学许传宏教授统稿、修改定稿。其中，第 1~9 章由许传宏编写，第 10 章由盛蕾编写。

在本书的编写过程中得到了中国会展经济研究会副会长、湖北大学旅游发展研究院院长马勇教授、上海工程技术大学马新宇院长、上海工程技术大学会展系吴亚生主任以及重庆大学出版社经管分社马宁社长等同仁的热情关心与支持，在此，由衷地表示感谢！

中国会展经济研究会会展教育委员会副主任　许传宏

2007 年 3 月于上海